黄檗文库
走进黄檗

寻古玉融

白撞雨　高山 著

福清市文化体育和旅游局
福清市政协文化文史和学习委 策划

海峡出版发行集团 | 福建教育出版社

《黄檗文库》编委会

主 任
  定 明
主 编
  白撞雨
副主编
  吴 疆 苏文菁 源 律
编 委
  李斗石 陈永革 李舜臣 明 尧 李福标 施 锜
  杨锦嵩 杨祖荣 李湖江 能 仁 孙国柱 杨庆庆

《黄檗文库》总序

黄檗禅、黄檗宗与黄檗学
——构成黄檗文化三大内涵的历史传承及其影响

定　明[1]

黄檗文化扎根于千年的闽赣浙的沃土，以佛教禅文化为内核，是中华优秀传统文化的重要组成部分，为中华文化走向国际性传播做出积极贡献，是海丝文化的重要体现，是中日文化交流互鉴的一座丰碑。纵观历史，黄檗文化在千年的传承、传播过程中经历了从黄檗禅、黄檗宗到黄檗学的三大内涵演进和历史传承，对东亚乃至世界文化产生了深远影响。

一、黄檗禅：临济禅千年传承的思想源头

黄檗禅始于唐大中年间，大扬于两宋，中兴于明清；由黄檗希运禅师创发，义玄禅师传承光大；发展脉络初由福建到江西、安徽，后因义玄禅师从江西到河北，随着临济宗的建立，黄檗禅法由河北传遍华夏大地。由于义玄禅师说自己所传之法皆宗黄檗，因此禅宗史有天下临济皆出于黄檗的历史定论。临济禅法经过两宋的传承弘扬风靡全国，并形成"临济天下"的局面，宋代便已流传至日本。明末清初时期密云圆悟、费隐通容、隐元隆琦三代临济大宗师振兴黄檗，特别是隐元禅师前后两任住持14年多，建立了"黄檗断际希运禅师正派源流"传法谱系，成为明末清初弘扬黄檗禅的巨擘，同时传法扶桑。

构成黄檗禅在禅宗史上的传承和影响，主要有如下三点。

---

[1] 福建福清黄檗山万福寺方丈、福建省黄檗禅文化研究院院长。

(一)黄檗山、黄檗禅师与黄檗禅

山因僧名,因为禅者,黄檗山成为一座禅宗的名山祖庭,从福建黄檗山到江西黄檗山,因希运禅师早年出家于福清黄檗山,后传法于江西、安徽等地,因其酷爱家乡的黄檗山,把江西宜春鹫峰山改名为黄檗山,开堂说法,四方学徒,海众云集,"自尔黄檗禅风盛于江表",世人尊称其为黄檗禅师,于大中三年被唐宣宗加谥为断际禅师。

黄檗禅师见地高拔时辈,傲岸独立,雄视天下禅师,曾对弟子说:"大唐国内无禅师,不道无禅,只是无师。"语惊四海,仰山慧寂曾评论说"黄檗有陷虎之机"。黄檗希运禅师禅法高扬心性哲学,强调:"诸佛与一切众生,唯是一心,更无别法";"唯此一心即是佛,佛与众生更无别异"[1];"道在心悟,岂在言说";"即心即佛,无心是道"[2];"即心是佛。上至诸佛,下至蠢动含灵,皆有佛性,同一心体。所以达摩从西天来,唯传一心法,直指一切众生本来是佛,不假修行。但如今识取自心,见自本性,更莫别求"[3]。认为顿悟心佛不二,不流第二念,"始似入我宗门"[4]。黄檗禅师强调顿悟,其禅法上承六祖慧能、马祖道一、百丈怀海禅师等人的禅宗直指心性之精神,下启义玄禅师开创临济一宗。

唐宋以来,黄檗山、黄檗禅师和黄檗禅是构成黄檗禅文化的三大要素。两宋之际,江西黄檗山和福建黄檗山的传承与发展至历史新高点,成为了弘扬黄檗禅的中心。由于福建黄檗山是希运禅师创建江西黄檗山的源头,宋代才有"天下两黄檗,此中山是真"的著名诗句,强调福建黄檗山的历史地位。

(二)从黄檗禅到临济宗:天下临济皆出黄檗

根据《临济义玄禅师语录》记载:"我在黄檗处,三度发问,三度被打。"义玄禅师先在黄檗禅师座下学法三年,在睦州和尚的鼓励提示下,三度问法黄檗禅师,三度被打。后经大愚禅师提点,顿悟"原来黄檗佛法无多子"的精神,了悟黄檗为其痛下三棒的慈旨,后回黄檗获得希运禅师

---

[1] 《黄檗希运禅师传心法要》,见《马祖四家语录》,石家庄:河北禅学研究所,2007年,第87页。
[2] 《黄檗希运禅师宛陵录》,见《马祖四家语录》,石家庄:河北禅学研究所,2007年,第104页。
[3] 《黄檗希运禅师宛陵录》,见《马祖四家语录》,石家庄:河北禅学研究所,2007年,第112页。
[4] 《黄檗希运禅师宛陵录》,见《马祖四家语录》,石家庄:河北禅学研究所,2007年,第19页。

的认可，并继续留在希运禅师旁修学。根据义玄禅师说法语录和行录记载，义玄禅师前后经黄檗禅师的棒打、考功等多达九次的铅锤逼拶，终于达到炉火纯青境界，棒喝天下，开创禅门中最大宗派临济宗。

黄檗禅师曾对义玄禅师说："吾宗到汝，大兴于世。"[1] 义玄禅师欲出世弘化时，曾写信驰书对住沩山的普化禅师说："我今欲建立黄檗宗旨，汝切须为我成褫。"[2] 在《五灯会元》中也记载义玄住镇州临济院时学侣云集，一日对普化、克符二禅师说："我欲此建立黄檗宗旨，汝且成褫我。"因此义玄禅师所开创的临济宗也是以传承弘扬其师黄檗禅法为宗旨。

义玄禅师开创的临济宗，在心性论上提出"无位真人"，在自由境界上强调"随处作主，立处皆真"，在禅悟功夫论上提倡"四照用"，在接引学人方法论上运用"棒喝交驰"。义玄禅师的临济禅法是对黄檗禅的弘扬和发展，也是其师黄檗的禅学的内在生命力和恒久价值的强有力佐证。[3]"黄檗山高，便敢当头挦虎；滹沱岸远，亦能顺水推舟。"[4] 黄檗禅学在义玄禅师的弘化下传承至明清。黄檗希运禅师将马祖、百丈的大机大用发挥到极致，同时他的说法语录《传心法要》和《宛陵录》把禅宗的心性哲学进行整合，提出创造性诠释，成为禅门论"心"的典范，后世罕与匹敌，其首倡将"公案"作为禅悟的重要途径，成为宋代公案禅和大慧宗杲禅师"看话禅"的源头。可以说，黄檗禅学在心性哲学和接引学人方法上对义玄禅师创建临济宗产生了深远且持久的影响。

宋明以来临济宗成为禅宗最大宗派，由于义玄禅师自称继承和弘扬本师希运禅师的"黄檗宗风"，在禅宗史上有天下临济皆宗黄檗的说法。概而言之，黄檗禅蕴含临济宗逻辑发展的一切芽蘖，是临济宗风发展的理论酵母，而临济宗的发展，则是黄檗禅宗旨的理论完善和最终实现。[5]

（三）隐元禅师与"黄檗断际希运禅师正派源流"传法谱系的构建

---

[1] 《临济义玄禅师语录》，见《马祖四家语录》，石家庄：河北禅学研究所，2007年，第188页。
[2] 《临济义玄禅师语录》，见《马祖四家语录》，石家庄：河北禅学研究所，2007年，第189页。
[3] 刘泽亮：《以心传心——黄檗禅学论》，北京：宗教文化出版社，2020年，第1版，第268页。
[4] 五峰普秀：《临济慧照玄公大宗师语录序》，见《镇州临济慧照禅师语录》，见CBETA2022.Q1,T47, no.1985, p.495c11-12。
[5] 刘泽亮：《以心传心——黄檗禅学论》，北京：宗教文化出版社，2020年，第1版，第272页。

晚明时期黄檗山僧俗邀请临济宗第三十代传人密云禅师住持，随后费隐禅师、隐元禅师相继住持，开启了此后黄檗山临济宗法脉绵延不绝的两百多年传承。

黄檗僧团和外护具有很强的断际禅师法脉源流正统意识。在费隐禅师住持三载时间，黄檗宗风提振，出现再兴态势，在编修崇祯版的《黄檗寺志》时，构建了以断际禅师法脉为源流的传法谱系观念——"黄檗断际希运禅师一派源流"传法谱系。隐元禅师在永历年间重编《黄檗山寺志》时，将此前的法脉传承改成"黄檗断际希运禅师正派源流图"：

断际运—临济玄—兴化奖—南院颙—风穴沼—首山念—汾阳昭—石霜圆—杨岐会—白云端—五祖演—昭觉勤—虎丘隆—应庵华—密庵杰—破庵先—无准范—雪岩钦—高峰妙—中峰本—千岩长—万峰蔚—宝藏持—东明旵—海舟慈—宝峰瑄—天奇瑞—无闻聪—月心宝—幻有传—密云悟—费隐容—隐元琦[1]

以黄檗断际禅师为黄檗山法脉源流的开始，直至隐元禅师，称"黄檗断际希运禅师正派源流"，显然和临济宗以义玄禅师为开宗创始人的源流不同，这体现的是黄檗山的僧团和外护共同具有的强烈宗派源流意识。[2]在明末临济大宗师密云禅师和传法弟子们的努力下，黄檗法脉得以振兴发展。密云禅师应邀住持黄檗虽然不到五个月，但却是费隐禅师、隐元禅师相继住持黄檗的重要缘起。如此，黄檗三代住持皆是临济宗的法脉传承，而临济开宗祖师义玄禅师的本师就是黄檗断际禅师，这便促成了黄檗山与临济法脉的传承、结合，促成了"黄檗断际希运禅师正派源流"传法谱系的观念构建。

黄檗山作为断际禅师道场和法脉传承观念的源头，在隐元禅师住持黄檗期间，不论是黄檗外护，还是隐元禅师本人都在不断重塑黄檗法脉传承的正统性和正当性。在隐元禅师的开堂说法语录中经常提出"向这里消息得恰到好去，许汝入黄檗门，见黄檗人，与黄檗同条合命，共气连枝"[3]，

1　《黄檗断际希运禅师一派源流图》，见崇祯版《黄檗寺志》，林观潮标注：《中日黄檗山志五本合刊》，北京：宗教文化出版社，2018年，第26页。
2　林观潮：《临济宗黄檗派与日本黄檗宗》，北京：中国财富出版社，2013年，第76页。
3　《隐元禅师语录》卷一，《嘉兴藏》第27册，第227页。

"苟能于此插得只脚，可谓瞎驴之种草，堪接黄檗宗枝"，"苟知来处，可谓瞎驴之种草，堪起黄檗之宗风"[1]等观点。隐元禅师在说法中有意强调黄檗宗风的观念。

隐云禅师的这种祖统性身份构建，不仅塑造传法谱系的正统性和神圣性，也为黄檗持续发展传承提供了制度保障。为了更好传承黄檗法脉，黄檗山还建立了黄檗剃派的传承辈分：

祖法志怀，德行圆满，福慧善果，正觉兴隆。
性道元净，衍如真通，弘仁广智，明本绍宗。
一心自达，超悟玄中，永彻上乘，大显主翁。[2]

共48字辈分传承，隐元禅师是黄檗剃派的第十六代传人，并且将这种黄檗源流的溯源和剃派的传承观念传到了日本。隐元禅师创建京都新黄檗，在宽文年间编修《新黄檗志略》时，将在福建古黄檗的《黄檗断际希运禅师正派源流图》和剃派传承辈分也编入了《新黄檗志略》。这种法派传承观念也影响到隐元禅师晚年编撰《黄檗清规》时对京都黄檗山住持人选的规定：必须是隐元禅师的法系或从唐山古黄檗请人住持。

二、黄檗宗：中日民间交流互鉴的文明丰碑

黄檗宗，是隐元禅师东渡后，在日本创建的一个禅宗分支，是临济宗黄檗派在日本开创的一个新宗派。明代末年，隐元禅师重兴福清黄檗山万福寺，并以此为正宗道场，创立"黄檗断际希运禅师正派源流"的法派传承。福建古黄檗的法脉传承从隐元禅师数传之后，在福建畲族地区的寺院祖塔中出现了从临济正宗到黄檗正宗的转变。

1654年，隐元禅师渡日后，其正法道统和高风亮节，备受日本朝野推崇。《日本佛教史纲》云："隐元禅师来日本还不到一年，他的道声已传遍东西，似乎有把日本禅海翻倒过来之势。"7年后的1661年，由幕府赐地所建新寺黄檗山万福寺的落成，标志着日本黄檗宗的创立。黄檗宗独树一帜，迅速发展，逐渐融入日本社会，成为江户时期影响力较大的宗派之一，

---

1 《隐元禅师语录》卷六，《嘉兴藏》第27册，第251页。
2 《黄檗法派》，见永历版《黄檗山寺志》，林观潮标注：《中日黄檗山志五本合刊》，北京：宗教文化出版社，2018年，第87页。

和渡宋求法僧荣西、道元开创的日本临济宗、曹洞宗并列为日本禅宗三派。

总结黄檗宗发展和贡献，有如下五大特点。

（一）本末制度

以京都黄檗山万福寺为大本山，住持人选均由江户幕府将军任命；以大本山作为整个黄檗宗的传法中心；以长崎、大阪、京都等各大寺为末寺，成为黄檗宗的传法基点，形成本末互应的传法制度。

（二）黄檗清规

以《黄檗清规》为黄檗宗发展龟鉴，全文编有祝釐、报本、尊祖、住持、梵行、讽诵、节序、礼法、普请、迁化等共10章，论述"丛林不混，祖道可振"。将明代禅宗丛林清规和信仰生活整体搬迁到日本，其中梵行、讽诵、礼法三章将明代佛教的传戒制度、日常诵读共修和禅堂制度编入清规，为培养僧团品格、丛林道风和宗派有序传承提供了制度基础。准确地说，京都黄檗山万福寺完全复原了福建黄檗山万福寺的明代丛林生活与修行制度。

（三）传戒制度

隐元禅师特别重视梵行持戒对佛教正法久住和个体修道证悟的重要性，对沙弥戒、比丘戒、菩萨戒三坛授戒制度做出明确规范。为此，隐元禅师还著有《弘戒法仪》作为三坛传戒具体的仪轨和行法。《弘戒法仪》对培养清净的比丘僧团发挥重大影响，不仅为黄檗宗提供清净僧才，也为日本佛教培养出众多僧才，直接影响到日本佛教对传戒制度的重视。

（四）法脉制度

以隐元禅师临济正宗法脉为传法依据。并且，将此写入《黄檗清规》作为宗派制度执行，同时确定京都黄檗山自隐元禅师之后，住持人选必须是由隐元禅师一支所传承的临济法脉方可担任。

（五）黄檗祖庭

以福建古黄檗为传法祖庭，以京都黄檗山为大本山，隐元禅师在《开山老人预嘱语》中明确规定，若京都黄檗山住持找不到合适人选，应从唐山——福建古黄檗礼请。福建古黄檗为京都黄檗山和整个黄檗宗输送传法人才，这个制度一直延续到第21代，其间共有16位来自古黄檗的禅师担任京都黄檗山的住持，时间长达129年之久。

隐元禅师东渡，为扶桑传去已灭300年之临济宗灯，德感神物，法嘱王臣，在日本迅速建立黄檗宗，成为日本禅宗的三大宗派之一。黄檗宗的本末制度是源自于日本江户时期政府对佛教的管理制度，而黄檗清规、传戒制度、法脉制度以及到古黄檗延请传法禅师的制度，不仅弘扬了古黄檗宗风，促进了新黄檗的兴隆发展，也为日本佛教的复兴和传承，注入了新鲜纯正的血液，提供了制度性的保障。以黄檗宗为纽带为江户社会所传去的先进文化、科学技术和佛学经义，对江户社会文化经济产生了重要影响。

三、黄檗学：构建黄檗文化与闽学、海丝文化融合互鉴的新学科

黄檗学，是研究、发掘、整理和保护黄檗思想文化、文物、文献的综合性学科。研究聚焦黄檗希运禅师为临济开宗法源，到形成临济宗黄檗派的800年，以及隐元禅师东渡开创日本黄檗宗至今400年。此外，内容还涉及历代黄檗外护的研究。

黄檗学的研究，以黄檗希运禅师为法源，以临济开宗为起点，以隐元禅师东渡扶桑黄檗开宗为转折点，探寻形成黄檗文化的千年脉络与足迹，着眼黄檗文化形成的闽学之基础，以海丝文化为视角关注黄檗文化在东亚乃至世界传播与交流互鉴的各个领域。主要包括以下四方面。

（一）以福建黄檗山为基点

研究黄檗希运禅师传法江西、临济义玄禅师传法正定，所形成的传承千年的黄檗禅法、临济法脉；研究宋代东传日本的临济禅学、法脉体系以及传法路径；研究从唐代黄檗希运禅师到隐元禅师东渡前八百年来，在闽学和闽文化的视阈下，黄檗文化的特征和内涵；研究历代黄檗外护，在黄檗山和八闽大地留下的多样文学、文化和文明成果。

（二）以隐元禅师东渡为基点

研究历代黄檗东渡禅僧在日本开创黄檗宗，以至发扬并完善黄檗禅法的体系，对日本佛教的思想、制度、信仰生活等方面的影响；研究历代黄檗祖师360多年来形成的语录、著作等成果；研究黄檗宗与江户幕府、天皇、法皇的关系及重要交流事件。

（三）以黄檗僧团文化传播为基点

研究黄檗僧团、黄檗外护带去日本并对其经济社会发展带来重要影响的先进文化和科学技术，诸如在儒学理学、书法绘画、诗词歌赋、茶道花道、饮食料理、篆刻雕塑、建筑营造、出版印刷、医疗医药、公共教育、围海造田、农业种植等领域的重要成果。

（四）以密云圆悟、费隐通容、隐元隆琦三代黄檗禅师所传法脉在北京、河北、福建、浙江、广东、台湾等乃至全国各地传承为基点

研究清末、民国以及当代南传南洋新加坡、印尼、越南、马来西亚，北传北美加拿大、美国和澳大利亚各国的弘法成果；研究以黄檗法脉、信众为纽带在促进构成南洋各国汉文化圈方面的贡献和影响，以及在北美、澳洲华人文化圈促进区域多元文化融合、对话和推动中华文化国际性传播的积极贡献。

当下，黄檗学是指以黄檗文献、黄檗禅学、黄檗文学艺术、黄檗文物、黄檗学理论为主，兼及黄檗法脉国际传播为研究对象的一门综合性学科。研究方法则须从文献学、历史学、禅学（哲学）、人类学以及宗教社会学等多维度进行研究。

第一，文献学是以古籍文献为基础，如黄檗禅师传法语录、地方志、黄檗外护和士大夫朋友圈的著作等，文献学研究的是黄檗学的基础内容。第二，黄檗禅文化要具有历史学维度，必须拥有历史学的横向和纵向双重维度。所谓横向维度，即平行维度，研究黄檗与时代社会交错互动的历史传播关系；纵向视野则是侧重黄檗在与时代互动后所形成的法脉传承发展的历史影响。第三，禅学亦即哲学的视角研究黄檗文化的内核，探究黄檗文化传承千年，成为东亚乃至亚洲文化现象的内在驱动力。第四，以人类学的实地考察、田野调研为研究方法，提升对文献、史料等的情景式解读，同时可以弥补文献、史料等缺陷。对实物考察和走访，可以从空间、历史记忆等角度理解黄檗法脉传承和黄檗文化所处地理空间与区域文化相碰撞、相融合的发展轨迹。第五，还要从宗教社会学的立场，研究黄檗禅、临济宗、黄檗宗不同历史时期对东亚社会政治、经济文化、信仰生活、哲学思想、价值观念、现实意义等众多领域的影响。

四、结语：黄檗文化再启新征程

黄檗是一座山，是从福建到江西，从福建到京都的禅宗祖庭名山。希运禅师为唐代大宗师，于福建黄檗山出家，在江西新黄檗山传法，在唐宋时期形成"天下两黄檗"的历史格局。明清时期，隐元禅师应化西东，中兴古黄檗，东渡创建京都新黄檗，促成"东西两黄檗"的法脉传承。

黄檗是一种禅法。黄檗禅，直指人心，见性成佛。黄檗禅的宗风上承马祖、百丈，下启义玄，大机大用，棒喝交驰。义玄禅师创建临济宗，以弘扬本师"黄檗宗风"为使命，临济宗千年的法脉传承皆宗黄檗为思想源头。至明清时期经临济大宗师密云、费隐、隐元禅师三代人的努力，以临济正宗的传承身份住持黄檗山，尤其是隐元禅师进行"黄檗断际希运禅师正派传法源流"的谱系构建，真正完成了黄檗山、黄檗禅和黄檗法脉传承三者的结合，形成黄檗山独特的法脉传承谱系，直至道光时期传法44代，历时260多年。

黄檗是一个宗派。黄檗宗，是隐元禅师将明清时期中国福建黄檗山所传承的禅法思想、谱系制度、法脉传承、丛林生活、黄檗清规、戒律仪轨等整体搬迁至京都而创建的宗派，与曹洞、临济成为日本禅宗三大宗派。日本黄檗宗的成立，是源自黄檗希运禅师至隐元禅师一脉传承弥久而强大的影响力。以隐元禅师为核心的黄檗历代禅僧东渡传法至今近400年，为江户社会传去了先进文化、科学技术和佛学经义而形成的黄檗文化，对日本文化、经济、社会产生深远影响。

黄檗是一门学科。黄檗学，是海丝文化重要代表，以千年黄檗禅文化为内核，以闽学为社会文化背景，以隐元禅师为代表的黄檗东渡历代禅师、黄檗外护为纽带，近400年在佛学经义、先进文化、科学技术、海洋商贸等领域传播互鉴，形成具有综合性国际文化的理论学科。希望以黄檗学学科的构建，为未来中日以及欧美学者研究黄檗文化提供方向；希望以学术研究为契机，再现黄檗文化这座中日文化交流互鉴的历史丰碑，为未来黄檗文化交流、弘扬提供历史智慧和经验，希望再开启下一个400年中日黄檗文化交流的新征程。

黄檗文化作为中华文明的组成部分，具有千年的文化传承，体现了历久弥新的时代价值；黄檗文化的历代创新，彰显其生生不息的活力；黄檗文化的规范统一，对经济社会产生了鲜活的助力；黄檗文化的融合包容，影响了黄檗信众和社会大众的生活；黄檗文化内含的和平性，是助力世界和平的新动能。

目录

福唐寻古

二百年前的福清海岸线　　3
乾隆年间的福清盐场　　9
无刹双塔　　15
五福之地在福清　　21
福清一半海为田　　27
不须更话"三生石"——从朱熹黄檗诗看欧阳修摩崖石刻　　33
戴云山里访"三宝"　　38
从龙田何葵墓志铭说开去　　45
黄檗龙潭摩崖题刻　　51
福唐陈显与仙游无尘塔　　60
摩崖石刻"送字灰处"　　67
三位亲家合作的墓志铭　　70
福清新发现叶向高题诗摩崖石刻　　73
这部"礼书"刻自福清　　77
通关文书里的琉球往事　　83
一篇为古琴谱做的序　　89
一篇刻在山东新城的跋　　94
诞生于日本的福清县志　　98

名人往事

千古江郎题黄檗	107
苏东坡与福清人	110
辛弃疾来福清	117
庄柔正与天宝陂	120
梁思成先生翻译的《福清二石塔》	123
伯施曼笔下的福清大塔小塔	130
福清县开国男	133
文天祥为一位福清人写的墓碑	142
戚继光的福清文武往事	149
董其昌的《龙神感应记》	156
寻找钱肃乐	160
唐宋元来闽求法的日僧	175
"棋圣"来到黄檗山	185
福清人的两位出色女婿	190

玉融禅事

黄檗寺——四十八寺入黄檗	195
茶林寺——罕见的带"茶"禅寺	200
天竺寺——孤月坡前荔满枝	208
香山寺——去华再来香山	218
敛石寺——走出两位国师	225
涌泉寺——闽王敕建的千年古刹	231

东福寺——南宋祖师法衣收藏处　　238
成都寺院的福清高僧塔　　247
国欢寺——源自福清的曹洞宗开创者　　253
龙卧寺——碑刻千年话沧桑　　257

附　录

附录一：从袁崇焕写给叶向高的两首诗说起　　279
附录二：朱熹的福清足迹　　283
附录三："永远垂禁"碑　　287
附录四："捐埋同功"碑　　288
附录五：龙卧寺后山"重造龙亭桥"碑　　289
附录六：龙卧寺顺治八年四至碑　　290
附录七：国子监助教何连城《游龙卧寺步叶文忠公韵》
一首　　291
附录八　　292
附录九　　293

福唐寻古

福唐寻古

二百年前的福清海岸线

古老的中国文明中不重视海，或者说海是被边缘化的。而关于海洋、海疆、海防以及海岸、海运、海口的古籍文献少之又少，能够直观看到"海景"的老海图更是凤毛麟角。有这样一张清乾隆年间的海疆彩绘图，

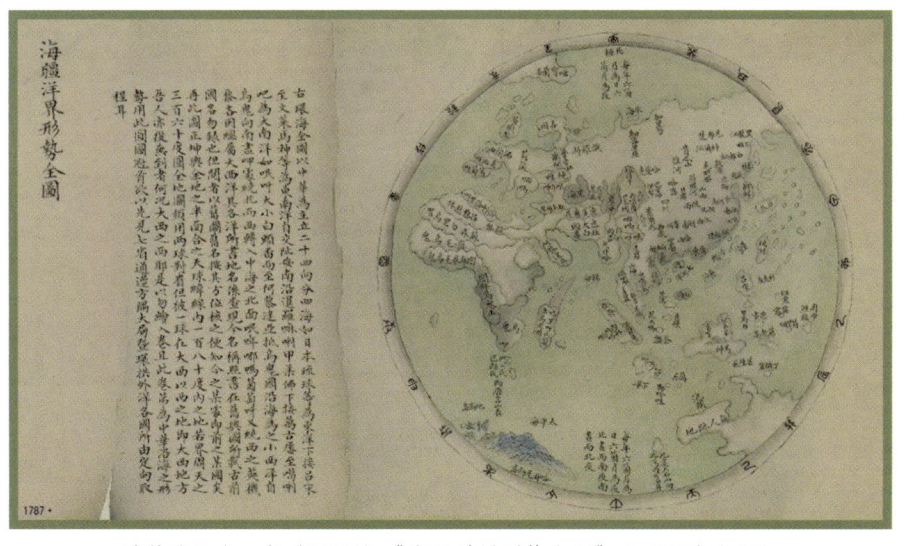

清乾隆五十二年（1787）《海疆洋界形势全图》之"环海全图"

寻古玉融

躲过了兵火战乱而留存于天壤之间。其中的罗源、连江、闽县以及福州、福清、莆田的海岸线，还出现在香港开明书店《中国海图史》的封面。两个多世纪前的海口、海坛、上迄、万安，进入我们的眼帘，让我们得以在山之青、水之绿的色调中，看到大海的蔚蓝，看到台湾的鸡笼山，任由思绪在时空的经纬中穿梭，重织起传奇海疆的故事碎片。

六十年前的一次捐赠

1915 年，美国公理会教士恒慕义（Hummel，Arthur William，1884—1975）博士来华，先在山西铭义中学教英语，后在燕京大学历史系任教。他在中国居住十二年后返美，任国会图书馆亚洲部主任。恒慕义是汉学家、中国史学家，实证学派的代表人物之一。1962 年，恒慕义向他供职过的美国国会图书馆，捐赠了一卷由六幅地图组成的纸本彩色《海疆洋界形势全图》。

《海疆洋界形势全图》局部

福唐寻古

《海疆洋界形势全图》局部

馆方著录称，此图绘制者佚名，制图年代是乾隆五十二年至嘉庆五年（1787—1800），原图尺寸30厘米宽，910厘米长，地图类型为"军事交通图"。这六幅地图的组成，自图右展开至图左，图题名称依次如下：1.环海全图；2.七省沿海全图；3.琼州图；4.澎湖图；5.台湾图；6.台湾后山图。

传统的长卷式沿海舆图分两式，陆地为上或海洋为上，这要依照其所处位置和用途来定。这幅《海疆洋界形势全图》，陆地为上，海洋为下，不采固定方位，主要反映相对的地理位置。图中沿海山川、海岸、岛屿、礁石、沙洲、港湾等地理景观——标示，也注记府、州、县、城镇、村落、营汛等人文景观的标志。图中未标图例，但以方形符号表示府、州、县治，用圆点表示卫、所、村、镇。另以概括的形象绘出山海关、长城和部分桥梁、古塔、炮台等。每幅图后加附一段注记文字，描述山川地貌、军事布局，说明有关海防、水情、航道、锚地等情况。

《海疆洋界形势全图》上的福清

此图福建部分有福宁、福州、兴化、泉州和漳州五个府，霞浦、连江、福清、仙游、晋江、漳浦等二十个县。东北部起自福宁府霞浦县与浙江温

寻古玉融

《海疆洋界形势全图》上的福清县

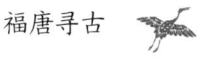

州府平阳县相接，西南部闽粤交界处，以漳州府诏安县与广东饶平县相接。涉及福建的名胜和地标，有福州罗星塔、莆田湄洲岛、泉州洛阳桥、福清万安所、仙游塔斗山、海澄浮南桥、诏安分水关等。

福清县部分有牛宅、海口、镇东、江阴、上迳、南日岛、海坛镇、南山、沙坞、后营山、牛头、泽朗山等近三十处地名。难得的是，涉及福清部分，尚有四处文字图注，是《海疆洋界形势全图》所涉及的县域图注最多的。

第一处图注文字讲的是海坛岛之于福建的重要性。图注文字写道："南自长乐之梅花，镇东、万安为右臂。外自磁澳而至草屿，中隔石牌洋，外环坛大岛。闽安虽闽省水口咽喉，海坛是为闽省右翼扼要。"

第二处图注文字在福清海坛岛的正下方，图上用青色颜料绘有台湾一座大山，山的右上角有几行文字："此台湾东北路鸡笼大山，与福州洋面远为对照。"在明代，台湾称为"鸡笼山"，或称"北港""东番"。万历年间，始有"台湾"之称，清代置台湾府，隶属福建省，光绪十一年（1885）建台湾省。"鸡笼山"位于台湾省东北部，是基隆山的本名，因山形似鸡笼，故名。

第三处图注："闽洋东北有东永，东南有乌丘，犹浙之有南北屺、韭霍等山，江南洋之有尽山。"

第四处图注讲的是福清、莆田四个岛屿的重要性，文字写道："由福清之万安南视，平海内虚海套，是为兴化外有南日、湄洲，再外即乌坵、海坛，俱为遥卫。"

两年前，这幅图的福建部分登上了《中国海图史》的封面，足见其艺术和史料价值。2021年3月，香港开明书店出版了海洋文化学者梁二平的《中国海图史》。此书封面封底、书脊勒口用展开的《海疆洋界形势全图》覆盖，起于福鼎的沙埕港，经福宁府的霞浦县、福安县、宁德县，福州府的罗源县、连江县、闽县、长乐县、福清县，兴化府的莆田县、仙游县，泉州府的晋安县、惠安县、安溪县、同安县，漳州府的长泰县、龙溪县、海澄县、漳浦县、平和县、诏安县，进入广东饶平县海域。

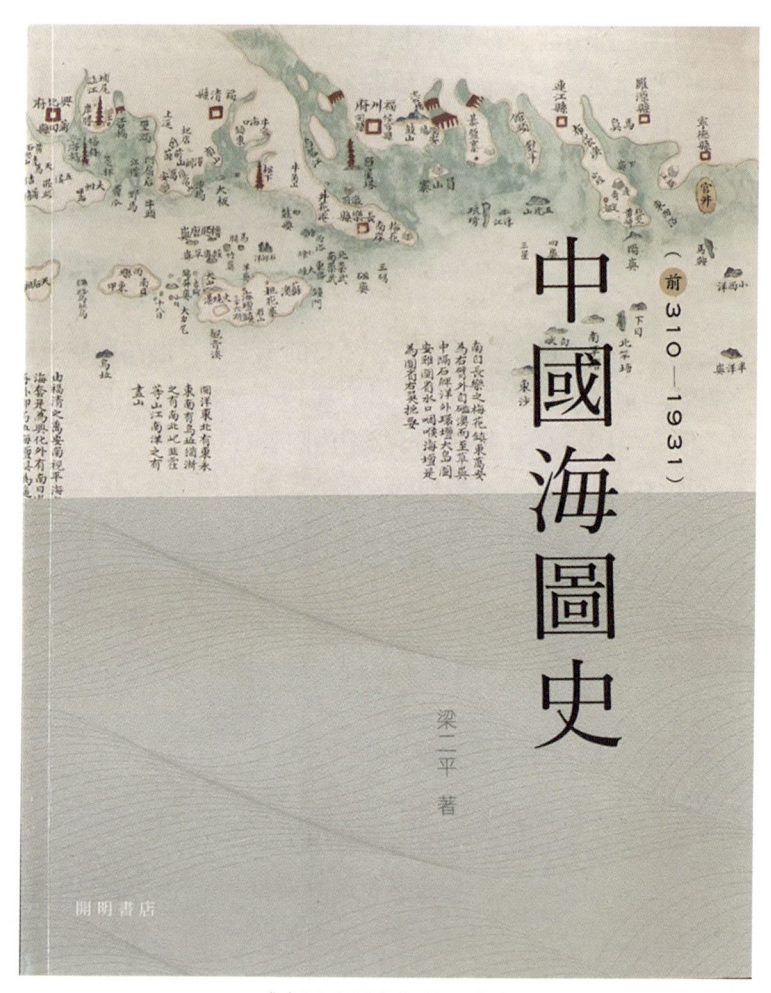

《中国海图史》封面书影

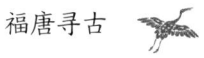

乾隆年间的福清盐场

在美国国会图书馆善本库中有一幅近六米长的《闽省盐场全图》，为绢本彩绘，长卷装裱。该图卷首是康熙皇帝之孙菩萨保所撰"序言"，从序文可知，此图由菩萨保组织绘制于乾隆十一年（1746）。紧接着菩萨保的序言的是福建按察使爱新觉罗·雅尔哈善作于乾隆十二年（1747）的跋文。翌年，雅尔哈善就调任江苏巡抚。

闽台两图并一图

清政府收复台湾之后，设置分巡台厦兵备道及台湾府，隶属于福建，台湾府的生产生活也纳入福建统辖。这个时期，台湾与福建往来十分密切。这幅《闽省盐场全图》反映和描绘的即是福建与台湾的盐业生产情况。该图由福建省沿海和台湾府两部分拼合而成，闽省图卷部分陆地在上，海洋在下，北方在卷首。台湾图卷部分是上东下西，左北右南。该图采用中国古代传统的山水形象画法，描绘台湾府、凤山、诸罗、彰化县及沿海盐场濑南场、濑北场、洲南场、洲北场，并以文字注记各盐场与郡城距离、位置。

福建部分则依次分绘福宁府及宁德县，福州府及所属罗源、连江、长乐、福清等县，兴化府及所属惠安县，泉州府及所属南安、同安县，漳州

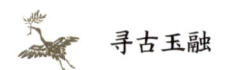

《闽省盐场全图》中的福清

福唐寻古

《闽省盐场全图》局部

府及所属海澄、漳浦、诏安等县。对福建近海岛屿也作了详细勾画，基本上将福建沿海岸的盐场、丘盘、盐仓、露堆及运盐船泊地，用不同符号作了详细绘制并用文字注记，包括各盐官驻地至总场衙门及盐场各团的道路里程。全图亦对闽台沿海形势、山川地貌、城池城墙、大小名山、汛塘、寺庙、塔桥、名胜古迹进行形象描绘，画法生动逼真。此外，福建沿海府州县中涉及运盐的关隘、衙门在图中也有标示。此图是乾隆时期福建盐政的重要文献，具有较高的文物和史料价值。

按清朝规制，盐务是属于国家严密管控的，私贩盐是违法的。此图绘制精细，文字工整，是一幅难得的官图。绘制《闽省盐场全图》的目的，从菩萨保的"图序"中可以看出，乃是为了"睹晒盐之胼胝，则恻然思所以恤灶矣；睹运之艰难，则慨然思所以通商矣；睹口岸之杌陧要冲，则毅然思所以搜缉堵御矣"。可见，绘制此图是为了让盐政官员备览，帮助其了解"闽盐"产地与分布，补其知识阅历之不足，是产盐、运盐和缉私三个方面的"工作指南"。

谁是菩萨保

《闽省盐场全图》卷首是《闽省盐场全图序》，落款是"乾隆十有一年岁次丙寅荔月上浣，惺园菩萨保谨识"，钤印"定斋""菩萨保印"。

11

菩萨保的原名是爱新觉罗·弘旺（1708—1762），他是康熙第八子胤禩的长子，弘旺曾因其父胤禩参与康熙末年众子夺嫡，而为雍正所忌，雍正四年改名为"菩萨保"。这个名字让人一看就联想到"菩萨保佑"，作为皇族，名字里去掉了血脉记号"弘"字，就如同庶民百姓一般普通。弘旺十八岁时，被雍正下旨贬为披甲，也就是一个普普通通的兵丁，并发往热河充军，成为"菩萨保"。乾隆即位后，为收拾人心，相继赦免了八阿哥九阿哥等人之罪，赐还宗室家产。胤禩也随之赦免，菩萨保便恢复原名，变回了弘旺。弘旺有《元功名臣录》《皇清通志纲要》《松月堂目下旧见》等著作行世。

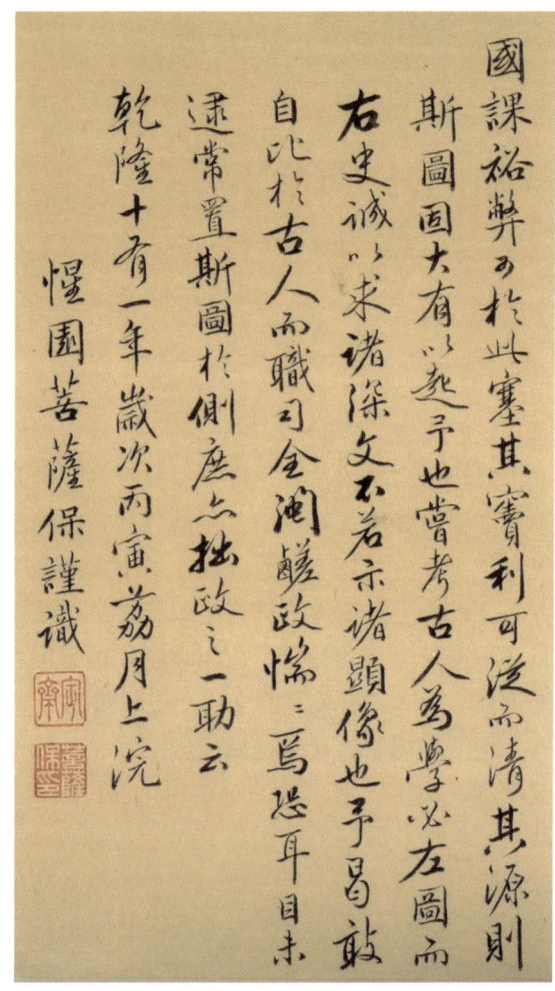

《闽省盐场全图序》局部

菩萨保为此图作序一年后，一位"觉罗·雅尔哈善"也写了一段话，落款是"乾隆十二年孟春同里弟觉罗雅尔哈善识"，钤印"觉罗雅尔哈善""字蔚文号樗亭""最是江南好风景，落花时节又逢君"。爱新觉罗·雅尔哈善，字蔚文，号樗亭、樗轩，满洲正红旗人。据《清史稿》，雅尔哈善雍正三年（1725）考中翻译举人，授内阁中书。乾隆十年（1745）任福建按察使，乾隆十三年（1748）以福建按察使的身份署理江苏巡抚。后提升为户部侍郎，一年后又外放为浙江巡抚，终参赞善大臣，靖逆将军。

福建按察使爱新觉罗·雅尔哈善为《闽省盐场全图》所作跋文

福清是乾隆年间闽盐重要产区

据《福建省志·盐业志》记载，清中期的福清，是闽盐重点产区之一，有一千多公顷盐场，是规模比较大的食盐集散地。《闽省盐场全图》不仅绘出了福清沿海海岸位置及其各个盐场，还对近海海岛也作了详细的勾画。重要的是，该图详细描绘了福清盐场及海防的分布，福清除了县衙之外，还有设在"镇东城"的、主管盐政的"福清总场衙门"，两衙门相距二十五里，所以说福清有"两个衙门"。县衙和总场衙门，都有东西南北四个城门，但从图中目测，"福清总场衙门"规模要大于县衙。图中的盐仓和各馆、口、团场分布及管理机构一目了然，标注了麟山寺和凤禅寺两个寺院的具体位置，详细描绘了瑞云塔、江阴塔等古迹以及海口桥、利桥、上桥、芦草桥以及福莆交界的江口桥等桥梁，对渔溪、江阴、闻读、城头、后郑、高山、江厝、后营等村镇也都作了详细标记。

据此图文可知，乾隆年间的福清，有两处海船盘盐经泊口岸，主管盐田官员除了"福清总场衙门"之外，另有赤杞、王白、三小、洪淡四个

"驻扎处"，可见规模之大。图注文字详细记载了各盐官驻地至总场衙门、驻扎处、盐团之间和盐团彼此之间的路程距离。

从地图的角度来说，这幅《闽省盐场全图》是出现福清地名最多、桥梁最多、路程距离标注最详细的一幅清早期地图，因此是弥足珍贵的。

《闽省盐场全图》之台湾府台湾县

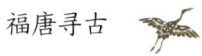

无刹双塔

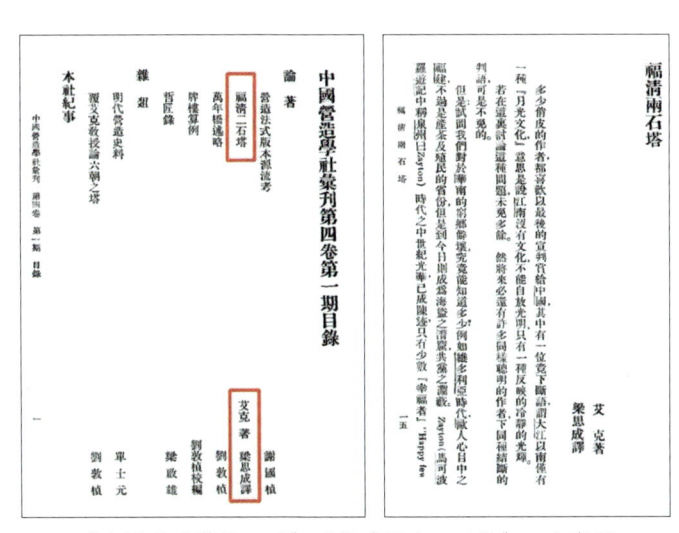

《中国营造学社汇刊》刊载《福清二石塔》一文书影

中国近代建筑之父梁思成先生曾经翻译过一篇文章，叫作《福清二石塔》，刊登在《中国营造学社汇刊》1933年第一卷第一期。后来网传有误，让人以为梁先生曾经来过福清。

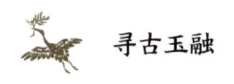

其实这篇文章的作者是一位德国人,他比较早研究福建石塔。他是中国营造学社的外国社员——古斯塔夫·艾克。他考察的两座塔有个共同特点,就是"塔尖无刹",而代以简单的圆球。在他眼里,塔刹是一座塔的灵魂,整座塔身只不过是塔刹"巍峨的基座",用"圆球"替代"塔刹"是不如法的。于是也就有了这篇文章的标题——无刹双塔。

艾克来福清

古斯塔夫·艾克生于德国,其母为伯爵之后,父为波恩大学神学教授。艾克在德国、法国各大学攻读美术史、哲学史,后游学欧洲各国,随后在包豪斯任教。1923 年,厦门大学创校,聘请艾克来华任教,他取了一个中文名叫锷风。1928 年清华大学创校时他受聘进京,随后到辅仁大学任教。1948 年辅仁大学迁校,他离开了中国。

艾克先生在厦门大学执教时就开始研究福建石塔。居京后,他把研究成果给梁思成看,并且申请加入了中国营造学社,梁思成自然非常欢迎。后来艾克先生把自己的许多研究资料,包括照片、测绘图纸都送给营造学社一份。他的中国助手杨耀跟他一起先对泉州开元寺双塔做测绘。1935 年,艾克在哈佛大学出版社出版了关于开元寺双石塔的研究专著《刺桐双塔》。

艾克早就慕名福清的两座塔,他就是奔着这两座塔来福清的,它们是瑞云塔和水南塔。他认为,"曾经见过福清县两壮丽

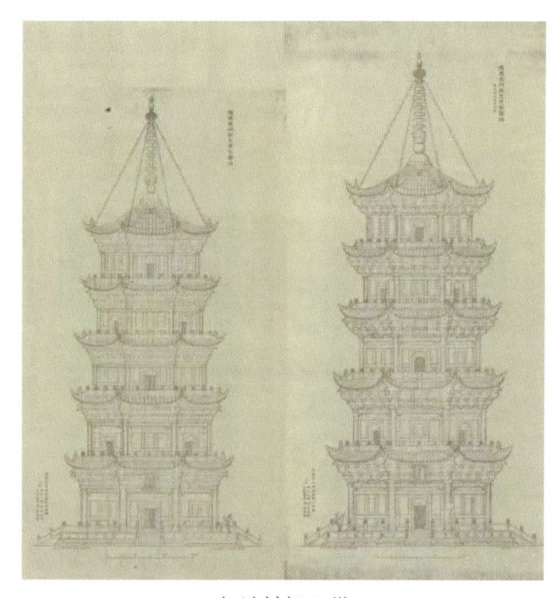

泉州刺桐双塔

宝塔的外人，为数极少"。在对这两座塔考察之后，为了让更多人知道了解福清宝塔，艾克写下了《福清二石塔》，随后这篇文章由梁思成翻译，在《中国营造学社汇刊》上发表。梁先生的文字非常古雅、有味道，他笔下的福清是这样的："距福州南约二十五里，位于东山与海之间，有福清县城。幽暗的城堡，青石的城墙，在多冢的山丘上，蜿蜒穿出草原稻田，学者咸知此为明神宗、宪宗时赍志名臣叶向高的故里。"他将叶向高称为"赍志名臣"，赍志就是怀抱着志愿。

烦闷尽除瑞云塔

艾克首先探访的是瑞云塔。他认为瑞云塔因为地势优越而"成为一方的标识"，是"本县最有声望最堪尊崇"的纪念物。纪念谁呢？当然是纪念发愿造塔的先贤。

艾克很快乐地"缘梯登塔"，"心中充满了明代末年的回忆"。在一层层上升过程中，艾克看到塔身外面小龛里的和尚、罗汉雕像。他慨叹这些精美的石雕没被毁掉，是"毁像主义下的幸存者"。常人对于明代石刻存有偏见，认为其呆板而缺乏创造力，而瑞云塔的雕像颠覆了艾克的认知。他看到这些作品，"不由的惊讶重生"，认为这些雕像"都各有个性的表

瑞云塔

寻古玉融

现",不仅仅只是呆板的匠人之作。

艾克特别喜欢一尊长眉微笑罗汉,说这尊罗汉的笑容,是在表达对这座塔"有极深的信仰"。艾克抚摸着这些佛龛里的雕像并与他们对视,感觉到一种"福佑","瞬息之间忧愁烦闷尽除"。艾克认为,这些佛像的雕刻手法,有一点宋画的特征,而浮雕技术多少有点德化的影子,除此之外,"没有任何派别之特点"。这些本地匠人能够尽心尽力,所以做工精美,而这样做,是为了讨好"远在北京有权威之宰相的满意"。艾克没有明确点出瑞云塔的修建者叶成学的名字,他认为这座塔完全就是叶成学的父亲叶向高筹划所造。

对于福建石塔,艾克很有心得。他认为瑞云塔属于"八角亭塔"之类,完全用青石建成,是中国最普通的一种塔。这种样式是由古代方形木亭蜕变而来的。自唐朝以后,八角亭的样式开始兴盛,取代了方亭的地位。又因佛教本身,重叠级数是一种象征,所以要用砖石增加其高度。艾克认为瑞云塔建造参考了三种蓝本:内部结构和层数学的是福州乌石山上的无垢定光塔;外部雕饰和每层均等递缩律学的是泉州开元寺双塔;外观的"古朴而雄壮"学的是"其邻近之水南塔"。

简单雄壮水南塔

艾克给水南塔的地理定位是:"距龙江约半英里,位于龙江桥之对面。"彼时的水南塔还是"匿于深林丘壑间",塔后是青山。"在旭日初升的时候,映

水南塔

着点点的紫色",把水南塔也染成了红色。

艾克用"简单雄壮"四个字来评价水南塔,而且认为其"塔基颇粗陋",雕凿不齐整,就那么"干摆着","既无灰泥,又没有铁锭"。但是艾克又觉得,虽然石块之间并无灰泥,但是这塔"稳固不移,全赖本身重量"。艾克看到塔身有些地方有石缝勾灰,他认为那是后人加上去的。

水南塔石雕饰

在艾克眼里,水南塔的雕饰"亦颇粗陋,无甚可述"。瑞云塔的轮廓,虽然华丽玲珑,但缺乏整体的镇静。他觉得水南塔浑然一体,由塔基到塔顶都简朴非凡,没有平座,没有栏杆,除各个塔角之外,没有支柱,只有极大的石昂伸出,这是很难得的创造,彰显出一种整体的协调,"那是任何建筑物优劣最后的试验"。

其实,水南塔雕饰中也并不都如艾克所说是"粗陋"的,现存的两块壁画就很精美。壬寅(2022)初秋,来黄檗山讲学的美术史学家、中央美术学院罗世平教授应邀来水南塔考察,他认为塔基仅存的两方壁画,其中有一块是"头顶托物"。这在敦煌莫高窟唐代壁画中有类似人物,是南海岛国国王的侍者,"双手托举头顶举物"是一种高规格奉献礼节,奉献的是当地产出的旃檀香、珠贝等方物,水南塔壁画与此类似。

艾克认为水南塔的创新之处是把"木质楣式建筑",实现了"用于石作之可能",而同时又不是完全的盲从和模仿。艾克甚至由此大胆设想,将来中国建筑像欧洲一样，由木质变成石质，"在此看见其途径"。

艾克不仅有佛教和营造专业知识，还有嫉恶如仇的是非观念。他通过对瑞云塔的描述，来表达他对叶向高人格的深深认同。登上瑞云塔，艾克的心思却回到了北京。"当叶公当国时"，却有"阉宦魏忠贤"作乱。"魏阉所立"的北京郊外碧云寺牌楼，"雕饰繁缛恶劣"，那简直代表着"魏阉"的虚伪，然而"福清瑞云塔上诸像，深刻虔诚的表情，何等的动人"！

艾克充满激情、满怀诗情地写道："我们登到叶公塔（瑞云塔）顶时，方才那奸邪的噩梦已醒了。站在最上层平座上，只看见海风吹送的白云，又高又白又明朗。云影向西移动，爬过田野，爬上山头，一直向福建的山水里镕合消失了。"

瑞云塔

福唐寻古

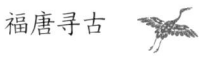

五福之地在福清

《尚书》是中国最早的历史文献。周武王灭商后，救下了因屡谏纣王不听，反被其囚禁的太师箕子。箕子为武王陈述治理天下的大法，记载下来就是《尚书》中的"洪范"一篇。在这里，箕子提出了"向用五福"的幸福观。"五福"就是长寿、富贵、康宁、好德、善终。

成语里有"五福临门"，是人生追求的最大幸福。但你可知道，我们生活里还有"五福宝地"，就在福建省福清市的福庐山。福庐山位于福清市龙田镇，过去属福建路福州府福清县福唐里，是中国大地唯一一处齐聚"五福"的地方，更是承载八闽福文化的重要支撑。"福见福清"，我们就从"福庐"谈起。

"福庐"三教融"五福"

可以说，正是因为明代万历首辅大学士叶向高开发郭庐山，并易"郭庐"为"福庐"，才使人间有了这块独一无二的"五福宝地"。叶向高的殊勋在于，他不仅成就了福庐山的"五福并臻"，还开创了福庐山的"三教融合"。

儒家命名"福庐山"：福清龙田镇内有一座郭庐山，因有郭氏在此结庐而得名。万历四十二年（1614），叶向高第一次致仕归里，筹集资金建构郭庐，先后历七寒暑，"朝夕奔驰，忘其劳倦"。天启元年（1621）冬，叶向高应召二度入阁，郭庐辟景仍未停止。经众人多年倾力，终建成"巨丽甲于八闽"的胜景。作为国学大儒，叶向高以其地属"四福"（福建路福州府福清县福唐里），而改易"郭庐"为"福庐"，以成"五福"，叶向高也因之自号"福庐山人"。叶向高在《福庐灵岩记》中写道："福庐故名郭庐，以郭氏庐其下。余谓吾省与郡邑皆名福，里亦名福唐，故更名'福庐'。"乾隆版《福清县志》对此也有记载："福庐开山二年，而相国叶公归。又二年，而福庐成。"

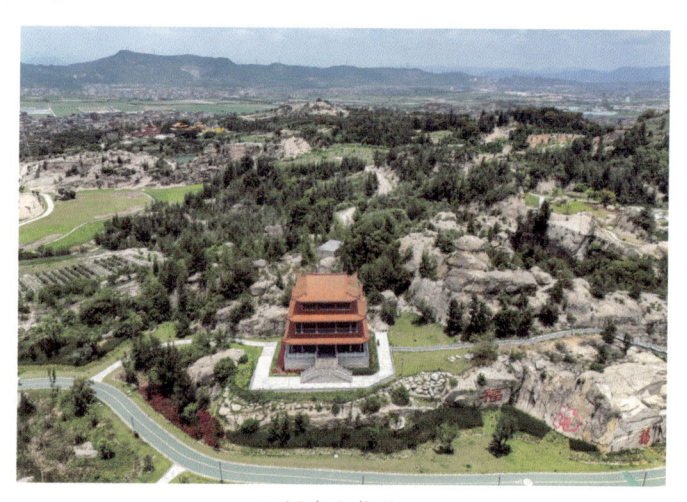

福庐禅寺开金莲：康熙版《福清县志》卷十一记载："福庐寺，在时和里，明万历甲寅，大学士叶向高新募建。"早在北宋时期，福庐山就建有寺庙，因年久日深，

福庐山俯瞰

几度兴衰，直到明万历年间，福庐山仅残存有旧寺院的轮廓。万历四十二年，叶向高致仕回到福清。在回乡当年，叶向高便主持重建福庐寺，使之焕然一新。与叶向高同时代的陈时化在《福庐山赋》中写道："山得名兮福如坻，并州邑兮五福俱。"由此，"福庐"成为天壤间唯一一处"五福并臻"的大美"福地"。

那时的福庐寺正殿佛龛上，供有三尊铜佛像。正殿后面的左右有蹑云石与异声碑并峙，正殿的前廊左右则有钟楼、鼓楼相对。正殿的东侧通观音堂，堂前有放生池，周围古木参天，绿意盎然。

福唐寻古

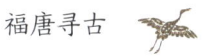

遗憾的是，福庐寺自清末开始衰败。到民国初年，由于军阀混战，寺院被破坏，法物被盗。民国十七年（1928），信士施净资赞助，世盛和尚募缘重修寺庙，对每一位大善捐助者，均刊碑为记，现石碑尚存。"文革"期间，禅寺门窗、椽、柱、砖瓦被人窃走，铜佛、铜仙、铜钟被砸毁盗卖。残存的树木悉数被砍伐，寺院殿阁残败倒塌。2004年，依照明时的格局样貌，对福庐寺实施了重建。

道家造像有石仙：据记载，原来在福庐寺右侧有一块酷似人形的巨石，后经人工雕琢，成为石仙造像。相传，有一次叶向高正在福庐开山劈石，突然朝廷来了一道御旨，宣他进京。叶向高对此次进京感觉吉凶难料，有一个石匠闻讯后，乃凿石成仙，以志吉顺。果然，叶向高入朝，成为天启朝廷一人之下、万人之上的首辅大学士，圆满应验了石匠开雕石仙的本心。后来，有文人进福庐凭吊叶向高，看到石仙，触景生情，当即赋诗《石仙》一首："羽化何时不记年，耳听消息总茫然。只从林麓相朝暮，不管桑田几变迁。石里泉流沙里汞，烟中霞见火中莲。为询世上熙熙者，何似山间一醉仙？"

从福庐山南侧游福庐，最先见到的，就是这尊石仙。石仙造型匀称，线条流畅，形神兼

福庐山"石仙"造像

备，惟妙惟肖。造像高3.15米、宽4.06米、厚2.8米。石仙造像屈膝盘坐，袒腹含笑，右手做附耳状，意为"耳听北方之消息"。由于石仙造像头大如篓，肥耳腆肚，盘腿趺坐，且笑容可掬，民间有人说其是弥勒佛。当地人还传，只要敲击石仙腹部，士子仕途坦荡，穷人发家致富。如果取下石仙身上的石粉，用水浸泡喝下，还可包治各种疑难病症。所以，我们今天看到的石仙腹部，有不少被人敲击和挖取形成的小洞。可喜的是，1999年3月，这尊石仙造像，已被列为"第三批县级文物保护单位"。文保碑上刻着："石仙位于龙田镇福庐山，凿于明万历年间。为明叶向高倡辟福庐，灵岩山景区中的一景。系整块花岗岩凿成的坐像。"

"福庐山人"黄檗缘

早年间，曾在海王村觅得一册《亥既集》，作者是"福庐山人"，出版于民国八年（1919），是京华印书局的铅字排印本。书的首页钤盖"张明招印"，印文之下，是毛笔小楷写下的"齐白石刻"四字。此虽戋戋小册，亦堪宝爱，故在《翕居读书录》里写下专文著录。

一直以来，"福庐山人"之于我，只不过是一个人名，是一个清代的文人。直到2020年8月来闽研学，福清黄檗山万福寺的住持定明法师告诉我，"福庐山人"是郭曾炘的号，郭曾炘的祖父郭柏荫，是黄檗寺的外护。定明法师带我来到隐元禅师纪念堂，只见正堂正中挂有一块匾额——"如来后身"，落款是"广西巡抚使者郭柏荫为敕赐万福禅者隐元琦和上题"，题匾时间是同治六年（1867）。

郭柏荫出身福建望族，福州三坊七巷的"五子登科"宅邸，就是郭家的祖居。《亥既集》的作者，就是郭柏荫之孙郭曾炘。郭曾炘（1855—1928），原名曾炬，字春榆，号匏庵，晚号"福庐山人"，光绪六年（1880）进士。任仪制司主事，充军机章京，升员外郎、郎中、太常少卿、光禄寺卿、礼部右侍郎兼户部左、右侍郎，宣统元年（1909）充实录馆副总裁，主修光绪皇帝的《德宗本纪》。郭曾炘学通中西，与严复论中外学术，质疑辩难，称为挚友。曾任《清史稿》总纂，著有《匏庵诗存》《楼居杂记》

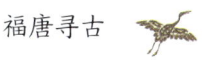

《翕居读书录》《亥既集》书影

《再愧轩诗草》等。

郭曾炘爱士重才,人有一善,必盛誉扬。内阁中书王义门在其《福庐先生枉寄〈亥既集〉读竟赋谢》一诗写道:"一贫报国愧多财,三字称官列上台。投老昌诗犹课日,吞声每饭自兴哀。病鸥凌凤知何有,腐鼠呼鸹更不回。剩好推枰延橘叟,冷吟销尽揽天才。"可见王中书对"福庐山人"郭曾炘的推重。

1911年10月4日,清政府"谕旨颁行"了中国历史上第一首国歌——《巩金瓯》。作词者为严复,而修订者就是郭曾炘。歌词如下:巩金瓯,承天帱,民物欣凫藻,喜同胞,清时幸遭。真熙皞,帝国苍穹保,天高高,海滔滔。

25

"福"禅寺与"福"和尚

后唐长兴四年（933），闽王王延钧称帝，从"山自永福里，水自清源里"一语中的"永福""清源"各取一字，以"福清"名县。福清，有众多乡村、山脉、寺院以福为名，如永福乡、善福里、安福村、福庐山、福胜山、万福禅寺、福山寺、五福寺、安福寺、福庐寺、福应庙、福华堂等等。随处可见的福，让福清人每天都"福气多多""福运满满"。

福清有座福庐山，福州有个福庐山人，黄檗山还有一位福庐和尚。在福清黄檗山万福寺山门东侧桑池园，有一座祖师塔墓，塔身之前竖立着一块石条，上刻有"福庐和尚塔"五个大字。这位福庐和尚，也是黄檗山万福寺里，唯一一位法号带有"福"字的僧人。

福庐和尚塔

福清黄檗山万福寺，由唐代高僧、六祖慧能大师法孙正干祖师肇辟开山。其弟子黄檗断际禅师开启临济祖源，并将黄檗禅法北传江西，扎根灵鹫山开创宜丰黄檗，成就国内第二座黄檗山。隐元禅师中兴福清古黄檗，东渡扶桑，开山京都新黄檗，使黄檗法乳绵绵流淌，几百年黄檗花开，无有间断。凡此种种，令人赞叹，这不仅是历代祖师大德之加持，更是"万福"之"福"的普照与洞见。

正所谓，福来福往，福见福清。

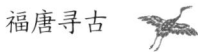

福清一半海为田

十五年前，在福清海口镇后塘村，发现了一块南宋时期的墓碑。虽然碑身略有残缺，但从碑文可知，此碑是南宋理学家林希逸为其先师陈藻所立。陈藻虽终生布衣，但在乾隆《福州府志》和《福清县志》均有小传，其著作由林希逸编成《乐轩集》，刘克庄作序，收入《四库全书》。《宋史》卷四十五记载，陈藻卒年七十五。林希逸敬师如父，宋景定四年（1263），他向朝廷奏请，荐其贤，由朝廷追授陈藻"功迪郎"，赐谥"文远"。

"城山三先生"之陈藻

福建莆田的名胜，有二十四景之说，其中的"穀城梅雪"，位于黄石镇七境村，这里古称"城山"。传说这里是由巨型蜘蛛结网如圆城，所以叫城山。城山下有国清塘，塘中有濯缨亭，年轻时的朱熹游学莆田，追随著名理学家林光朝至濯缨亭聆听其讲学，写下《观书有感二首》。

其一
半亩方塘一鉴开，天光云影共徘徊。
问渠那得清如许？为有源头活水来。

其二

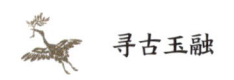

昨夜江边春水生，艨艟巨舰一毛轻。

向来枉费推移力，此日中流自在行。

这两首诗，成为千古流传的名诗名句，也是赞美读书生活的最好写照。五十多年后，南宋文坛领袖刘克庄站在城山之巅，俯瞰朱熹笔下的半亩方塘，水光山色，平畴沃野，清泉茂树，一时横卧眼前，写下《兴化军城山三先生祠堂记》。

谁是"城山三先生"？第一位就是朱熹尊之为师的林光朝，莆田人，号艾轩，人称"南夫子"。林光朝是福清人"一拂先生"郑侠的女婿，曾在城山松隐精舍和福清海口龙山书院讲学，前后达二三十年之久。

第二位是林光朝的大弟子林亦之，福清人，人称"网山先生"。刘克庄对他推崇有加，说林亦之文章高妙处超过《檀弓》和《穀梁》，平凡之

七境村

福唐寻古

林希逸书陈藻墓道碑局部

处也可与韩愈并驾齐驱。

第三位是林亦之的学生陈藻，福清人，南宋经学家、文学家。林光朝、林亦之、陈藻师徒三代，被刘克庄并称为"城山三先生"。（见刘克庄《后村先生大全集》卷九十《兴化军城山三先生祠堂记》）

来黄檗参禅者陈藻

在《乐轩集》中，收录陈藻所作《黄檗香炉峰》一首：

黄檗寺前犹突兀，
祖师塔外别安排。
香炉好是中央小，
无数峰峦拱揖来。

据《乐轩集序》所述，在早年师从林亦之学习的时候，陈藻就展现出对典籍的过人悟性。陈藻"明理究学，浩然自得"，深得林光朝的精髓。林光朝对陈藻"接之如孙"，视他为自己的继承人。而林希逸又是陈藻的复传门人，南宋末期闽学传承的大家，也是黄檗三祖即非如一禅师的远祖。

陈藻终身不仕，而且一生也未能摆脱清贫，"入则课妻子耕织，出则诱生徒弦诵"。刘克庄在《乐轩集序》中，对此也有记述："（乐轩）城中无片瓦，侨居福清县之横塘，开门授徒，不足自给。至浮游江湖，崎岖岭

陈藻《乐轩集》书影

海，积强得百千，归买田数亩，辄为人夺去。士之穷，无过于此矣！"然而，陈藻处之泰然，"萤窗雪案，犹宗庙百官也；菜羹脱粟，犹堂食万钱也"，这是一种难得的安贫乐道精神。

陈藻一生多次参加科举均未中第，这不是陈藻的学问不行，而是当时的"庆元党禁"所致。南宋宁宗时期，是韩侂胄当政，这人排除异己，禁毁理学书籍，凡是科举考试稍微涉及义理之学者，一律不予录取。而陈藻作为伊洛学派传人，次次落榜就不足为怪了。陈藻心不甘，在六十多岁的

福唐寻古

《黄檗山寺志》"黄檗十二峰"之香炉峰、狮子峰

寻古玉融

时候，仍然执着地又一次参加科举考试，并写下一首《甲子应举》，回顾自己四十年屡试不第的经历和悲凉心境，发出"也知枯木春稀到，却想寒灰火复燃"的感慨。

陈藻还写有一首《悼网山》，追思他的恩师、"网山先生"林亦之：

　　福清一半海为田，创邑今垂五百年。
　　伧蛮世革儒风起，西塘生在网山前。
　　介夫凛凛松筠操，月鱼识解文章到。
　　黄檗休夸十二峰，乌寞白屿空餐过。

在这首诗里，陈藻说出了福清创邑五百年的悠久历史，以及作为海滨之乡水多地少的现实，提到了福清人引以为傲的"西塘先生"郑侠。在诗的最后，又以"黄檗十二峰"收尾，可见陈藻对于黄檗古道场的赞叹和心许。

从黄檗山万福寺庭院遥望吉祥峰

福唐寻古

不须更话"三生石"
——从朱熹黄檗诗看欧阳修摩崖石刻

　　福清一都镇东山村狮头坑，有两处巨石摩崖题刻，一块正面刻"三生石"三个篆书大字，落款是楷书"永叔"。另一块巨石侧面篆书刻"遗照台"三个大字，落款是古朴的楷体"欧阳永叔"。摩崖字面高190厘米，宽60厘米，大字高50厘米，宽40厘米，落款小字高9厘米，宽8厘米。

福清一都镇东山村狮头坑摩崖

寻古玉融

石刻中的"欧阳永叔"，是北宋著名政治家、文学家欧阳修。欧阳修（1007—1072年），字永叔，号醉翁，晚号六一居士，吉州庐陵永丰（今江西永丰县）人，出生于绵州（今四川绵阳）。

石刻上的"三生石"是怎样一个故事呢？三生石又称姻缘石，据说三生石能照出人前世的模样，是古代情定终身的象征物，所谓"缘定三生"（前生、今生、来生）。正是由于这个吉祥寓意，国内很多地方如杭州、苏州、无锡、宁波、重庆、贵阳、曲阜，都有古时候刻的"三生石"遗迹。《红楼梦》里贾宝玉和林黛玉的爱情，就是从三生石畔的前生开始的。千百年来，三生石见证了众生的苦与乐、悲与欢、笑与泪。现在的定情物，大多是钻戒、金首饰，而古人的爱情看内涵，一块三生石就足够了。

"遗照台"摩崖

福唐寻古

2022年6月19日，雨后天晴，我们来到东山村摩崖巨石前。只见树丛中的"文保碑"，布满赭红色锈迹。从碑文可知，这是福清"第二批县级文物保护单位"，碑名写的是"欧阳修题刻"。欧阳修为什么来一都题写这样一个石刻呢？据一都镇官网介绍，这是"宋代文豪欧阳修溯闽江考察经一都，挥笔留下的'遗照台'和'三生石'笔迹崖刻"。

我们在康熙、乾隆两部《福清县志》里，没有查到欧阳修来福清的记载，却看到南宋大儒朱熹来福清的一些记述。在黄檗山，他为山门一侧的亭子题写了"环翠亭"。他还到过福清灵石寺、闻读、棉亭、南日岛等地。朱熹游寓黄檗寺的事，道光《黄檗山寺志》有"朱夫子供养其故人悟公"

"三生石"摩崖

的记载，说的是朱熹与黄檗寺住持悟公和尚（肯庵圆悟禅师）的故事。

据《朱文公文集》卷九记载，庆元五年（1199），黄檗山肯庵圆悟禅师圆寂，朱熹以诗悼之，写下《香茶供养黄檗长老悟公故人之塔并以小诗见意二首》。

第一首是：

摆手临行一寄声，故应离合未忘情。
炷香瀹茗知何处，十二峰前海月明。

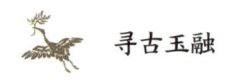

第二首是：

> 一别人间万事空，他年何处却相逢。
> 不须更话三生石，紫翠参天十二峰。

朱熹与黄檗寺之间，有着很深渊源。《黄檗山寺志》记载，朱熹除了题写黄檗山"环翠亭"之外，还在龙潭留有摩崖石刻。黄檗山龙潭飞来石一侧水际，现存一块重要摩崖石刻，刻的是"赵善密同住山圆悟来此，癸丑冬"。据黄檗山万福寺住持定明法师介绍，这里的"住山圆悟"就是朱熹诗里的"黄檗长老悟公"。而朱熹这两首诗中两次出现的"十二峰"，指的就是黄檗山的"十二峰"。特别是第二首诗，以"不须更话三生石"，来对"紫翠参天十二峰"，"十二峰"是黄檗山的实景所在，那么与之对应的"三生石"，也应该不是虚指，会不会就是距离黄檗山很近的一都"三生石"？如果这种推测合理，那么在南宋时候，一都的"三生石"摩崖石刻就已经存在。

黄檗书院研究员王赞成先生认为，欧阳修是泉州人欧阳詹的后裔，有可能是

福清市人民政府立"欧阳修题刻"文保碑

欧阳修在福建治水期间谒祖时，经过一都留下了这样一个题词石刻。王先生说，相传欧阳修是后唐状元、端明殿内阁掌院学士黄仁颖嫡系曾孙，黄仁颖的儿子黄偃因家贫无力攻书，遂赘居闽南晋江潘湖欧厝舅父欧阳郴家为养子，改名欧阳偃，就是欧阳修的祖父。黄仁颖与南宋时期一都的状元黄定同是唐末处士黄巘的后代。

福清市文化体育和旅游局局长、文物局局长杨锦嵩介绍说，网上流传欧阳修曾来到状元黄定的老家，黄定请他爬山，留下"遗照台"和"三生石"摩崖题刻，这种说法是不成立的。因为，南宋状元黄定，比北宋文豪欧阳修小120多岁，所以，南宋黄定请北宋欧阳修爬山之事是不合情理的。

寻古玉融

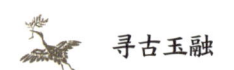

戴云山里访"三宝"

　　进入福清一都古镇，到处是连绵起伏的山峰。万千冈峦，雄浑苍茫，这里属于"闽中屋脊"的戴云山脉。历史上，这里是中原南迁氏族的最后栖息地。戴云山福清段，重峦叠嶂，山色旖旎，文韵久长，界碑、石刻、驿道等人文景观遍布其中。其中的南宋滴水岩摩崖石刻、古驿道和清代太保崎交界碑，我称之为"戴云三宝"。

　　一宝：太保崎交界碑。太保是古代三公之一，位次太傅，亦指太子太保，为辅导太子之官。这里供奉着太保大将军香位，这是宋端宗

交界碑一侧的"交界石"

福唐寻古

赐林空斋的谥名。《永泰县志》记载,林空斋举进士为县令,解官家居。张士杰立益王于泉州,林空斋率乡人开忠义局,起兵复本县,后兵败不屈而死。

太保崎位于福清、永泰古县界的山岭,处于现在一都镇普礼村与王坑村的交界处。在古县界上,有一块界碑,这块碑是福清与永泰县划分地界的碑石。碑石系绿豆色花岗岩,立于清同治十三年(1874),碑高1.07米,宽43厘米,厚11厘米。碑额自右至左横刻"太保崎"三个大字,碑文竖刻,从右到左共五列。最右一列是"同治十三年十二月重建",中间并排两列"永福县、福清县",两列居中是"交界碑"三个大字。最左边两列碑文是"永福县郑、福清县彭",居中是"合立"二字。字径大约7厘米,笔锋字口,清晰精细,堪称古代的"石刻公文"。

从这块界碑所在的滴水岩,来到普礼村村委会,这儿原来是村里的小学校。大门口,一些老者在围坐聊天。据老人们讲,这块碑原来立在太保崎的古石道旁,在滴水岩北边大约十米处。三十年前,被村民挖去盖房,后被追回来,移存到一都镇政府大院。

这块县界石位于滴水岩,明确界定着清代同治年间,福清与永泰两县的县界。内容简要明了,距今已有一个半世纪的历史,仍保存完整,是两县人民密切来往的历史见证。《永泰县志》记载:"永福一都与福清交界。山中有将军垅,

太保崎交界碑

垅有忠义局遗址……"说的就是此地。

二宝：太保崎古驿道。这条驿道，是古时的交通大道，有人称之为古时的"国道"，是为古代驿站的专用传车、驿马通行而开辟。古驿道在当时的政治军事、民间商业、文人赶考等方面发挥着重要作用。这条古驿道长约3千米，宽约2米，起于一都镇普礼村的新山厝，终点至王坑村的宋廊桥，沿途遗存有古道碑、山门、神龛、界碑、古桥以及多处摩崖石刻。古驿道的路面用方石铺设，沿途留有多处古代摩崖石刻，两处宋代太保大将军香位，是闽地保存形态最完整的古县界驿道之一。

太保崎古驿道

太保崎古驿道，是永莆驿道在福清一都境内的一部分，曾是唐、宋、元、明四个朝代，永泰通往福州、福清的唯一官方驿道，是与外界往来和物资交换的必经之处，沿途设有"一铺两市"，即马利岭铺和大招市、龙屿市。龙屿市就是现在的一都状元街，这里是南宋状元黄定进京赶考的道路。

漫步古驿道之间，从身边飞过的小虫，跑到耳朵里的蝉鸣，吹得树叶沙沙响的山风，这些都是古人曾经的沧桑。

三宝：滴水岩《司户黄公颂德之记》南宋摩崖石刻。古驿道上面，有一块滴水岩摩崖石刻，高3米，宽2米，石刻上记录着当年的状元黄定之孙黄公椿，带领两县百姓，主持修复古驿道的过程。

福唐寻古

这块摩崖石刻在龙凤山东侧的半山腰上,上面是一座公路桥。从普礼村纪念堂一侧走下公路,即见石块砌成的古驿道,顺着弯曲的驿道行进,可谓林秀路幽,绿荫如染,摩崖掩映在枝杈扶疏和藤蔓垂悬之中。

这块石刻在滴水岩断崖绝壁北端,碑文镌刻于南宋嘉熙元年(1237)十二月十六日,碑面虽已铲平但略凹,摩崖雕工精湛,严谨不苟,书法有雄逸朴茂之气。碑通高2.35米、宽1.43米。碑额为

《司户黄公颂德之记》摩崖

"司户黄公颂德之记",碑文正楷竖刻,共11行,纪年落款1行,立碑人1行,劝首2行,总共15行318字。洋洋三百余言,算得上大型摩崖石刻。碑额每字宽18厘米,高16厘米。颂文字径,大小基本一致,高宽均为5厘米。摩崖有10余处15字左右,因780多年山泉流注,已经斑驳、漫漶不清,字迹难以辨认。虽有10余字无法辨识,但碑文文意尚可通观,大体内容略述如下。

在福清与永泰两县交界之间,东边是刣岭,西边是枣岭。这里有一条山路,是古时候老百姓往来的交通要道。这条路商贾行人摩肩接踵,络绎不绝,但因年久失修,多处毁圮,行走维艰。有南宋乾道八年壬辰科(1172)状元黄定之孙,嘉定庚辰年(1220)进士、潮州太守黄自求之子,官居永泰县司户的黄公椿,心地善良,乐善好施,到此巡视二岭之后,乃

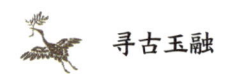

召集工匠修路砌石。弯曲处尽量让路走直，坎坷之处让其平整，堵塞之处将其推平，巉岩险峻之处，垒石成阶，逐级而上。自此，人们的行旅再无颠簸蹶绊之苦，大家从心眼里感佩黄公的德行，赞叹黄公的勋绩。其实，黄公的善行不仅仅是修桥补路，他在年成不好歉收的时候，就会拿出自己家里的粮食去赈济，遇到冬天严寒就给孤寡老人送去棉衣，遇到寺院失修，就拿出财物修葺。对于应缴给他家的租息，就给租户减免三成。黄公善行，还不止这些，林林总总，难以一一具述。两县人民感其德行，众举罗汉寺的妙思上人担纲，偕两县乡贤长者，共议刻石之事，以志黄公之德。

摩崖石刻碑文的撰文者，是在当地设馆授徒的张钧。刻碑立石人，是罗汉寺的住持释妙思。捐金的缘首，永泰、福清各四人。

我们第一次去滴水岩，是在福州一个多月的连阴雨天里，古驿道青苔满地，湿滑寸步难行，每迈出几步，就连摔两个屁股墩。走了不足五十米，手指就被菅草割破。第二次去，是雨霁后几日，可见四周林木郁郁苍苍，浓荫遮天蔽日。崖旁有泉水渗出滴下，成涓涓细流挂于崖岩，也许，这就是"滴水岩"一名的来历。

龙凤山滴水岩下的小溪

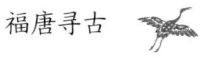

这块《司户黄公颂德之记》摩崖石刻有三大珍贵之处：

一是有明确的年款。这块摩崖石刻，落款是"嘉熙改元季冬既望"。这是南宋理宗赵昀的年号，从公元1237年至1240年，使用了四年。"嘉熙改元季冬既望"，就是嘉熙元年（1237）十二月十六日。而且这块南宋石刻基本完整，318字的篇幅亦是巨幅难得。

二是僧人和教师在当时具有重要社会地位。状元黄定之孙修建永泰、福清交界处这条驿道，使坎坷之路变通途，这在当时应该是一件很轰动的大事。加之黄公平时乐善好施，友爱乡民，这些大善德行，深为两县百姓敬仰。怎么表达和铭记这份崇敬？当然是"勒石为记"。那么，由谁来组织牵头立碑？摩崖石刻落款的是"罗汉沙门释妙思"，碑的正文写的是罗汉寺"思上人"。如此重大的"刻石"之事，是由妙思和尚"偕二邑耆艾"，主持刊刻完成的。为状元之后的黄公立功德碑，本身就算得上一件大事。何况又是要代表"二邑"的乡贤长者，公推寺院住持来牵头，可见，佛教在当时社会的举足轻重，当时高僧在重大公共事件中的影响力。碑文撰写者，是开馆授徒的教书先生张钧，可见教育和教师在当时也是受人尊重、崇尚的。

三是可从供养人姓氏感受中原氏族南迁。摩崖刻石，是永泰和福清两县乡民捐献供养，而且每县各四人。八人中两位姓陈，两位姓张，赵、林、柯、魏各一位，这让人隐约感觉到了"张王李赵遍地刘"以及"福建林陈半天下"。也印证了乾隆《福州府志》所载："衣冠始入闽者八族，林、陈、黄、郑、詹、邱、何、胡是也。"

滴水岩摩崖石刻，不仅是对司户黄公的颂德之记，也是永泰、福清两县古代人民交往合作的见证，是对中华民族大善为民、乐善好施优秀品德的弘扬。同时，这也是南宋时期闽中交通、商业、佛教、教育史上极其珍贵的文物资料。

附录

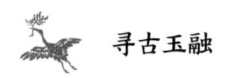

司户黄公颂德之记

　　永阳玉融两邑,抵界之间,东有创岭,西有枣岭,乃四民往来之衢。擎负贩肩相摩,足相闻也。经年垒石毁圮,道路崎岖,行人艰蹇。咨嗟!××富聚巨×,莫尝年臂力而整葺之。

　　今有壬辰大魁之孙、庚使棘定之子,司户黄公讳公椿,心地坦夷,力行好事,相视二岭,召匠修砌,不计其直,坎者平之,慊者阐之,巉岩险峻峭,又从而垒级之。至今行旅登陟,永无簸蹴之患。德于心,歌于途,咸曰:我公阴绩莫大焉。虽然×不恃此尔。始值岁歉,则赈贫者以粟,遇冬寒则遗老者以衣,坟庵低×塌,出己财为众修整。其子注授,应租息各三分蠲减。凡此之类,非可×具述。

　　今以罗汉思上人,偕二邑耆艾,共议刻石,著公之德,命余为之记。钧时馆于三友,辞谢不获,采民之颂,而纪其实,以为作善者劝。

　　嘉熙改元,季冬既望,文山淡斋张钧记,罗汉沙门释妙思立。

　　永福县劝首:赵孟琏、陈朝翰、张少南、柯炳。

　　福清劝首:张嵒、魏芸、陈国光、林国光。

福唐寻古

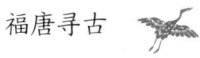

从龙田何葵墓志铭说开去

福建省黄檗禅文化研究院专家在福清一都古镇进行黄檗遗迹考察时，发现了一块康熙四十九年（1710）立石的墓志铭，铭主是福清龙田的何葵，号向日。这块墓志铭不仅记载了何葵"尝从海舶游诸番"，而且给番国国君讲五经四书——"公与之讲说五经大义、历代史传"，最后被"番君长延为国师"。由此来看，这块墓志铭，是记载清代早期福建对外海上交往，特别是对外文化传播的重要文物。

舶游诸番说五经

墓志铭主人何葵，福清龙田人，国子监毕业的太学生，官职是经考核被授予的州司马（不同于去世后追封的"恩授"），这个职务是知州的佐官。墓志铭没有记载何葵在哪里为官，但是讲到何葵"时游吴越"，康熙四十五年（1706），五十五岁的何葵卒于"吴门"。所以，此处的"吴门"，有可能是苏州一带。

墓志铭记载，何葵在外地为官期间，先后遭遇父母故去，回家丁忧守制，居丧遵古礼。家中亲人只剩下他的兄长，何葵"事兄也如父，其抚兄之子也胜于己子"。不仅如此，何葵对于自己的同房亲属甚至是一些贫苦的远亲，他都"削衣贬食，以济其困穷疾痛"。可见，何葵不仅因学养深

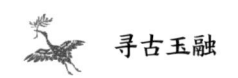

厚考授州司马官职，而且扶危济困，严守儒家修身利他礼德。墓志铭说他"事亲孝，事兄悌，与人接物，众倚为重"。

明代抗倭名将俞大猷有"大船出于福清县，中小哨船出于龙溪等县"的说法。铭文记载，何葵"尝从海舶游诸番"。这不仅说出了古代福清海滨县邑的特点，而且点明了福清"海舶"出海"游诸番"的经常性交流。的确，福清地处台湾海峡之滨，有着较长的海岸线和南北拱卫的兴化湾、福清湾两大天然避风良港。所以，古代福清航海事业极为发达，不少福清人远渡重洋到海外拓殖或贸易，以致出现了"凡有华侨处，即有福清人"之况。古代福清航海的优势，历史性地融入了海上丝绸之路，所从事的不仅是商品货物的贸易，更有着中华文化的传播与交流。

何葵在跟着海船出海游历"诸番"的时候，被"番君长延为国师"。番国的国君为什么延请何葵为"国师"呢？因为何葵给他们"讲说五经大义、历代史传"，不仅番君受用，而且番国的王子们也都"帖帖然"。在番国国王听何葵讲授时，这些王子坐在讲席一角，"隅坐听者，皆能心解"。

五畿七道在哪里

墓志铭写道："五畿七道，虽素信巫觋，奉贝多者莫不爱公、敬公，争相重儒书。"说的是五畿七道之人，虽然迷信女巫和男巫这些巫师的祈祷，但是信奉佛陀佛教的人，都尊重爱戴何葵，大家重视儒家学说，争相阅读儒家经典著作。

那么，墓志铭中所说"五畿七道"是哪里？"五畿七道"，是古代日本的全土在律令制下的行政区域划分。"五畿"指京畿区域内的五国，京畿之外的其他领土则仿中国唐制，共分七道。五畿七道制度自奈良时代开始实施，直到明治初期的废藩置县为止，但部分道名仍沿用到如今。由此可以断定，何葵"从海舶"所"游诸番"，是"五畿七道"之"番"，也就是日本的一些"藩国"。"藩"是日本江户时代幕藩体制对于将军家直属领地以外大名领国的非正式称呼。江户时代有200多个地方分权单位"藩"，直到同治十年（1871），明治政府才废藩置县。从墓志铭的记载，

福唐寻古

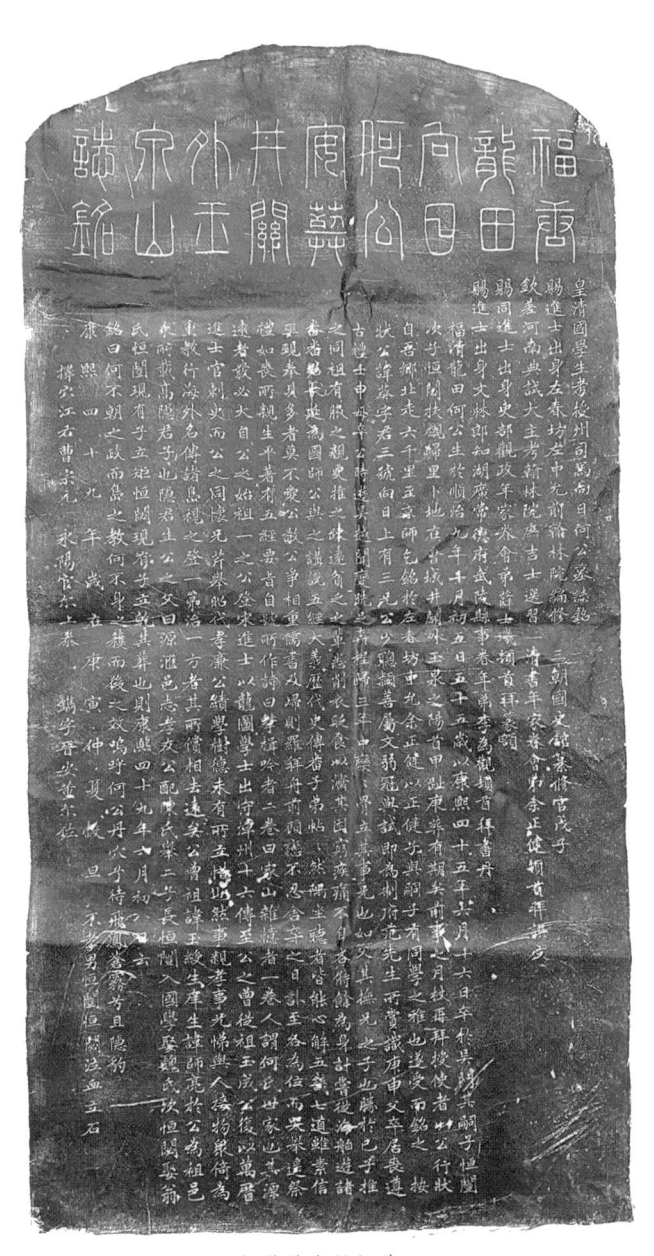

何葵墓志铭拓片

可以明确的是，何葵在康熙年间所去的"诸番"，就是日本江户时期的一些"藩国"。

何葵因为传授儒家的五经大义，而被江户时期日本藩国的"君王"礼遇有加，"延为国师"。何葵去世之日，讣告到达这些藩国，君臣王子"为位而哭，举遥祭礼，如丧所亲"。

福清何氏乃望族

何葵不仅给日本"藩国"传授儒家文化，他还著有研究儒家学说的著作。墓志铭中记载，何葵"著有《五经要旨》"，而且还有诗作，"自号所作诗曰《击楫吟》者二卷，曰《家山杂忆》者一卷"。何葵为什么有这么大的成就？因为"何氏世家也"。

福清龙田何氏，素有"进士世家"之称，出过不少尚书州府长官。墓志铭记载，何葵的始祖是"一之公"，"登宋进士，以龙图学士出守漳州"。到了第十六代，传到何葵的曾从祖何玉成，是万历年进士，官至知州。何葵的兄长是何芹，是有声望的孝廉。

墓志铭所言何葵的始祖"一之公"，也是福清龙田何氏的始祖。

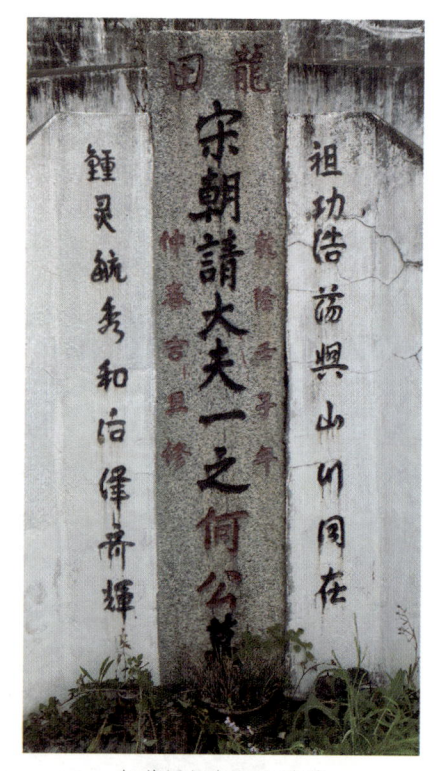

何葵原祖何一之墓碑

乾隆《福清县志》卷九"进士"一章载："何万，一之，朝请大夫。"南宋孝宗隆兴元年（1163）癸未科进士，历官朝请大夫、漳州府太守，累迁尚书都司，出平江府（今苏州）知府。何万少慧好学，不畏权贵，著有《易辩》

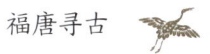

3卷、《渊源录》3卷、《长乐财赋志》16卷、《鼎论》3卷、《时议》1卷。

何葵的曾从祖何玉成,是万历癸丑(1613)进士,授工部虞衡司主事,历守廉州,设立边防,在扼制贼寇方面有大策,为朝廷嘉许。黄檗檀越叶向高谢政归来,就是何玉成带叶向高去其老家龙田的郭庐山,"结檀越十余人,募金鸠工,剔其芜秽",历七载,郭庐易名福庐,成为"巨丽甲于八闽"的"五福之地"。

位于龙田镇的何氏宗祠

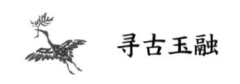

撰铭书丹皆贤士

为何葵墓志铭撰文的，是雍正翰林院编修古田人余正健。余正健处事恭慎正直，人称其"于卑职无所狎，于权贵无所贬"。从宦十余年，颇得朝廷器重，康熙皇帝曾多次御旨赐以《古文渊鉴》和松花石砚等物，雍正元年御赐其"天下师表"匾额，人赞其"和而不流，清而不刻"。

墓志铭篆额者，是曾任合兴知县的福清人薛士玑，《福州府志》说薛士玑："加意抚绥，厘剔弊政，以劳卒于官。"

书丹的是晋江人，曾任康熙武陵知县的李为观，《晋江县志》称李为观："爱民如子，倡筑六里陂，利益桑梓。"

撰文、篆额、书丹这几人都是为民尽力的"父母官"，政声、名声口碑俱佳。正是他们的秉笔作铭，勒石为记，才使得何葵留下了"教行海外，名传诸岛"的声名。墓志铭对何葵在日本藩国传播五经大义的记载，是清代早期福建对日文化传播的重要史料，具有珍贵的文物文献价值。

福唐寻古

黄檗龙潭摩崖题刻

黄檗寺西南有一条小溪，沿溪三里许，石壁巉岩，泉色泛着蓝光的，是为龙潭。潭自下而上共有九处，只有龙湫、石鼓、玉筋三潭为最，而龙湫是第一潭。龙湫也称龙潭、灵潭、灵湫，纵广六七丈，底深莫测，上有飞瀑从空泻落，望若珠帘。历朝历代，这里留下了自北宋以来众多官员龙潭祈雨的摩崖石刻。而《黄檗寺志》也记载了从一品大员到本邑县令等二十多位官员来黄檗山祈雨的诗文辞赋。两年来，黄檗书院的学者们在对黄檗山进行田野调查时，共发现近三十处现存摩崖石刻、碑刻，仅龙潭一地就有十三处，年代跨越宋、明、清和民国时期。

灵 渊

灵渊

道光《黄檗山寺志》记载，宋绍兴癸丑（1133）冬，长官赵抃观稼至此，祝曰："名位浅狭，所及者鲜，惟龙以时致雨，尽苏一邑之苍生。"书以勒石，复勒"灵渊"二大篆字，并七言绝句一首

寻古玉融

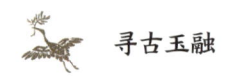

于潭石之上。按照这个记载，我们在龙潭找到了"书以勒石"之处的摩崖，只有以下几个字迹依稀可辨："绍熙之□，赵□观稼檗山。□之曰：□位浅□，所□□□，□龙以时致□，尽苏□□□□。"

　　观稼就是观看、查看庄稼，是古代帝王和地方主官关心农耕、稼穑和老百姓疾苦的一种行为。唐代诗人白居易和明代文学家王守仁都写过一首同名的五言诗《观稼》，歌颂田翁的辛劳和劳动的伟大。赵抃观稼来到黄檗山，登上九渊潭，写下"灵渊"两字，刻于潭水下泻处水底，祝词勒石于潭壁水际。虽然，祝词已漫漶模糊，但"观稼""赵""绍熙"这几个关键词还在。只不过，摩崖石刻是"绍熙"，而不是寺志上的"绍兴"。

　　《黄檗寺志》卷之三"文·逸事"部分，记载了赵抃的《题灵渊》：

摩崖石刻残拓

　　　　灵渊无底石嵌空，万丈飞泉落半空。
　　　　寄语鱼虾莫相侮，此中蟠蛰有蛟龙。

　　经现场考察，此诗题刻于龙潭崖壁，寺志中的"灵渊"，摩崖作"灵潭"。石刻文字只留下"灵潭无""万丈飞""寄语鱼""此中蟠"，"灵潭"之"灵"只剩下半个。二十八字只剩下十一个半，但这也是很难得了，起

福唐寻古

码和寺志做了互相校证。摩崖石刻与寺志记载最大的不一致，就是寺志中的"绍兴"，石刻作"绍熙"。但这样，问题就来了。寺志记载的"宋绍兴癸丑"，是1133年。而"绍熙"是南宋皇帝宋光宗赵惇的唯一一个年号，从1190年到1194年，共计4年半。石刻和文献记载相差57年。而北宋名臣赵抃，出生于1008年，1084年去世。他的去世之年，离寺志记载的"宋绍兴癸丑"年，相差49年，离石刻的绍熙年相差近110年。对此，专家组推断，来黄檗观稼、在龙潭题诗题刻的，不是北宋赵抃，还是用道光《黄檗山寺志》上的"赵下"为妥。

振鹭之瀑

明崇祯初年，一位贵州人来福清作知县。他到任才三个多月，就能听懂当地老百姓的乡语土话。县城里有数不清的住户，一旦被他看见过，就知道这是谁家的孩子。各路官吏在他来福清之后，不敢动手动脚，而且称他是"神君"。此人就是崇祯年间的福清知县费道用。他在龙潭的飞来石上，题下"振鹭之瀑"四个大字，并书丹上石、刊刻石上。

黄檗山万福寺的寺志，初修于明代内阁首辅叶向高重兴黄檗山寺之后。由居士林伯春和僧人行玑、行元等编修，书前有两个序言，一是崇祯十一年（1638）王志道所作《黄檗山寺志序》。二是崇祯十年（1637），福清

振鹭之瀑

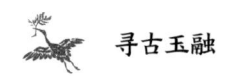

知县费道用所作的《黄檗志序》。在这篇《黄檗志序》里，费道用赞美黄檗自唐贞元以来，世为丛林，这里深山幽谷，清净隐僻，不杂尘俗，叹为仙境。如果你是白衣百姓而不是严守精严戒律的人，是不敢轻易进入的。这里世代都有禅宗高士住山，可以说是慈云笼罩，如果当地人说福清丛林之盛，一般都会说黄檗寺，概莫能外。

费道用特别讲到，自万历神宗皇帝赐予大藏经三十年来，万福寺徒众日繁，宗风大畅。而且说是居士林伯春、比丘行玑等，搜集过去现在一切见闻，而成书为志。费道用曾经和友人一起入山，来拜见费隐通容禅师，见费隐禅师白发满头，面容清癯，一语不发，来问事者自然而然自己就离开了。看到寺院里的僧人们，进退有序，面色精进，当时费道用就慨叹："此黄檗之所以为黄檗也，向所称岂虚哉！"费道用自己对于佛法自有见地，他说："佛之为教，其要在慈悲广济，而禅之为宗，其指又在使人自得、不落声闻。"费道用认为，黄檗代以宗风重，望黄檗而来归者，亦代以宗风重。

费道用，字暗如，号笔山，明朝石阡府（就是今天的贵州石阡）人。天启四年（1624）举人，崇祯四年（1631）进士，授福清知县。此人为官廉洁，尊崇学问，奖掖士子，建桥修路，留下诸多的善政。除了正赋之外，不增加其他零星捐税，以减轻百姓负担，也平反了不少冤狱。就是因为执法不徇私情，被当地的土豪劣绅所中伤。福清有一豪绅林正亨，任京都兵科给事中。他儿子杀妻后逃匿，费道用下令追捕归案。这个逃犯被追捕的时候自杀，林正亨对知县恨之入骨，就告状诬蔑费道用，导致费道用被罢官。费道用离任的时候，当地老百姓"遮道器泣"。这之后六年，每一位巡按到福清，老百姓都会为费道用鸣冤。正赶上杨鄂升任御史，重新整理材料上奏皇帝，说："这个县官，因为挂念穷民即为穷民所牵挂，因为力锄奸党反为奸党所伤，贪污并不是其真实情况。"上官知道他的廉洁后也叹息道："海口有口，福清真清啊！"最后，费道用被起用为兵部职方司郎中，后转任吏部考功司。费道用好诗文，著有《碧桃轩》诗集，但已失传。《黔诗纪略》收录费道用十六首诗。他还曾和杨德周等同补《闽南唐雅》，集中收录福建唐代诗篇,搜集整理得很详细。

顺治八年(1651),费道用被崇祀为福清名宦。康熙三年(1664),入贵州石阡乡贤。《福清县志》载:"费道用……初任福清,少年明敏,一邑之内数千万家,一见而知为某民某子焉。词状经目难欺,审语挥毫立就。追征钱粮,尽革火耗,正项不轻那撮。诡洒靡不肃清。吏胥莫敢上下其手,邑号神君。猥遭蜚语,俱入弹章,阖邑老幼哀呼,海潮为不至者三日。幸直道终伸,铨曹特简,未久而卒于官矣。士民思之,请把名宦。"

潜　龙

龙潭之上有"潜龙"题刻,紧挨着"灵湫"题刻,为著名的鳌江侍御林汝翥所书。林汝翥和隐元禅师同乡、同姓,而且年齿相近,因而十分关注黄檗寺和隐元禅师。崇祯十年(1637)五月,正是由林汝翥发起迓江父老数十人,邀请隐元禅师住持黄檗山。隐元禅师在《住福建福州福清黄檗山万福寺语录》中记载:"崇祯十年五月十四日,侍御林公汝翥同乡绅林宗赈、林朝龙、文学林景台……等僧俗,请师住黄檗山万福寺。于十月初一日入院。"

龙潭石壁摩崖"潜龙"及"灵湫"

隐元禅师有不少写给林汝翥的诗,从这些诗偈中,可以看到他们之间来往很亲密。有一首《寄中台林檀越》,隐元禅师写道:

　　君在天边看落霞,谁怜清冷野僧家。

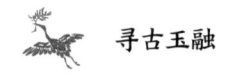

> 彤云密布千秋月，白雪飘零几点花。
> 龙藏久封无法说，山田典尽没生涯。
> 有人借问西来意，独饮赵州一夜茶。

写作此诗当时，黄檗山到处是破败景象，在诗中隐约可见隐元禅师的落寞心情。崇祯十一年（1638），林汝翥七十大寿，隐元禅师特作诗庆贺，诗中写道：

> 生成侠骨截棱棱，七十年来履汉冰。
> 今日华堂歌舞罢，丈挥剑气逼寒僧。

《明史》之中，专门列有《林汝翥传》。这个传记写道："福王时，起云南佥事，已而解职。鲁王次长垣，召为兵部右侍郎，与员外郎林次攻福宁，战败被执，谕降不从。系之，吞金屑而死。"林汝翥英勇就义后，隐元禅师写下《挽中台林缘首》，哀悼林汝翥：

> 娑婆业识正茫茫，若个如君护法王。
> 德挂空门声愈重，名垂浊世骨还香。
> 却堪洗耳南轩踞，何事翻身北斗藏。
> 不见台星临涧石，青山坠泪暗凄凉。

从"却堪洗耳南轩踞，何事翻身北斗藏"这句诗里，我们可以看出，隐元禅师对林汝翥没有以隐居而全身感到痛惜。这心情跟他在悼念黄道周诗中"既知豺虎猛，何不入禅关"一句所表现的心情，是一样的。

隐元禅师东渡五年后，写信给弟子慧门如沛禅师，特意交代要在黄檗山辟建护法祠，供奉有功于黄檗的重要檀越外护。信中是这样写的："迳江当立心弘公、位中、文若三居士，县中立夏象普、龚夔友二居士，此数位得力法护，非泛泛可比也。"心弘公就是林汝翥，名列法护之首，这说明，隐元禅师始终怀念、记挂着林汝翥。

　　福清百姓听闻林汝翥的死讯，万家断炊，以此哀悼。上迳林氏家族悲痛之余，在南阳山建造了一个墓，用铁链将棺木悬空吊起，表示"不埋清土"之意，又以纹银三百两赎回他的指甲，嵌入林公塑像两手之上，安放于迳江林氏祠堂，让后人凭吊。如今，在上迳镇林氏祠堂，还悬挂着乾隆皇帝御赐牌匾，上书"忠谏名臣"四个大字。

龙　湫

　　在黄檗山由山而下龙潭的入口处，有一块不规则的石碣，上刊"龙湫"两个大字，右为"郡丞叶嗣昌书"，左为"住山释元恭命工刊"。这和《黄檗山寺志》的记载相同。但从这块石碣的刻字石面来看，右高左低，是不平的。

龙潭石壁叶嗣昌书"龙湫"摩崖石刻

仔细观察，原来是刊刻"龙湫"之前，此石碣上有字。也就是说，"龙湫"是铲了一块老碑而刻。底部一层清晰残留这样八个字：颖、辛、二日、沈分仪、观。这一点，黄檗寺志的记载中没有说明。

　　叶嗣昌，字贵修，青田县人。宋宁宗嘉泰二年（1202）进士，官至朝散大夫，提举崇禧观。其父叶翥累官户部尚书，奏请销毁朱熹的书籍，并称朱熹学说为"伪学"。胡纮和沈继祖上疏，罗织了朱熹许多莫须有的劣迹，诬以六大罪状和四大丑行，请斩朱熹。伪学之争打击了理学，动摇了整个社会的道德基础。据说，叶嗣昌考中进士，得益于这场伪学之争。叶翥卒于宋嘉定二年（1209），去世以后，叶嗣昌奉旨扶柩回籍，行至缙云

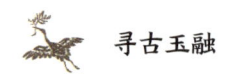

县时，停柩于黄龙寺，有精于堪舆者，相中此地有吉穴，即请旨获准，御葬于缙云县黄龙寺后山。嘉定五年（1212）叶嗣昌知兴化军。后来，叶嗣昌奉旨葬父于缙云一事遭人诟病攻击，"监察御史黄序，言其葬父母不从仪制"。叶嗣昌于嘉定六年（1213）被降两官，罢新任，贬瑞州通判，嘉定九年（1216）再贬为正议大夫，提举崇禧观。嘉定十一年（1218）差宫观指挥寝罢，嘉定十二年（1219）降一官，永不得与州郡差遣。可谓是环环相扣，连遭打击，有其因必有其果，正是由于叶嗣昌打击了新儒学，卷入了党争，遭到了以朱熹为代表的新儒学的报复，最后"叶嗣昌合徒三年，编管贺州"。刑满后，叶嗣昌回到老家，从青田迁居缙云。

来黄檗山龙潭题壁刻石，应该是其于嘉定五年（1212）知兴化军任内。翻过黄檗山龙潭，就是东张灵石山。在位于灵石国家森林公园灵源溪河床之上的"母石"上，有摩崖"灵石山"三字，官方介绍说"相传为朱熹所题"。实际上，这个题刻右下角，有一行小字——"郡丞叶嗣昌撰"。

庄柔正、林雍、林遹

在龙潭摩崖上，有一块仅仅15个字的石刻，上面雕有"庄柔正、林雍、林遹，敬祷灵潭，辛巳仲夏"。辛巳为北宋建中靖国元年（1101）。

宋人梁克家的《淳熙三山志》记载："元符二年（1099），钟提举因巡

宋代福清官员来黄檗龙潭祈雨摩崖

福唐寻古

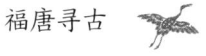

历,乃委知县庄柔正修之,移旧地之上,陂旁有大榕,日听讼其下以董役,汁铁以锢其基,广十丈,溉田如昔时。"这个记载说的是,北宋元符二年,知县庄柔正在天宝陂旁的大树下办案,凡投诉者都要背一块石头,理屈者则搬运石块赎罪。陂以石为基,又熔铁汁加固其基,数月完工,改名元符陂。可灌溉数万亩农田,百姓得其利。不管是发动百姓修筑天宝陂,还是使用新的建造技术,庄柔正为修建天宝陂都可谓尽心尽力了。

庄柔正,宋兴化军莆田人,哲宗元符年间(1098—1100)为福清知县,在任期间兴修水利,尝改筑天宝陂,更名元符陂,以此灌溉良田数万亩。熙宁五年(1072),知县崔宗臣亲自鸣鼓督促当地百姓参与修筑天宝陂,有不至者则罚之,使"圳长七百余丈,溉田种千余石"。

林雍,查《乾隆福清县志》,无记载。

林遹,字述中,是福清石塘人。林遹从小勤奋好学,未满二十岁时,就考取了国子监,名列第一。北宋哲宗元符三年(1100),又考中甲科进士第四名。建炎元年(1127),因张邦昌被诛杀,削掉了他的科名,提升林遹为第三名,就是"探花"。林遹及第之后,遭母丧,守墓三年。宣和年间(1119—1125),任南剑州知州。南剑州是福建南平市延平区一带,位于福建北部,地处武夷山脉北段东南侧。因为传说干将莫邪在这里"双剑化龙"而得名剑州、剑津。后来,为了和四川剑州区别,所以又叫南剑州。建炎二年(1128),自起居郎特进中书舍人。一年后,任福州知州,并兼任福建路安抚使。绍兴元年(1131),晋宝文阁待制,任广州知州。终龙图阁直学士,赐爵"开国子",赠少师、金紫光禄大夫。绍兴三年(1133)去世,墓在裹桥岭。著有《妙峰集》四十卷。史家称林遹为"南渡功臣"。

林遹一家是福清的望族,他儿子叫林埏,字仲成,曾任福建漳浦知县、广东潮阳知县和湖南沅州知府。林埏有三个儿子,分别是林环、林瑑、林璟。这哥仨于南宋淳熙十一年(1184)荣登同一科进士,一时轰动八闽,被称作"兄弟三进士"。又因为林环官至焕章阁,林瑑官至龙图阁,再加上林遹做到龙图阁学士。祖孙三人都入阁,被称为"一门三阁"。

寻古玉融

福唐陈显与仙游无尘塔

木兰溪，莆田的母亲河，其发源地在仙游县西北部凤山南麓。过了广桥村，便是凤顶村，即可望见几座秀美如螺髻的山峰，山脚下便是赫赫有名的无尘塔。这座石塔，塔基敦厚，端庄雄壮，屹立于茫茫竹海之间。花岗岩的凛凛风骨与天空的碧蓝、竹林的葱绿融为一体，透出一种"佛光塔影净无尘"的意境。

二层塔身文字里的秘密

塔，最初是古印度的一种佛教建筑，在汉代时

仙游县凤顶村无尘塔

福唐寻古

传入中国，是中国古典建筑中的舶来品。福建的塔多为石塔，大多建于宋明时期。敦厚古朴的仙游无尘塔，默默耸立在凤山之麓，是闽省最古老的一座空心石塔。据《福建文物地图集》记载："宋大中祥符年间（1008—1016），赐僧智广书'无尘'塔额，为历代僧人圆寂静化之处，三层八角楼阁式石塔。"短短两行字，将无尘塔的建筑年代、塔名、用途和形制说得清清楚楚。

清明时节，我们来到仙游凤顶村。沿着斑驳小路走近古塔，看到塔侧竹林里有位挖笋的老人，我们向他招手，老人放下手里的农具，站在一根足有一米多高的新笋旁跟我们聊天。真没想到，这位老者竟然能讲普通话，而且清晰明了，这使我想起前些日子去仙游大济时，遇到的那位听不懂也不会说普通话的老爷爷。老者跟我们讲，这个塔和皇帝有关系，是宋朝建的，被土匪一把火烧了。不过，没过多久，宋朝人很快就又把这座塔给重建起来。

带我们前来的余泽老师是兴化研究的老文史。余老师说，无尘塔的塔基为莲花舒瓣，底层下部八面刻有奔龙、舞狮等浮雕图案。塔前有月台，与宋以后的石塔形制迥然不同。无尘塔的建筑形式属于楼阁式，来源于中国传统建筑中的楼阁。塔为三层石构，八角空心，高14米多，直径要超过6米。有塔柱八根，为瓜棱形，以承托额枋，额枋上以条石出挑承托塔檐。塔上原有木制横额，其上"无尘"二字是宋崇宁年间（1102—1106）

无尘塔柱石上的石刻

宋徽宗敕书。

　　余老师说，其实这座塔最早修建于唐代，在南宋绍兴年间为匪寇焚毁，古塔付之一炬。宋乾道年间又伐石重建，从原来的木构，改建为石质空心结构。这个结论不是来自文献，是塔身上的一段石刻，记载下了无尘塔的身世。

　　余老师说，前些年，一位有心人来到无尘塔，一处处仔细摸索，在塔的二层石壁上发现了几行早已风化漫漶的雕刻字迹，共有四行50多字。经过辨认，是这样的内容："上二层，绍兴丙寅冬，僧家藏衣，以遇草寇，及为所焚，塔亦百难。□乾道丙戌，命拆去伐石重造。□□因斋戒后来，住山麓都绳，福唐陈显。"

　　绍兴丙寅为公元1146年，这一年无尘塔为匪寇所焚毁。由此推断，无尘塔原为木质所构。二十年后的宋乾道丙戌年（1166），"伐石重造"无尘塔。所以，无尘塔始建于唐而毁于南宋，重建后由木构改为石质。值得一说的是，记载南宋年间塔毁和重建的，是

无尘塔内部仰视图

福唐寻古

仙游九座寺大雄宝殿

福唐人陈显。也有可能南宋乾道丙戌年重造无尘塔的就是"福唐陈显"。

无尘塔缘起九座寺

  第一次看到无尘塔身"福唐陈显"四个石刻文字时,马上想到的是宋代张舜民《赠邻居陈焕处士》一诗。诗中写道:"福唐陈处士,与我对门居。生死一炉药,尘埃数箧书。但知尊有酒,莫叹食无鱼。若论浮生事,浮生事总虚。"

  悠悠千载,世事飘渺,无尘塔无言矗立。而它的缘起,还得从无尘塔东面的"九座寺"说起。无尘塔由九座寺开山祖师正觉禅师创建,原为寺僧圆寂后火葬的荼毗塔。

  余老师说,九座寺原名太平禅院。全盛时期九座寺规模宏伟,占地达1.5万平方米,僧众有五百余人,是唐代仙游最大的禅林。唐咸通六年(865)的一天,智广禅师来到仙游与德化、永春、永泰四县相交界的九座

寻古玉融

仙游九座寺塔

福唐寻古

山中，寻找理想的寺址。九座山，位于仙游县西苑乡境内，重峦叠嶂，巍然高峙。明弘治《兴化府志》载："九座山，旧经谓八峰环绕一峰，故名九座。自仙游望之，正在西北。其山高大，是为众山之祖……山有盘髻峰，盖中峰独峙，上有嘉木异卉，四时不改。"

九座寺观音殿

智广禅师发现这里四周有九峰环列，与少林寺所在地少室山的九瓣莲花地形相合，两座山峦如凤凰双栖，为发祥之地。于是，智广禅师就把寺址选在雄凤的凤冠之上。为合莲花瓣之意，智广禅师当时修建的舍院纵横各三，九座相连，故名"九座寺"。因寺院建在凤顶冠上，故称当地为"凤顶"。

创建九座寺的祖师智广，与龟山寺的无了、慧忠师徒以及涵江囊山寺方丈妙应禅师同时代。智广禅师生于唐元和二年（807）正月初九，自幼颖悟不茹荤，人称佛性儿，18岁出家，31岁正式落发入佛门。在河南嵩山少林寺受戒，之后住山十余载，不但深悟少林宗旨，而且精通少林武功。回到九座寺后，播下武功的种子代代相传。

唐咸通十年（869），智广禅师曾奉诏进长安参加法门寺迎佛骨大典，受邀宣讲《法华经》，轰动京都。唐懿宗赐封九座寺为"九座山太平禅院"，钦命智广禅师为该寺方丈。唐光启年间（885—888），智广禅师圆寂，获舍利子4000粒，晶似冰雪，存放于无尘塔内。

"想像精蓝九叠前，青鞋今得踏云烟。霜边涧水多成玉，岭上人家半是仙。"宋龙图阁学士陈宓的诗，不仅说出了九座寺的沧桑变迁，更是讲到了因清净伽蓝的加持，以致涧水成玉，周边的山上人家也惬意成仙了。

遥望九座山凤顶峰

福唐寻古

摩崖石刻"送字灰处"

黄檗山龙潭"送字灰处"摩崖石刻

在黄檗山龙潭飞来石上有一大一小两处摩崖石刻，内容一样，四个字："送字灰处。"这是什么意思呢？

我国是儒家社会，对写有文字的纸特别珍惜，不随意丢弃和践踏写有字的纸，甚至形成了一种敬惜字纸的习俗。人们会把废弃的字纸收集起来焚烧成灰，称为"字灰"。把字灰收集起来，每隔一段时间，人们就要开坛祭祀造字之祖仓颉，然后将字灰送到大江大海，称为送字灰或送字纸。

敬惜字纸，也就是敬惜带字的纸，这是对文字的敬畏，对文化的敬重，在我国有着悠

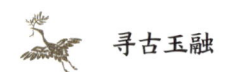

久传统，古代不少地方都建有专门焚烧字纸的"惜字塔"，专门用于等待焚烧收集的废纸残书。这种习俗，给我们带来醇厚的文明风尚。

余秋雨先生写过一篇《笔墨历史》，文中记述：如果发心要到远海打鱼，船主一定会步行几里地，找到一个读书人，用一篮鸡蛋、一捆鱼干，换得一叠字纸。他们相信，天下最重的，是这些黑森森的毛笔字。只有把一叠字纸压在船舱中间底部，才敢破浪远航。那些在路上捡字纸的农夫，以及把字纸压在船舱的渔民，都不识字。不识字的人尊重文字，就像我们崇拜从未谋面的神明，是为世间之礼、天地之敬。余秋雨描述的，就是中国人敬惜字纸的传统写照。

仓颉造字，蔡伦造纸，这之后才成就了文明的传承。旧时文人敬惜字纸，甚至有专门的组织——惜字社。每逢农历三月初三上巳节，要在文昌宫祭祀文昌帝。这一天，会有人专门搜捡读书人的废字纸，然后烧掉。读书人通过敬惜字纸，来维护纸张和笔墨的尊严，尊重文化的同时，也是尊重自己。

黄檗山龙潭飞来石上的摩崖石刻

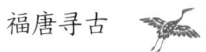

当然，这个字纸的灰烬，也不是一把撒下去，而是有一定的仪式感。人们抬着装满纸灰的箱子，在礼乐伴奏下，结队沿街而行，最后将灰烬撒入附近的江河湖海中，俗称送字灰或送字纸，以不随便糟蹋字纸来表达对文化的敬重、敬惜。

明清时期，这个风俗已经深入人心，还出现了专门劝人敬惜字纸的文章。如《惜字律》，要人们敬惜写出或印出的文字，同时劝导人们在写字时下笔要谨慎，不要损害别人。

《淮南子》一书记载："昔者仓颉作书而天雨粟、鬼夜哭。"仓颉完成造字，正是夜深人静之时，忽然天崩地裂一声巨响，天空下起大雨，但落下的不是雨滴，而是一粒粒小米，四面八方也传来哭泣声，原来是鬼怪们在哭嚎，伤心不已。可见，文字的内涵非同小可，具有惊天动地的神奇力量。

仓颉所造文字，是对人类最大的恩典和珍赐，文字是神圣的，它使文明的交流跨越了时间和空间的局限，使知识得以传播，经验得以保存累积，使圣贤的道脉传之于千古，而且变得越来越博大精深。

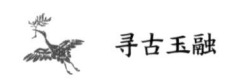

三位亲家合作的墓志铭

万历二十二年（1594），三十六岁的叶向高为一位太学生书写墓志铭。这位罗公子"少负奇质，读书辄了大义"，可惜在四十六岁英年早逝。墓志铭为《明太学生罗公子肖岐先生墓志铭》，作铭、篆额、书丹之人都是福州人，而且都有响当当的名头。墓志铭由黄檗书院文献室从民间征集，已入"黄檗檀越文献专藏"。

书丹者是"赐进士出身国子监司业前翰林院、国史编修眷生叶向高"，篆额者是户部广东清吏司主事眷生邓原岳，撰文者是都察院右副都御史前行人司行人充琉球国钦赐一品服眷生谢杰。眷生是旧时两家通婚后，尊长对姻亲晚辈的自称。这块墓志铭的署名上，叶向高、邓原岳、谢杰均称"眷生"。可见，墓志铭的主人罗肖岐之父罗大参，和叶向高、邓原岳、谢杰三家均是姻亲关系。

书丹者叶向高，关于其生平，大都记载其万历十一年（1583）中进士，授庶吉士，随后提升为翰林院编修，迁南京国子司业、太子左中允。万历二十六年（1598），升为左庶子，充皇长子侍班官。对于其中进士后十多年，大都少有记载，主要是这期间他两次总时间六七年为其父母丁忧在家，无政事可记。叶向高为这块墓志铭书丹时恰在这段"灰色岁月"，立石时间是万历二十二年冬天。

福唐寻古

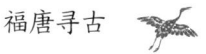

9月6日，叶向高直系后裔叶仁俊先生向我提供了叶向高自撰年谱《蘧编》。此书记载，自万历十五年（1587）至十七年（1589），叶向高在家为父丁忧。万历十八年（1590）丁忧期满，进京补官，未满两个月，生母林氏去世，又回家为母丁忧。万历二十一年（1593）丁忧期满，为长子叶成学娶妻后，于万历二十二年北上补官。也就是说，叶向高为此墓志铭书丹的时间，当为其离开玉融北上之际。

叶向高大有书名，《福建通志》称其"于草书尤有专精"。叶向高的存世书法以福建各地的摩崖石刻为多，黄檗书院存有叶向高青芝寺摩崖、灵石山刻石、江苏沛县歌风台碑刻等古拓多种，均为草书。叶书有董其昌之妙，放达洒脱而又法度森严，笔法干净利落，气脉贯通，能取能舍，筋骨内含。黄檗山此次发现这块叶向高书丹墓志铭是楷书，此前发现的叶向高《黄檗纪游亭诗碑》为行楷。叶向高存世的重要书法作品，楷书字体极为罕见。

研究黄檗书风的中国艺术研究院徐强博士认为，这是叶向高存世作品中偏早的一件，充分证明叶向高书法功底的深厚。楷书这种静态书体，更能体现一个书家功力。这件作品，淡定沉着，有条不紊，平实中见出品格清高，洒脱中不失苍劲风致。有一种气息扑面而来，法度完美，又不失灵动。通过结字方式，能感受到叶向高楷书和草书的渊源关系。

墓志铭的作者谢杰是明朝琉球册封使，谢杰出使琉球留下许多珍贵文献，对后世影响颇大。谢杰，字汉甫，号锋梅，福建长乐人，万历二年（1574）中进士，授行人司行人。这个职位在京官中地位不高，但声望高晋升快。谢杰两年后就被派遣出使琉球，回国后历任光禄寺丞、两京太常寺少卿、顺天府京兆尹、南京刑部右侍郎、京城刑部左侍郎、南京户部尚书。去世后，万历皇帝"赠太子少保，遣官护丧，赐祭"。谢杰自出使琉球时的正七品晋升至正二品。在琉球册封使中能如此平步青云，得到万历皇帝恩宠，又得上司赏识的官员很少见，比如一起出使琉球的正使萧崇业，最后仅官至正四品的太常寺少卿。而谢杰并非靠巴结奉承取得这样的地位，反而是经常规劝皇帝要"孝亲、尊祖、勤政"。谢杰从获出使琉球官到伐

71

木造船、沿途航行、与日人周旋斗智等方面，在每一个环节都殚精竭虑，在他出仕的每一个官位上，都尽心尽责，不辱使命。谢杰著作颇丰，著有《顺天府志》《使琉球录》《琉球录撮要补遗》《日东交市记》《白云集》《遗诗》等多种。从墓志铭铭文来看，谢杰的女儿嫁给了墓主人的儿子，两人是儿女亲家。

篆额者邓原岳，字汝高，号翠屏，福建闽县竹屿人。明万历二十年（1592）进士，授户部主事，监北京崇文门税关，多所减免，未尝滥索商人一文，而税收比过去还有增加。后官运亨通，累迁湖广按察司副使。

叶向高书丹《罗肖岐墓志铭》

福唐寻古

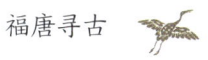

福清新发现叶向高题诗摩崖石刻

福清齐云山叶向高摩崖石刻

明《八闽通志》记载，明初洪武年间，福清有寺院201座，其中"凡四十八寺俱洪武间并入黄檗寺"。并入黄檗寺的三座唐朝所建寺院，就有位于齐云山脚下的敛石寺。2022年10月9日，由福建省黄檗禅文化研究院、黄檗学研究会与福清市文化体育和旅游局专家组成的"黄檗文化遗存田野调查小组"，走进齐云山敛石寺。

杨锦嵩局长介绍说，齐云山有五座大山，

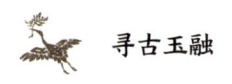

海拔都在 500 米以上。还有一座小山，海拔仅 100 米左右，在五座山之间，当地人称其为"五龙戏珠"。这里的瀑布有数十米高，瀑布下就是龙潭。黄檗山龙潭和这里的齐云山敛石寺龙潭，不仅是黄檗文化的重要遗存，而且和东漈寺龙王坑、龙卧寺后山龙潭一起，成为福清重要的古代"祈雨文化"遗址。

在敛石寺旧址，黄檗山万福寺住持定明法师介绍说，明初敛石寺并入黄檗寺后，隐元禅师三位直系法子来此当山十余年。木庵性瑫禅师在这里住持三年，之后即非如一禅师接棒住山。顺治十一年（1654），即将东渡的隐元禅师，付法于泉州籍弟子三非性彻禅师。隐元禅师东渡第二年，三十四岁的三非性彻禅师，住持敛石长达五年。即非禅师的远祖林希逸作有《重建敛石寺记》，文中讲到，他的老家福清有一座敛石禅寺，是唐代僧人知嵩所创立，寺院后山里有"龙潭"。宋宁宗时期，有一位莆田僧人弥清，"以其贤"而被地方官员和乡贤请来重建敛石寺，历二十四年"辛勤经画"，接下来其弟子"慈榕继之"又"二十年余"。林希逸特别讲到，敛石寺后山左右有两个龙湫，因为官

《重建敛石寺记》书影

《木庵禅师年谱》书影

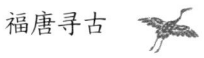

府"重农、闵雨",这里是祈雨圣地,"时兴云雨,随祷随应"。

在当地向导引导下,田野调查小组一行,经敛石寺一侧废弃的采石场,穿过大片芦苇青纱帐,在乱石阵中顺潭谷河床"爬行",其间要攀爬翻越三处基本没有任何抓手的崖壁,到达龙潭深处。参加此次调研的黄檗书院研究员王赞成先生,凭借多年的野外考古经验,在龙潭石菖蒲丛生的右侧十多米高处,发现一块较为平整的峭壁。

在向导和志愿者帮助下,专家冒着危险爬上崖壁,用专业方法对这里的青苔和淤积杂物进行清理作业,逐渐显露出六行字迹。经过现场辨认,专家认为这些文字是不全的,右侧应该还有内容。可是右侧的摩崖已经和石壁浑然一体,根本没有任何刻字的痕迹。真是功夫不负有心人,在一层层清理青苔后,又用半个多小时仔细刷去积泥,"游敛石观龙潭"等三列大字以及摩崖石刻最后落款的"叶向高"三字渐渐露出崖面。

此后,福清市文物局组成由《海峡都市报》副社长倪可风,福建师范大学教授蔡清德及其博士生陈锴生,北京鲁迅博物馆研究员、书法家肖振鸣,福清市书法家协会主席王钦文参加的专家组,对摩崖石刻文字进行释读,基本确定摩崖石刻为叶向高书迹。因为每四句之后,有较长的间隔,专家认为这应该是四首七绝,内容如下。

同举孝廉应相游敛石观龙潭

古寺寻僧去不回,空余断础翳苍茫。
人间陵谷寻常事,不独昆明有劫灰。

青山百叠锁崔嵬,峭壁凌空相对开。
行到灵源穷深处,千寻飞瀑自天来。

寒潭六月自生风,知是神龙避暑宫。
即向潭边聊濯足,恐惊雷雨下晴空。

寻古玉融

见说峰头更有峰,倒倾银汉湿芙蓉。
羊肠一线无人度,驾螭还留同士踪。

万历四十六年夏日,邑人少师大学士叶向高

杨锦嵩介绍说,齐云山敛石寺龙潭摩崖石刻始于淳祐十一年(1251),至今已逾770年。十多年前,市里开展文物调查时曾来过这里,发现了后人题刻的叶向高天启五年(1625)来此祈雨的摩崖石刻。而这次调研发现的摩崖,是万历四十六年(1618),叶向高到敛石寺参禅之后,又入山寻僧观龙潭瀑布。从落款时间来看,这是叶向高"谢政归来"四年后的一次古寺礼佛和龙潭胜游。四首七绝,不仅说的是纪游风景,更有"峰头更有峰"的感悟,以及"人间陵谷寻常事"的淡定从容。书法家倪可风认为,齐云山敛石寺叶向高摩崖石刻,书迹纯熟老道,草风劲飒飘逸,有人书俱老之致,是极具研究价值的玉融乡邦文献。

齐云山山脚下的敛石寺

福唐寻古

这部"礼书"刻自福清

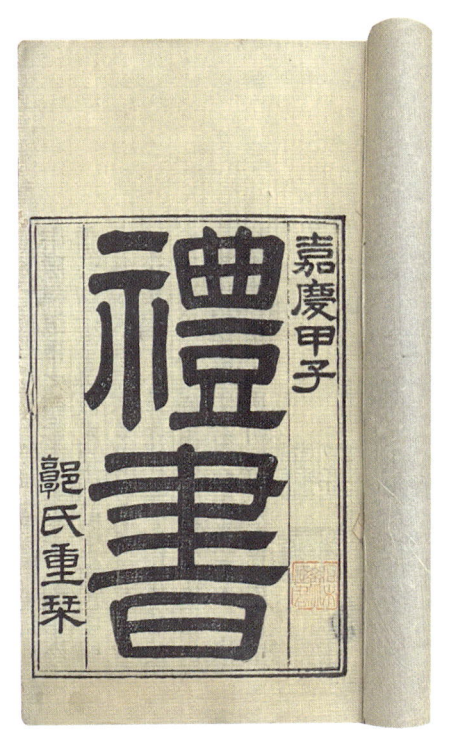

福清郭氏刊《礼书》书影

　　一部宋版,十两黄金。两宋时期福建建宁府和建阳县的建刻本与浙刻本、蜀刻本同时驰名天下,"行四方者,无远不至",建阳也成为当时全国三大雕版刻书中心之一。遗憾的是进入清代以后,建阳的雕版印刷开始凋零。

　　有意思的是,清嘉庆年间,福清却雕版刊刻了一部一百五十卷的,有着几百幅精美版画的《礼书》。这不仅是福清"文献名邦"之名的一大佐证,在中国古籍版刻史上,也是仅见的一件"福清刻本",具有弥足珍贵的版本价值。

　　"礼"为五经之首,中华文明的总源头。这部珍贵的《礼书》

寻古玉融

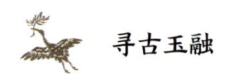

由黄檗书院古籍文献室所藏，乃北宋著名经学家、思想家陈祥道的著作。书名页题"嘉庆甲子，郭氏重刊"，序言页摹刻有"福清郭龙光校"木记，"目录"卷末页是"大清嘉庆甲子福清郭氏校刊"，四周双边单鱼尾。每页书口都刻有"校经堂"字号，应为郭龙光刻书之所。

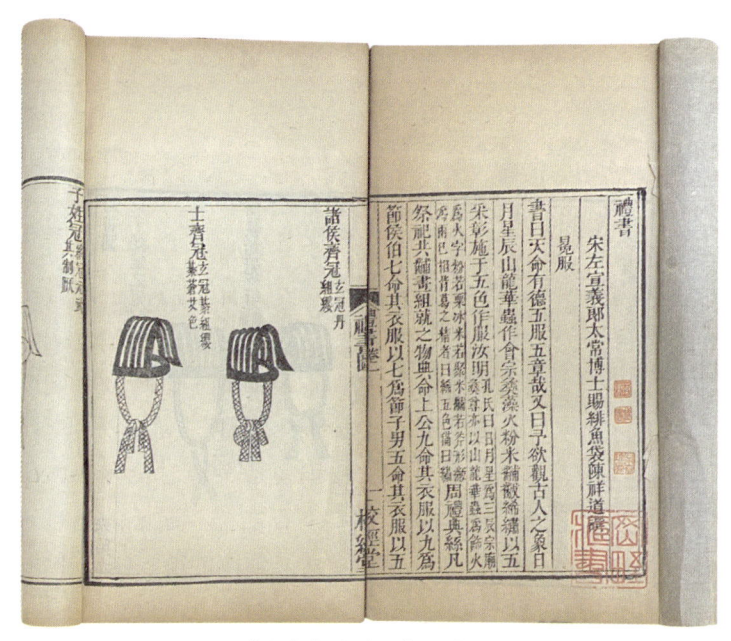

《礼书》卷首及插图书影

福清郭龙光校刊此版本，是以张溥据古本考订校勘的本子为底本而成的，版画五百余幅，雕镂考究，较初印，全秩32册。此书阐述我国上古夏商周三代之礼制，介绍了当时上层社会的典章、制度、规矩、仪节，如"王及诸侯城郭之制"，"王诸侯大夫寝庙制"，"朝觐之礼"，"诸侯朝天子送逆之节"，冠礼，婚礼，丧礼及丧期，各种祭祀之礼，筮之礼，射礼，衅礼，族燕之礼，视学养老之礼，养孤之礼，乡饮酒之礼等等，以及仪礼中的音乐（包括乐律和乐器）、服饰、车马、仪仗、礼器和祭品，等等。先

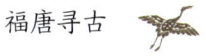

图后文,依据前人著述引用儒家经典对上古礼制进行考核订正,内容完备,条理清楚,纠偏补缺,多有独到之处。

郭龙光为什么刊刻这部书

《礼书》雕刻版记

书前是"钝邨氏"的一段刊刻说明:"宋陈祥道用之《礼书》一百五十卷,贯穿经传,于四子书典故尤便取材,宋椠已亡,明太仓张氏本亦不多见。坊间偶得其书,价辄昂至数十金,学者苦之。韶溪得张本重刊,公之同好。《三礼》浩繁,说者聚讼,是书精博简要,举业家一览了然,事半功倍,非小补矣。甲子花朝钝邨氏题于尺五楼。"摹刻"梦笔山人""尺五楼"木记两方。次为陈祥道进呈序、表。

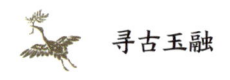

《礼书》全书一百五十卷。全书卷末是大字写体"大清嘉庆甲子如月福清韶溪郭氏开镌"的牌记，以及"古赤水林山房校本"篆书木记。书的最后是郭龙光的跋语："癸亥秋，予来会城（省城），谢学博甸男以明太仓张氏所刊宋太常陈氏《礼书》，属予重梓，张本多讹脱。闻某家藏宋椠可校，先以张本付匠，计字覆值。直适予以病归，匠苦闲废，竟缮张本梓以取偿焉。《礼书》为穷经铃键，太常又吾乡先辈，传本已希，此刻诚不可已顾，成以卤莽，殊非本志。十有一月，予病闲思正其失，而宋椠终不可得。乃与赵毂士太史、万虞臣中翰、江心葵、郑铁侯二孝廉，据注疏诸书校正。虽遗漏尚多，然订张氏之讹者，已二千五百字有奇矣。晁公武称是书解《礼》名物，绘像精博。陈振孙谓其论辩详博，间以绘画，今图与书多不合，定非陈氏之旧，以未得善本，不敢臆改。书中引经，例顶格书，陈氏论断低一格。是刻依张本多淆乱，第工已事不复能改，艰于费也。它日当别成考证附后，以质好学修古之君子焉。"后印"臣郭龙光""韶溪"方形木记。

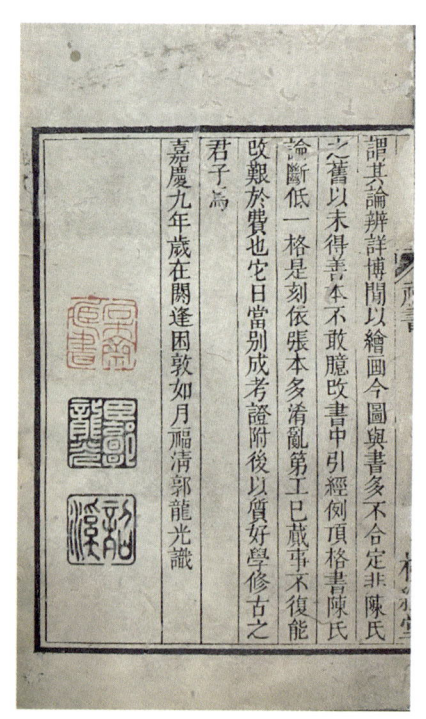

《礼记》书末郭龙光题识书影

郭龙光是谁，韶溪在哪里

郭龙光，字韶溪，嘉庆元年（1796）丙辰科进士，三甲九十九名，后官至国子监学正。今福清新厝镇新厝村岭边自然村人，曾主讲厦门玉屏书院，家藏图书万册。

新厝镇岭边村郭龙光后裔处有一块"嘉庆十三年重修韶溪书院碑"，

碑文有这样的记载:"草堂山者,《邑志》称文公朱夫子筑堂读书于此,梁克家《三山志》载:昔有隐者结茅读书于堂,旁有小瀑布,松径犹存。书院明季毁,重建于乾隆辛巳,岁久且圮。"署名是"赐进士出身、国子监学正、后学郭龙光撰并书"。

福清新厝镇"重修韶溪书院碑记"

"韶溪"从何而来?传说朱熹访问莆田著名学者、史学家郑樵先生后,北返建阳,途经福清韶溪亭,听闻名人方伯谷在此修建草庐隐居,收徒授业,于是上山拜访,切磋学问,住了三天三夜,两人结成知己。因山涧流水之声如韶乐,朱熹便将小溪命名为韶溪,草堂也因此得名韶溪草堂。郭龙光便以故乡名胜韶溪,作为自己的字。

《礼书》作者陈祥道

陈祥道(1042—1093),北宋庆历二年(1042)出生于闽清宣政里,今闽清县云龙乡。早年字祐之,宋英宗治平四年(1067)进士及第后改字

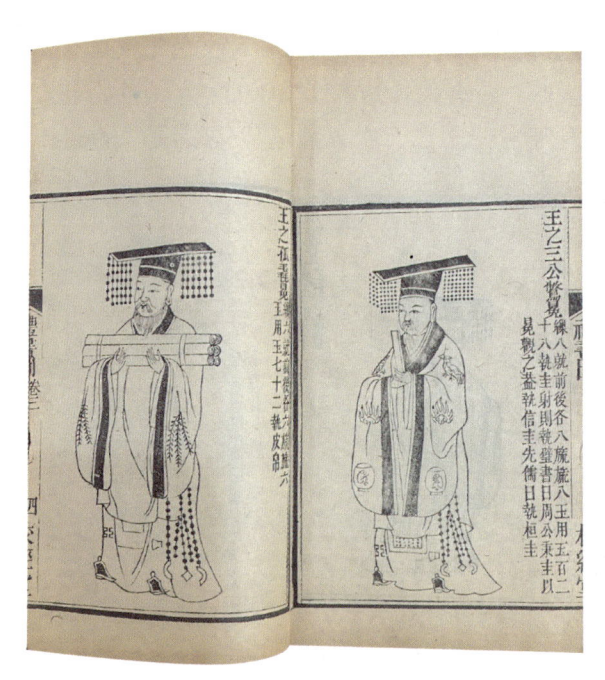

《礼记》插图书影

用之,曾官至秘书省正字、馆阁校勘,是北宋著名经学家、思想家。他于经史子集几乎无所不通,尤其精于《论语》和礼学。他曾撰有经学著述十余种,但遗憾的是仅有《论语诠解》十卷和《礼书》一百五十卷传世。这部《礼书》,在中国传统礼学史和文化史上具有较为重要的学术地位和影响。陈祥道因为精通礼学,所以他任职时间最长的就是礼官。陈祥道去世后蒙受哲宗皇帝钦赐御葬,归葬于故乡闽清十七都鹤炉下溪坪,可谓享尽哀荣。他的墓葬现仍保留完好,虽然占地不大,但视野开阔,墓道近六十米,两旁立有两对翁仲、三对石兽,极显尊贵。

黄檗书院这部《礼书》,纸墨明湛,镌刻精整,存世极为罕见,不仅是版本之珍,也填补了福清古代刻书史的空白。

福唐寻古

通关文书里的琉球往事

乾隆五十八年（1793），琉球国向大清帝国进贡使团一行16人，在正使毛国栋、副使毛廷柱率领下来京。在途经江苏淮阴时，随团的一位通事突发疾病去世，就安葬于当地驿馆附近。此人名叫郑文英，祖籍福建长乐。

来明朝上贡（做生意）的朝贡船

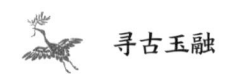

从随团翻译郑文英说起

据《明史·琉球传》记载，明太祖洪武五年（1372），琉球中山王察度向明朝朝贡。据《明会要》记载，二十年后的洪武二十五年（1392），为方便贡使往来，朱元璋特赐予琉球"闽人三十六姓善操舟者，令往来朝贡"。后人将迁居琉球的福建三十六姓，称为"闽人三十六姓"。郑文英之祖郑义才，便是此"三十六姓"之一。

乾隆五十八年（1793），郑文英作为琉球国进贡使者的通事，也就是随团翻译，同正使毛国栋、副使毛廷柱等人来华。很遗憾，其在赴京途中染病，卒于淮安王家营清口驿，葬于离驿馆五十米的彤华宫侧（今墓犹存）。其墓原为土墓，墓前有石碑一块，正中刻"琉球国朝京都通事讳文英郑公之墓"，上款"公于乾隆五十八年奉使来贡，十一月十四道卒葬"，下款"此原石半缺，民国二十五年里人重立，兴化金应元书"。

1980年于碑后出土郑文英墓碑两块，大的半块，小的方柱形，都是原碑。其中一块方柱形碑，上刻"琉球国北京大通事大岭亲云上郑文英之墓"。如今的郑文英墓，是江苏省文物保护单位，文保碑后有以下说明文字：郑文英（1744—1793），又名大岭亲云上，祖籍福建长乐。明洪武二十五年，其祖先随闽地36姓人东渡琉球拓荒，带去中国的文化与先进技术，到郑文英

江苏淮安郑文英墓碑

已经是十五世。清乾隆五十八年一月二十三日，郑文英奉使来贡，于十一月十四日病逝途中，安葬于王家营清口驿站（今淮阴区图书馆后院）。

据日本学者松浦章先生《清乾隆五十七年贡期の琉球进贡と郑文英の客死》(《南岛史学》第51号，1998）记载，乾隆五十八年，郑文英随进贡使毛国栋从琉球出发前往福州，总共有两艘船，随员116人。同年八月到达福州，一行人暂时居住在柔远驿，别名琉球馆。九月十八日，毛国栋一行离开福州向北京进发，行程大约需要两个月。他们出发后一路向北到达杭州，走运河北上。十一月初，郑文英突发疾病，在淮安停留几天后于十一月十四日去世。琉球进贡使团将其安葬在淮安后，继续前往北京，十二月五日，进贡使团到达北京。

琉球贡使在江苏的通关文书

黄檗书院研究人员发现一纸钤盖关防的"移文"，这份文书记载的是琉球进贡使团在到达常州武进时的通关、护送、接洽诸事，其文献、文物价值十分重要。

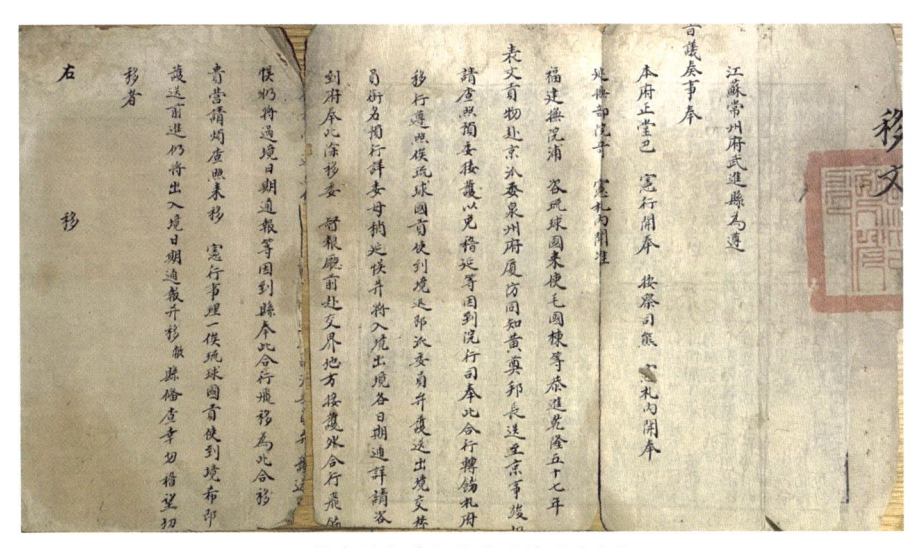

江苏常州武进出具的通关"移文"

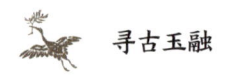

这份"移文"略有几字缺损,大体内容是:

江苏常州府武进县为遵旨议奏事奉,本府正堂巴宪行开奉,按察司熊宪札内开奉,巡抚部院奇宪札内开准。福建巡抚院浦咨,琉球国来使毛国栋等,恭进乾隆五十七年,表文贡物赴京,派委泉州府厦防同知黄奠邦,长送至京。事竣……请查照预委接护,以免稽延等,因到院行司,奉此合行转饬札,府……移行遵照,俟琉球国贡使到境,迅即派委员弁护送出境,交替……员衔名预行详委,毋稍延误,并将入境、出境各日期,通详请咨……到府奉此除移,委督粮厅,前赴交界地方接护,外合行飞饬……俣,仍将过境日期通报等,因到县奉此合行,飞移为此,合移贵营,请烦查照来移,宪行事理,一俟琉球国贡使到境,希即护送前进,仍将出入境日期通报,并移弊县备查,幸勿稽望,切移者。右移。

朱元璋时期琉球成为大明藩属

琉球群岛位于西太平洋,介于我国台湾岛和日本九州岛之间,与福建

朱元璋像

隔海相望。琉球，古称瀛洲，三国时称侏儒国，隋唐时称琉求，明清开始称琉球。

起初，琉球群岛上有三个政权——山南、中山、山北。明宣德四年（1429），三个政权统一为琉球王国。自洪武五年（1372）开始，明朝与琉球确立册封关系，琉球王国成为大明藩属国。直到19世纪70年代，中琉之间一直保持着册封和进贡关系，双方往来长达五个多世纪。琉球王国从明洪武五年开始进贡，并在福州设立琉球馆，主要负责进贡事宜。琉球人借助进贡之机，与中国开展文化交流和贸易。明清时，中国提倡"厚往薄来"，与周边弱小国家友善，对藩属国进贡的物品没有数量要求，而给予藩属国的回赠却是相当丰富。

琉球纳贡使团来与回的路线

据《大清会典》记载，琉球进贡为"二年一贡"，"进贡船二只，各船百人，合计二百人"。其中，去北京的使者二十人左右，剩下的人在福州琉球馆，从事与中国的贸易，等贸易活动结束后就乘船返回琉球，琉球馆内长年有琉球人居住。一般情况下，第二年的进贡使，从琉球出发到达福州后，等待从北京返回的第一年的进贡使到达福州，工作交接之后，第一年的进贡使乘坐第二年进贡使的船只返回琉球。因为当时交通不便，第二

琉球使节图

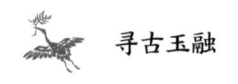

年的进贡使经过一番准备后，从福州出发前往北京。进贡船一般秋季出发，乘船从琉球到达福州需要七到十天，福州和北京之间往返需要超过半年的时间，并且需要水路交替换乘不同的交通工具。到达北京后，在北京待五十天左右，琉球人居住在北京会同馆。等朝贡结束后，就踏上归途。在京参加朝贡的过程并不复杂，时间主要耽误在来回的路上。这样一来，进贡一次大约需要一年时间。起初琉球人来福建还经过泉州，之后多在福州登陆后在琉球馆交接，朝贡路线大体如下。

一是从琉球到达北京的路线：从琉球出发，乘船到达福州。利用闽江到南平，上浦城。再转陆路过仙霞岭，到江山清湖，转水路到杭州。从杭州利用运河北上，到淮阴（今淮安），再从淮阴转陆路至北京。

二是从北京返回琉球的路线：从北京先陆路到达济宁，从济宁经运河水路到杭州。从杭州转水路到江山清湖，之后改用陆路到达浦城。从浦城再用水路到福州，在福州琉球馆休整后乘船返回琉球。

福唐寻古

一篇为古琴谱做的序

左琴右书,无故不撤琴

——录自《太古正音琴经》

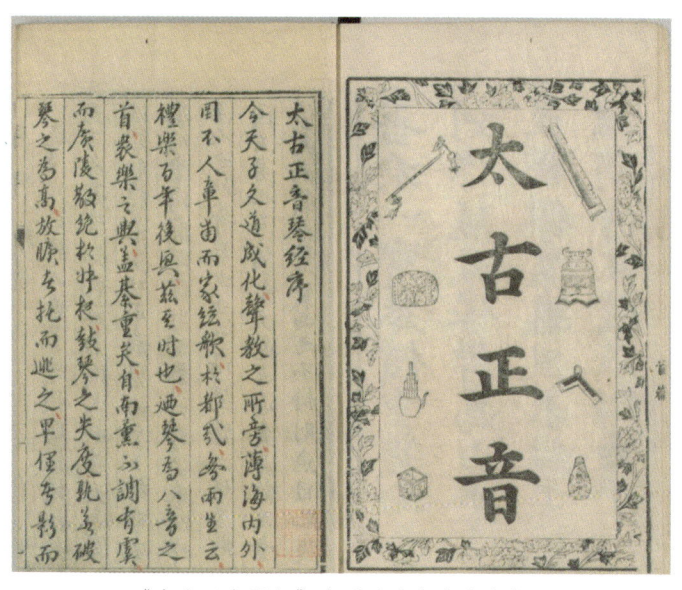

《太古正音琴经》扉页及叶向高序言书影

一个福建南平潭城的武进士,辑录了一部琴谱,首辅大学士叶向高为之作序。这个进士叫张大命,这部琴经为《太古正音琴经》,这篇序言是《太古正音琴经序》。

张大命的琴经

张大命本名右衮,字我绣,又字宪翼,自幼轻财好施,放弃儒业,勤学骑射,荣登万历四十四年(1616)武进士。步入仕途后,历任江西左营都司,讨伐贼寇有功,升迁到南赣郴桂南韶汀邵等处。文人有书余,僧人有禅余,对于张大命来说就是"讲武之余"。"武余"的张大命弹琴赋诗,辑录《太古正音琴经》十四卷,《太古正音琴谱》四卷,还撰有兵书若干卷,堪称有儒将之风。

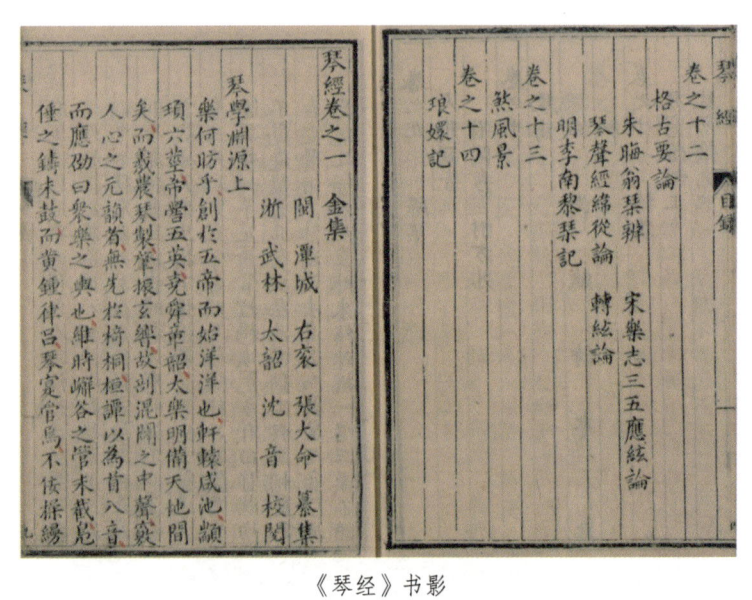

《琴经》书影

福唐寻古

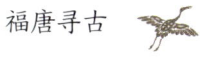

　　《太古正音琴经》又名《阳春堂琴经》，保留古琴曲五十多种，其内容分为金、石、丝、竹四集。首为叶向高琴经首序、刘大任序、张大命自序。其中卷一至卷四为金集，包括琴学渊源、操缦指诀、字谱源流、博古名操。卷五至卷八为石集，包括历代名琴、古琴辨、斫法、琴社。卷九、卷十为丝集，包括大雅嗣音、琴隽。卷十一至卷十四为竹集，包括琴窗杂记、格古要论、煞风景、琅嬛记。最后是陈五昌琴经跋。其中历代名琴部分，以图文方式介绍。全书共收琴谱五十二曲，其中十二曲有歌词。

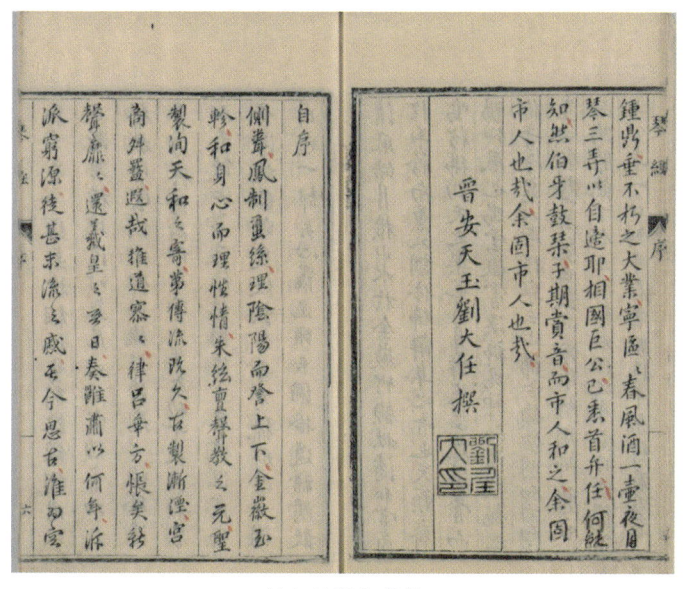

刘大任序言书影

叶向高的序言

　　叶向高为张大命的《太古正音琴经》作序，是万历三十七年（1609）春天。叶向高认为，古琴是"八音之首"，是"明堂清庙之陈"，"礼乐"可"久道成化"，琴声事关"世道人心"，可以"畅风气，泄太和，葆天真，塞淫欲"，是儒道诗书教化的"声教之所傍"。熏风南来，惠风和畅，孔子借抚琴而与文王相通，陶渊明借墙上所挂的无弦之琴而悟得与世无争、返朴归真之趣。

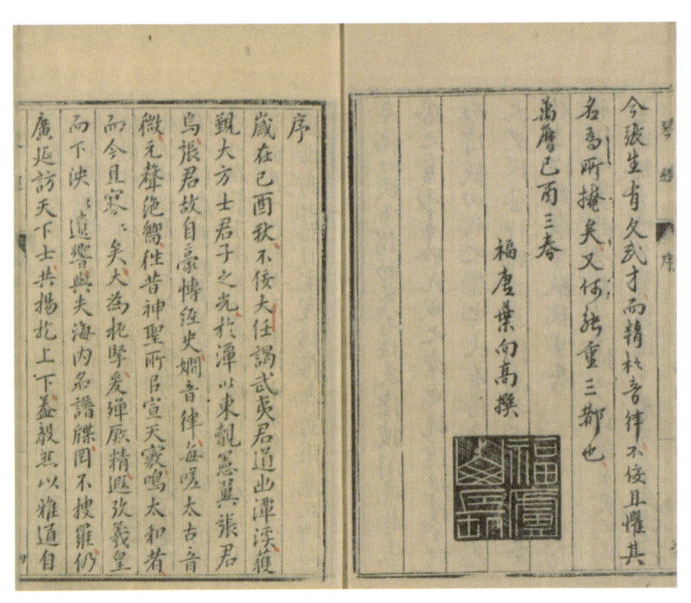

叶向高序言落款及木记

晋时嵇康《琴赋》中盛赞"众器之中，琴德最优"，谓古琴"性洁净以端理，含至德之和平"。古琴"非同凡器"，叶向高认为，琴的形制中也蕴涵着天地宇宙的道理，"天籁无声，制品之不辨则鱼目乱质也"，需如理如法制作。

叶向高觉得，孔夫子"自卫反鲁，而彼乐正"，所以他强调要"复元始之音，而还之太古"，以"杜谣淫之曲"。在叶向高笔下，"张生天资峻绝，八索九丘之和，匪所不猎，金匮玉版之藏，匪所不探"。当他看到张大命所辑录的这部琴经后，很是"沾沾喜"也，认为张大命所作与"吾心神会"。叶向高评价张大命这部"公车之余"的琴经，"直溯琴学源流，上下千载","采遗韵,补几阙,叙失次,可谓勤矣",可以说是"美善备者,难揄扬矣"。叶向高慨叹"张生有文武才,而精于音律",是"名重三都"的人物,成为一代琴家。序言的落款,是"福唐叶向高撰"。

这篇序言,在叶向高诗文全集《苍霞草全集》以及叶向高自编年谱《蘧编》中,均不见收录、记载,应该是叶向高的一篇佚文。

圣人治世之音

古琴,以其深沉浑厚,古朴淡雅,寄寓了古代文人凌风傲骨、超凡脱俗的处世心态,成为文人雅士不可或缺的伴侣。蔡邕的《琴操》记载:"昔伏羲作琴,以御邪僻,防心淫,以修身理性,反其天真。"汉《白虎通》中记载:"琴者,禁也,禁止淫邪,以正人心。"

明代朱权在《神奇秘谱》序中写道:"琴之为物,圣人制之,以正心术,导政事,和六气,调玉烛,实天地之灵气,太古之神物,乃中国圣人治世之音,君子修养之物。"

古人听琴有"恍若隔也"的记载。深沉低缓,沉静旷远的琴音,可引起人们的幽远之思和归真之想。古琴不是娱乐之器,而是如《琴操》所说,是用作"修身理性、反其天真"的"琴非凡器"。"太音希声,古道难复",闽北琴家张大命的《琴经》,福唐首辅叶向高的"序言",谱写的不正是一段"仪凤之声"般的太古正音么。

寻古玉融

一篇刻在山东新城的跋

山东桓台县新城镇忠勤祠大门

忠勤祠是为山东新城王重光所建，他是康熙朝刑部尚书王士禛的高祖。王重光是王氏家族的第一个进士，官至贵州布政使左参议，为采办皇木以身殉职，明嘉靖、隆庆、万历皇帝六次对其追封加赠，可谓哀荣备至。忠

福唐寻古

勤祠的公讳碑是一块四面刻字的方碑，刻有前来祭祀过王重光的970名官员的名讳。首辅张居正、高拱、徐阶、王锡爵、叶向高等人的名字赫然在列。正中上方的"三朝恤典"匾额，则为嘉靖、隆庆、万历三位皇帝六次对王重光的谕祭和追赠。

忠勤祠影壁

忠勤祠石刻有叶向高题跋

忠勤祠石刻刻于明万历年间，有"齐鲁小碑林"之誉。集字刻石是忠勤祠石刻的特色，汉至明代几乎所有书法大家的手迹或作品，在忠勤祠石刻中都能窥见。比如，集钟繇楷书的《颍川王公传》，集二王书法的《王氏琅琊公传》《大魏正光石刻》，董其昌的《草诀歌》，康熙皇帝的御笔"林风吹送柰花香"，林则徐的《桃花源记》也在其中。二王的潇洒不羁，欧书之纤秾得中，褚书之婉美华丽，颜体之端庄雄伟，柳书之结体劲媚，均能在后人辑录的《忠勤堂帖》中一览无余。

除此之外，忠勤祠石刻还包括当朝名人的手迹刻石，如明万历间的状元焦竑、翁正春、朱之蕃、赵秉忠等；东阁大学士张居正、叶向高、申时

寻古玉融

忠勤祠石刻园

行、王家屏、于慎行等；礼部尚书吴山、蔡世鼎、郭正域、冯琦，还有新城王氏的王重光、王之垣、王象乾、王象晋、王象春等的墨迹刻石。明吏部尚书兼文渊阁大学士申时行称："搜古书法，自晋右军大令及唐颜、柳辈，凡数家，择抉前剔，绳连椐比，点画波拂，并出手摹……使人悦目醉心，把玩不能去手，观者可以兴焉。"

作《忠勤堂帖跋》的明代士大夫共有五人，王衡、叶向高、王锡爵、韩取善和葛昕。这些题跋，具有文献史料价值，蕴涵着王氏家族大量的历史与文化信息，彰显着撰写者的书艺书风。

叶向高题跋是其佚文

据《重修新城县志》记载："王氏忠勤祠石刻，计百数十种，琳琅满目，海内知名。"仅万历十七年至三十八年二十余年间，即集名人书帖50余种，题跋20余道，自书诗30余首，刻石260余块，真、草、隶、篆诸体俱备，刻字十余万。可谓"见拓者云集，竹素腾贵，三绝并称，懿美无致"，文人墨客及士大夫无不以能得到忠勤堂片牍只字为荣。

叶向高撰并书的跋文为草书，为便于叶氏研究者及其后人收集之便，

福唐寻古

特录全文如下：

　　无御戍而跷，有士而豪，三尺具存，呈恤其嘈，亦有飞辜，宽呼莫垣，公为平亭，覆盆斯出，岘山嵯峨，江汉流波，前羊后王，楚人所歌。帝回，汝劳归。汝朝右主计董戎如左右手。公游既倦，公卧遂坚。抗疏归来，三径依然。子姓翩翩，如龙如凤。自马功高，为时梁栋。公实勖之，移孝作忠，白云引领。公回，毋庸待嗟，海内不乏高门，孰有如公多贤子孙，蔼蔼清时，名流亦伙。孰有如公巍口硕果，东海泱泱，介丘岩崿。寰区所仰，并公而三。下为海岳，上为箕昴。寥廓翱翔，公神不挠。

　　光禄大夫柱国少师兼太子太师吏部尚书建极殿大学士制诰经筵总裁国史通家侍生，福唐叶向高顿首撰并书。

　　此跋中，叶向高落款是"通家侍生"，"通家"指彼此之间关系非常好，如同一家人。而"侍生"，顾名思义就是侍奉左右的人，在明清时期，"侍生"经常被用作晚辈对长辈的谦称，多用于名帖、碑刻、书信等，也少量用于平辈之间及口头语。用一句话总结"通家侍生"就是：不是同家庭甚至不同姓氏，但是两家关系又非常好，晚辈或平辈为长者做的传或者通信的谦辞用语。

叶向高为《忠勤堂帖》所作跋文拓片

97

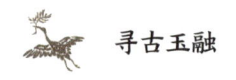

诞生于日本的福清县志

即非禅师东渡十年后，于丁未秋也就是康熙六年（1667），编撰了一部十八卷的《福清县志续略》（以下简称《续略》）。这部诞生在日本的福清志书，有不少重要内容，是福清旧志所未载。特别是有关黄檗的内容，

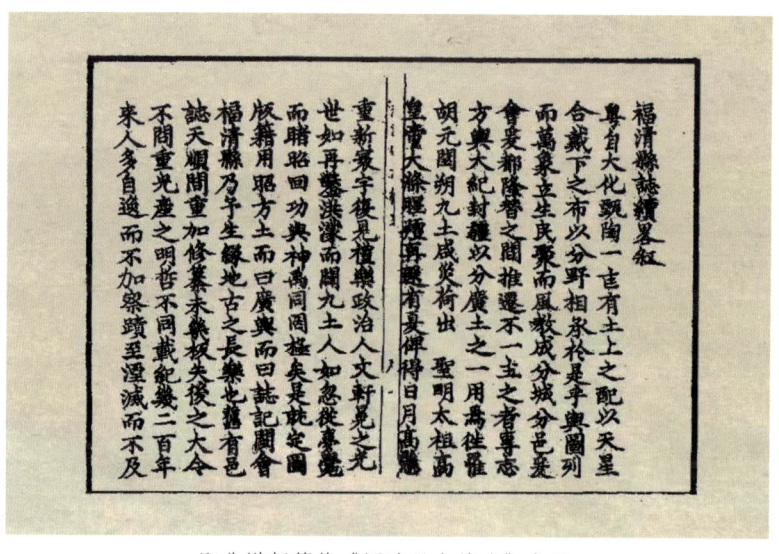

即非禅师纂修《福清县志续略》书影

表述详当，有的具填补空白之功，有的是首次记载披露，颇具史料价值。同时，《续略》着眼故土故山，还是一部具有浓浓家国情怀的爱国爱乡之作。

修志缘起

修志是青灯黄卷之事，枯燥乏味。在异国他乡，手头资料并不详备的情况下，即非禅师为什么要编撰一部自己的家乡志？其中缘起，即非禅师在《续略》"叙"中写道："弟子生缘有在，未可遽忘。昔楚钟仪为晋所留，晋侯与之琴，惟操楚音。越庄舄仕于楚，既富贵，尝为越吟。夫晋、楚、越同一土，而重本之切，不少忘者如此。况云孤万里，域间一川哉。予与二君迹虽有殊，而心厚于本则一也。"

漂洋过海身在东瀛，内心的故土之思可以想见。乡邦故土的风物，乡贤前人的风范，为即非禅师留下了磨不去的记忆。于是，他在住持小仓广寿山福聚寺期间，动笔写下了这部《续略》。即非禅师在序言中说，这是"借邑志以寄厥衷，意在韵弦之外"。也就是说，修志的初衷除了为乡邦传递文脉香火之外，还有其弦外之音，那就是浓浓的故土之思和家国情怀。

亲绘邑图

《续略》仅有一篇"叙"，未署年月姓名，只有篆文"即非""如一之印"木记二方。序后为图、凡例，图后有这样一段话，记载了即非禅师亲笔作画，为《续略》插图的经过："古人有书必有图，布置有法，图尽，书也。予补邑志，并手绘邑图，用备考览，工拙何暇计焉。自幼从释，翰染非所长，意在智愚双利，理事兼备，虽图书无法，卧游者或有取焉。丁未秋广寿即非头陀如一题。"之后是"即非""如一之印"木记二方。

书名为什么叫《续略》？通过从头到尾翻阅该书，似乎感觉有点明白，那就是有些地方即非禅师认为很重要，就动笔作"续"。即非禅师为黄檗希运禅师作传，明确提出，"师，邑之西溪林氏子"。这是相关古籍文献中，第一次明确记载黄檗希运禅师的家乡，是福清西溪，廓清了黄檗禅师故籍是福清江阴的说法。

即非禅师所绘邑图

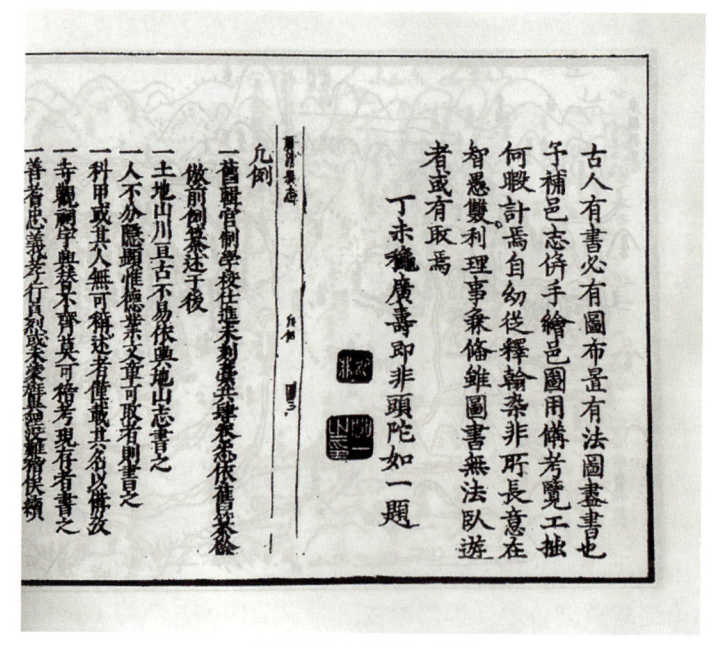

《福清县志续略》书影

福唐寻古

关于黄檗禅师和唐宣宗瀑布联句的故事，可以说是"两黄檗"共同的悬案：唐宣宗称帝前的李忱，到底出没出过家？到底有没有与黄檗禅师联句？联句地点到底是江西黄檗还是福建黄檗？虽然福建的黄檗寺志和江西黄檗相关文献，对两人联句一事都有记载，但即非禅师没有引用这些说法，而是从裴休在黄檗禅师处开悟见性，裴休赠黄檗禅师诗一首写起。诗曰："自从大士传心印，额有圆珠八尺身。挂锡十年栖蜀水，浮杯今日渡漳滨。三千龙象随高步，万里香花结胜因。拟欲事师为弟子，不知将法付何人？"即非禅师写道，"宣宗得闻，迎入禁中，受戒三日"，"指师谓裴相曰：'黄檗僧宝，诚国宝也。'赐衲衣、道具，命中使送还山。大中四年（850）庚午八月圆寂，敕谥'断际禅师'，塔曰'广业'"。这里记载的是，唐宣宗从裴休那里听到黄檗希运禅师的事迹，才把他召到宫里，请法赐物的。

费隐寿塔

费隐禅师圆寂于浙江崇德福严寺，曾手书遗嘱云："老僧死后不可出讣音，及受诸方吊奠，即从火化，烦普成上座引火，火消灰飞，吾之后事即完。免占人间地，免累世间财，行状亦不须修，塔铭亦不须用。"但是，永历、道光《黄檗山寺志》记载，费隐禅师的舍利塔在黄檗山旧轮藏之后，建自崇祯辛巳（1641）孟夏。费隐禅师于顺治辛丑年（1661）圆寂，也就是说，在费隐禅师圆寂前

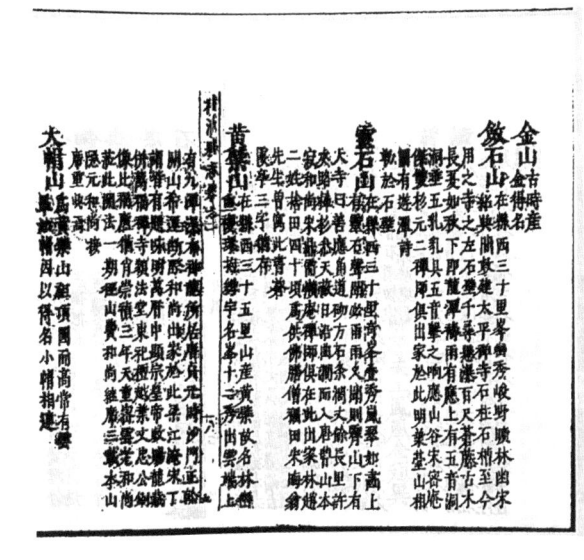

《福清县志续略》关于黄檗山的记载

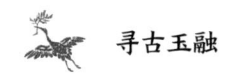

二十年，黄檗山就为其营造好了寿塔。

这是怎么回事？即非禅师在《续略》中，记载了费隐通容禅师"示寂于顺治辛丑年三月廿九日未时（1661），右胁吉祥而逝，荼毘收灵骨，获舍利二百余颗，皆五色粲然"，"至黄檗，归葬寿塔焉"。《续略》还记载：费隐禅师的"黄檗寿塔"，"造于（费隐禅师圆寂的）二十年之前"。这些重要内容，都是黄檗寺志所不载。

值得一说的是，永历《黄檗山寺志》"费隐容大师寿塔"、道光《黄檗山寺志》"明第二代住持开法费隐容老法祖舍利塔"条目之后，都记载了这样一则偈语，偈曰："含冤未雪久成胎，活捉空王特地埋。不是渠侬夸好手，都缘帮恶劈头来。"从寺志所记文字，这个"偈"，赘在费隐禅师"行状"之后，好像是费隐和尚所作，查《嘉兴藏》所收之《隐元禅师语录》，此为隐元禅师所作诗偈《营金粟大和尚寿塔》。这说明，崇祯十四年（1641），当时隐元禅师已住持黄檗四年，是隐元禅师为其本师营造的寿塔。

为师作传

清代康熙、乾隆《福清县志》"仙释"之部，都有"释隐元"一条，记载内容都是相同的五件事：黄檗落发、金粟参礼、狮子岩居、阅藏三载、重兴黄檗。但是，对于隐元禅师东渡日本弘法的事迹没有提及一字。也许，因为隐元禅师和钱肃乐、黄道周、刘沂春、郑成功等反清志士素有来往，所以清人所修志书避讳隐元禅师东渡之事。即非禅师在《续略》卷十二"人物类"之"僧宝"部分，用不常用的"黄檗隆琦禅师"这样的表达，为隐元禅师立传，详细记载了隐元禅师名号、籍贯、出家因缘。说隐元禅师是崇祯十年（1637）出任黄檗山住持，后来又先后任浙江福严寺、福建长乐龙泉寺住持。

即非禅师特别记载了隐元禅师渡日和在日本开山新黄檗的情况："顺治甲午秋应聘东瀛，寓兴福、应圣寿、迁普门，有《三会录》行。壬寅春，承将军于岁内赐地开山，布金建寺，仍名黄檗，不忘所自也。"即非禅师

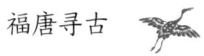

在《续略》"黄檗隆琦禅师"传记后半部分写道："望之俨然，如海上孤峰，即之油然，若出云无迹，此吾师之隐显三昧，得法大自在也。六出道场，皆栴檀圆统，众栴檀总一栴檀，七十五腊。赐黄檗重开，一黄檗现多黄檗，是无忝径山之真，于断际之象孙也。至于云仍继美，法脉悠长，非不肖一人，所敢擅其后尘，以开来学，用新东来之正印也。"

这是正史关于隐元禅师东渡以及抵达日本后弘法功勋的最早记载。

名人往事

名人往事

千古江郎题黄檗

江郎才尽，原指南北朝才子江淹才思衰竭一事，今喻文人的才华穷尽。江郎才尽、梦笔生花都指向历仕宋、齐、梁三朝的政治家、文学家江淹，他的才尽了吗？显然没有，于仕途他眼光毒辣，在王朝动荡之际选择明主，最终得以安然终老，富延子孙。这里需要说的是他任浦城县令时登临黄檗，壮游此山，攀岩步青苔，极目十二峰，兴致流露笔端，一时梦笔生花，写下《游黄檗山》。

长望竟何极，闽云连越边。南州饶奇怪，赤县多灵仙。
金峰各亏日，铜石共临天。阳岫照鸾采，阴溪喷龙泉。
残杌千代木，廧崒万古烟。禽鸣丹壁上，猿啸青崖间。
秦王慕隐沦，汉武愿长年。皆负雄豪威，弃剑为名山。
况我葵藿志，松木横眼前。所若同远好，临风再悠然。

这首诗记载了黄檗金峰，就是黄檗山的十二高峰，记载了龙泉，黄檗山有九处瀑布、龙潭，可以说是一首典型的登高寄兴之作。江淹登黄檗山远眺，只见天边云彩朵朵，遮住了人的目光，怎么也看不到江浙一带的更远处。这种极力望远而不得的目光中，隐隐透露出诗人被贬之后沉重的心

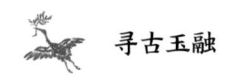

境。往事既不堪回首，还是把目光转向身边的黄檗山吧。先是总揽一笔，指出闽浙一带到处是奇山怪林，神灵仙异，然后以细致的笔触一一描绘了陡峰蔽日、深穴映光、幽涧喷泉、千年古木、万代雾霭以及禽鸣猿啸的景致。这一大段描绘不仅用词形象丰富，而且色彩缤纷，写山石颜色用了"金"和"铜"，写洞穴映出的光用了"鸾采"，丹岩之红，青崖之绿，泉霭之白，都集于笔下，突出了黄檗山风光的奇异旖旎。诗的后半段，江淹很自然地由"千代木""万古烟"转入对社会、对人生的思索。秦皇、汉武，人家当年是何等的雄豪，他们尚且慕隐求仙，爱慕名山，何况我早就有淡泊之志。今日得游黄檗山，乃是人生难得之遇，有如此美景浸染其中，何必还为被贬官而闷闷不乐呢？诗人用很旷达的语言吐露了心中的情结，将游黄檗山的感受升华成人生境界的一种感悟。从这首《游黄檗山》中，我们充分感受到他的诗歌中借景抒怀的风格。

江淹之所以名重后世，并不是他的官爵，而是他早年穷愁困苦时期所著的诗文。江淹善于模拟前人作品，在他的集子中，公开说明模拟的就有《杂体诗三十首》《学魏文帝》《效阮公诗十五首》等，形神兼似。但其广为传诵的代表作还是富有浓厚感伤色彩的《恨赋》和《别赋》。

江淹（444—505），字文通，他的老家在现在的河南省民权县。他六岁能诗，十三岁丧父，家境贫寒，曾采薪养母。年少时即因文章而声名显著，二十岁左右就开始与两个皇子打交道，一是教始安王刘子真读"五经"，二是在新安王刘子鸾幕下任职。这也就开始了他的政治生涯，一生为官历仕南朝宋、齐、梁三朝。梁武帝的时候官至金紫光禄大夫，受封醴陵侯。虽然他晚年仍然担任齐、梁朝的高官，但是出手作品的质量大不如以前，被认为是才思衰退枯竭，因此世人说他"江郎才尽"，这个说法流传了1700多年，直到今天。这既是一个文坛掌故，又是渗透到中国文化里的一则成语。

实际上，早年的江淹在仕途上并不得志。二十二岁时转入建平王刘景素的幕下，因他年少气盛，恃才傲物，引起同僚之忌。这时候，江淹受广陵县令郭彦文一案的牵连，被诬陷受贿而琅珰入狱。在狱中，江淹多次上书陈情，最终获释。出狱后在巴陵王那里待了一段时间，后又回到建平王刘景素那里任主簿。二十八九岁这两年间，虽然在刘景素幕下，但他和刘景素的关系却越来越紧张。东海太守陆澄家有丧事，应回家守制，身为副职的江淹要求代行太守之职，而刘景素却故意任命了别人，并以江淹有争议为借口，将他贬为建安吴兴县令，也就是今天的福建浦城。也是在这期间，才有了他到黄檗山的诗句。江淹少而闻名，从政后起步就是跟王子王爷混，可以说起点挺高，但仕途坎坷，年纪轻轻就经历跌宕起伏。初感无奈又渐渐通达了的江淹把自己无限的感慨诉诸笔端，硬是让妙笔生了花。在福建浦城的三年是他文学创作的高峰期，逆境反而造就了一位文学大家。

江淹突出的文学成就表现在辞赋方面，他是南朝辞赋大家，与鲍照并称为"江鲍"，达到驾驭一种文体的巅峰。江淹的《恨赋》《别赋》与鲍照的《芜城赋》《舞鹤赋》，是公认的南朝辞赋的绝唱。江淹又是南朝骈文大家，最知名的当数他在狱中写给刘景素的《诣建平王书》，文章辞气激扬，不卑不亢，真情实感流注于字里行间。建平王刘景素看了江淹的这篇上书后被深深感动，于是就把他释放了。

江淹总共有诗歌一百四十二首，受当时主流文风和时代世风的影响，他在创作上努力追求新变。江淹正处于元嘉诗风向永明诗风的过渡时期，但其诗风既不追求古奥艰涩，又不崇尚浅俗艳丽。他自我标榜诗人的文学创作要体现个性，应该有"惊魂动魄"的艺术功效，同时兼具真、善、美等情志。

江淹，是目前能查到的与黄檗山关联的第一人。

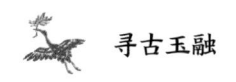

苏东坡与福清人

说起中国历史上的大牛人,苏轼算得上一号。他是北宋文坛领袖,"唐宋八大家"之一。论书法,他是"宋四家"之首。苏轼诗书画文词俱绝,所以,这位天纵奇才,他就不是人,他的大号是"苏仙、坡仙"。苏轼没来过福清,但他和两个福清人、一个福清官有关。

福清知县王居卿与苏东坡

2021年夏天,接连几天的大雨,导致黄檗山暴发泥石流,松树油桐被连根拔起,冲进泄洪沟。放生湖水达到最高水位,吉祥峰下埋在土里多年的巨石被洪水冲得裸露出来。万福寺住持定明法师带着工程队实施护坡工程时,发现了一块巨大的石碣,裹在外面的黄泥已经被洪水冲掉,露出了这样十个颜体大字:"王居卿赵唐游黄檗山寺。"王居卿(1023—1084),字寿明,登州蓬莱人,宋仁宗嘉祐年间进士。据《福州府志·卷之三十三·职官六》记载,王居卿进入仕途后,曾任福清知县。后升任齐州知州,在他的治下,"弭盗安民,夜户不闭"。后升任京东东路转运使、市易司都提举、河北路都转运使、河东路经略使等要职。他是王安石变法新党的主要成员之一,在领导市易司、改革市易法方面发挥了巨大的作用。他也是一位水利专家,以治河闻名,获朝廷赐紫章服。

名人往事

王居卿任转运使权知青州时，发明了"楼橹"，较好实现了黄河水的导流、疏通。有一年，黄河决堤，王居卿临危受命，一改原来设障堵塞之法，立下了"软横二埽"来遏制怒流，疏通水路，"不与水争"。朝廷不仅奖赏王居卿治水功绩，还将横埽之法收入"都水法"中，宋神宗还下令把这种方法写入了灵津庙碑。

《扬州画舫录》一书记载，苏轼和王居卿两人是非常好的同僚，他俩都是由陕西转运副使陆铣保举。王居卿在扬州任上的时候，一次恰逢苏轼离开杭州前往密州就任，王居卿便在平山堂置酒宴请苏轼。在席上，王居卿说："疏影横斜水清浅，暗香浮动月黄昏，这是林和靖的《梅花》诗，我觉得，这两句诗用来歌咏杏花和桃李，也未尝不可。"苏轼说："可则可，恐杏花与桃花不敢承当。"一座为之大笑。王居卿任扬州知州时间没有超过一年，就又一次升迁而离开扬州。就是这次聚会之后，苏东坡写下了著名的《平山堂次王居卿祠部韵》：

黄檗山万福寺藏王居卿石碣题刻

>　　高会日陪山简醉，狂言屡发次公醒。
>　　酒如人面天然白，山向吾曹分外青。
>　　江上飞云来北固，槛前修竹忆南屏。
>　　六朝兴废余丘垄，空使奸雄笑宁馨。

在黄檗朋友圈里，曾来黄檗灵渊题壁的铁面御史赵抃，也曾写过《再有蜀命别王居卿》：

>　　穆陵关望剑门关，岱岳山连蜀道山。
>　　自顾松筠根节老，谁怜霜雪鬓毛斑。
>　　离家讵谓虞私计，过阙尤欣觌帝颜。
>　　叱驭重行君莫讶，古人辞易不辞难。

在太原知府任上，王居卿去世，享年六十二岁。王居卿作为这样一个重要人物，《宋史》当然要为他立传，列传的第九十，就是《王居卿传》。《全宋文》收录王居卿文章三篇。

苏轼为福清人郑侠复官求情

福清的历史人物，叶向高算一个。叶向高最为推崇的乡贤郑侠（1041—1119），也应该算一位。的确，郑侠是北宋名臣，他一生为民请命，做到了"俸薄俭常足，官卑清自尊"。郑侠，字介夫，号一拂，福清西塘人，比苏轼小四岁，他们都是王安石的学生。

论官职，郑侠仅是京城安上门的监门，可是《宋史》却为他立传。论诗文，不录于名家经典，但才华横溢

郑侠木版画像

的苏轼视他为生死之交,甚至于"魂梦之间,未尝或忘"。郑侠的一幅《流民图》,当时惊动了朝野。

宋神宗熙宁二年(1069),王安石升任副宰相,提拔郑侠为光州司法参军。宋神宗任用王安石变法后,保守派群起反对。宋神宗熙宁六年(1073),大旱无雨,蝗虫成灾,郑侠目睹惨状,上书王安石,王安石置之不理。第二年,难民流离失所,饿殍遍野,青苗干死,郑侠心急如焚,将民间老百姓卖儿卖女、典当妻子、拆毁房屋、砍伐桑柘等悲惨的景象画成了一幅《流民图》上奏。

郑侠《流民图》局部

宋神宗看到郑侠的奏疏和《流民图》,受到极大震动,下诏暂停变法,此后王安石被罢相。后因参知政事冯京案,郑侠被判为编管英州(今广东英德)。直到宋哲宗即位,大赦天下,郑侠在英州十二年后放归,经苏轼、孙觉联名推荐,起用为泉州教授。郑侠后在家中去世,葬于福清城南新丰里水南山。宋徽宗宣和七年(1125),黄檗外护夏之文应郑侠之孙郑嘉正礼请,为郑侠撰写了墓志铭。

苏轼向皇上替郑侠求情的《乞牵复英州别驾郑侠状》文字不长,特录于下:

臣窃见英州别驾郑侠,昔以言事获罪,投窜南荒。侠有父年老,方将献言，自知必遭屏斥，取决于父。父慨然许侠，誓不以死生为恨。而流放以来，迨及十年，屡经大赦，终不得牵复。父日益老，而侠无还期。有志之士，为之涕泣。况自陛下临御，一新庶政，凡侠所言青苗、助役、市易、保甲等事，更议略尽。而侠以孤远，终无一人为言其冤者。臣与侠，生平未尝识面，独不忍当陛下之世，有一夫不获其所，是以区区为侠一言。伏望圣慈，特赐录用，使其父子生得相见，以慰天下忠直之望。谨录奏闻，伏候敕旨！

《佛日慧林禅师语录序》书影

日本黄檗山万福寺第三代住持慧林性机，乃郑侠之后人，他嗣法于隐元禅师。在日本黄檗山万福寺第五代住持高泉性潡所作《佛日慧林禅师语录序》中，有"佛日慧林禅师，闽之玉融人也，族郑氏宋介公一拂先生之后"的记载。

西溪人林希接替苏轼任杭州知州

"融山融水融天下"公众号发过"福清香山洱海"之后，我们来东张水库转水。看过"去华再来香山"石碣之后，又来到香山寺问禅。香山寺路边的榕树下，有一块巨型石碣，上面题刻："林希，嘉祐戊戌季冬，从祖夫人过西乡故家，往返俱访观禅师。"紧挨着这块碣石的，是一块墓道碑，上面刻着八个魏碑体大字："宋故朝议林公神道。"

谁是林希？他为什么"往返"都要"俱访观禅师"？何处是"西乡故家"？带着疑问，我查阅了即非如一禅师所编的《福清县志续略》。此书卷六记载："林希，字子仲，概公长子，历事四朝，官至吏部尚书，翰林学士，同知枢密院事，赠资政殿大学士，谥文节。"

名人往事

林希的祖父是北宋吴国公林高。乾隆《福清县志》卷九"进士"记载，林高是宋真宗景德二年（1005）进士，授广西钦州推官。但林高因父母年事已高，便未赴任，在家赡养父母二十多年，直到为父母守制期满，才出任建平（今安徽郎溪县）知县。后升任秘书丞，改任屯田员外郎，年老辞官返乡，终年六十九岁，被追赠太师，加封吴国公。

林希的父亲，是太常博士林概。乾隆《福清县志》卷九"进士"记载，林概是宋仁宗景祐元年（1034）进士，字端甫。在礼部考试中名列第一，随即以秘书省校书郎的身份出任长兴（今浙江湖州市长兴县）知县，后升任连州（今广东连州市）知州。

《福清县志》中的林高小传

林希的祖父、父亲均为进士，林希和他的三个亲弟弟林邵、林旦、林颜均为进士，林希的两个堂兄弟林开、林朱，都是嘉祐二年（1057）进士。这就是"一门三代八进士"的由来，林家也有"融邑之世家"的说法。

林希是福清哪儿的人？《福清县志》记载，林希是"西溪人"。有福清学者说，当地有音西"西溪"、南岭"西溪"和西门外茶亭附近的"西溪"。林希的"西溪"，到底是哪个？其实，"何处是西溪"并不重要，重要的是，福清能有更多人知道林希，知道这个历史上曾让玉融自豪过的乡贤就够了。

林希为什么让福清人自豪？因为他给西湖命名了苏堤。西湖苏堤，恐怕没有人不知道。北宋元祐四年（1089）三月十六日，苏轼以龙图阁学士的身份来杭州做知州。他来到西湖，见六七成湖面已经被葑草覆盖，湖水逐渐干涸,快到湮废的边缘。第二年四月,苏东坡就带着几万民工开干,疏浚西湖。下令撤废了湖中私围的葑田,又把疏浚出来的大量淤泥,在湖中建筑了一条沟通西湖南北岸的长堤。没想到,在杭州任上不满两年,苏轼被召回朝。当时,西湖疏浚尚未完工,这个长堤也还没名字。接任苏轼的知州叫林希,林知州听到很多杭州人对苏轼的称赞,就给这座堤取名"苏公堤",简称"苏堤"。

杭州西湖苏堤

名人往事

辛弃疾来福清

说起辛弃疾，绝大多数人应该都熟悉，并且还可能会背他的作品，比如："明月别枝惊鹊，清风半夜鸣蝉。稻花香里说丰年，听取蛙声一片。七八个星天外，两三点雨山前。旧时茅店社林边，路转溪头忽见。"这首《西江月·夜行黄沙道中》，是中小学语文教材各个版本都会收录的宋词代表作。辛弃疾是绝对的宋词大家，是继苏东坡之后，豪放派宋词的又一位宗师级人物。与此同时，辛弃疾还是文武双全的奇才，他二十多岁在山东举旗招兵，反抗金国暴政，单枪匹马冲进敌营，生擒叛徒。用一句老话说是"百万军中如入无人之境，可取上将首级"。他三十多岁进驻江西，亲自带队搜山捕盗，平定了茶寇叛乱。四十多岁主政湖南，创建了"飞虎军"，战斗力远远胜过朝廷直辖的各路禁军。

绍熙三年（1192）至绍熙五年（1194），辛弃疾出任福建提刑、福州知州、福建安抚使等职，其间一度归朝任太府卿。辛弃疾来福建是兵部尚书赵汝愚的推荐。当辛弃疾把出任提点福建路刑狱公事兼代福建路安抚使的任命告诉了在武夷山的朱熹后，朱熹很高兴，马上给他写了一封贺信鼓励："卓荦奇才，疏通远识。经纶事业，有股肱王室之心；游戏文章，亦脍炙士林之口。"1192年春天，辛弃疾借赴福州上任之机，到武夷山拜访朱熹。朱熹陪他尽情游览武夷山，辛弃疾兴致极高，竟然一下子写了十首七

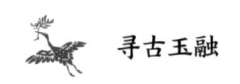

绝，即《游武夷·作棹歌呈晦翁十首》。临分手时，朱熹送给辛弃疾三句话："临民以宽，待士以礼，御吏以严。"

辛弃疾来到福州任上，立即着手整顿公务。这一期间，他主要干了三件事。首先，他将一批已经抓获的江洋大盗和惨无人道的犯罪豪强全部处死，干脆利落，杀鸡儆猴，福建的治安马上好转。第二件事，就是在福州切实推行"经界"。简单的说，经界就是田地的分界，就是要界定好土地产权，给百姓减负。第三件事就是推行"盐法"。打击私盐贩子，保护百姓利益。

辛弃疾主政福建的时候，亲自为黄檗山请来了一个住持——肯庵圆悟禅师。圆悟和尚的语录收于《卍续藏》第一百四十八册，名为《枯崖漫录》。此书附录肯庵圆悟和尚小传，说他天姿从容，居武夷山十余年，因听牛歌悟道。尝有偈云："山中住，不识张三并李四。只收松栗当斋粮，静听岭猿啼古树。""瑞世于福唐天目禅苑，尝授儒学于晦庵朱文公。与帅辛公弃疾为同门友，因以黄檗延之，入寺。"这段原话把辛弃疾和圆悟和尚的关系、为黄檗山请他来住持的事情，交代得一清二楚。

《枯崖漫录》卷二记载，肯庵圆悟禅师是建瓯人，对佛法的理解和修行的实证深为大众所推举，也深受朱熹雅重。明万历十四年（1586）何乔远编撰的《闽书》第一百二十七卷记载：崇安（今武夷山）开善院，有一位肯庵圆悟和尚，法性圆彻，学贯儒释。曾经与朱熹一起和过梅花诗。其中有"可怜万木凋零后，屹立风霜惨淡中"这样的句子，听闻的人无不赞叹欣赏。

肯庵圆悟和尚还有一首称赞朱熹画像的诗，其中写道："岩岩泰山之耸，浩浩海波之平，凛乎秋霜澄肃，温其春阳发生。立天地之大本，极万物之性情。传先圣之心印，为后人之典型。"这足见朱熹和圆悟和尚交往之深。肯庵圆悟和尚圆寂之日，朱熹哭得稀里哗啦，泪流满面，写下诗文："一别人间万事空，焚香瀹茗怅相逢。不须更化三十石，紫翠参天十二峰。"庆元五年（1199），圆悟禅师圆寂之后，朱熹写下两首诗——《香茶供养黄檗长老悟公故人之塔并以小诗见意》，里面有"摆手临行一寄声，故应离合未忘情。炷香瀹茗知何处，十二峰前海月明"这样饱含真情的诗句。

《枯崖漫录》记载说，圆悟禅师曾经中兴了福清的天目禅苑。他与辛弃疾为一门同师的受业之友，因此辛弃疾恭请他来福清黄檗寺作住持。入寺之后，有人中伤圆悟禅师有数十担行李，辛弃疾听说之后非常不高兴。后来有一次公干路过福清，辛弃疾便和一位名叫黄璆的官员一同来探望圆悟禅师，而且说："有道心的人，三件衣服之外没有多余的东西。多多益善，这岂不是道人的累赘吗？"肯庵圆悟禅师笑而不答，而是很淡定、安闲地与辛弃疾和黄璆一同观看诸禅老的手帖，一件件看、一件件拿，直到最后完全打开了所有的竹箱，东西都摆出来让他们看，除了高僧古德的墨迹和朱熹给他的问学书信，没有任何别的东西。辛弃疾此刻有点坐不住了，面有惭色，感觉不好意思，知道是错怪圆悟禅师了。

由此说来，辛弃疾到福清，是从误解到理解的过程。这在我们的生活中也容易遇到。被误解是我们常常会遇到的情况，但被理解却让我们感到意外和惊喜。圆悟禅师通过开放的心态和真诚的交流，不动声色地让辛弃疾增进彼此的理解和信任。

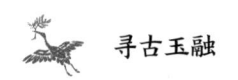

庄柔正与天宝陂

福清天宝陂入选 2020 年世界灌溉工程遗产名录。天宝陂位于福清市龙江街道观音埔村，始建于唐天宝年间（742—756），北宋大中祥符间（1008—1016）重修，改称祥符陂。元符元年（1098）再度重修，熔铁汁固其基，又改称元符陂。天宝陂是唐代修建的大型水利工程，是闽东地区现存最古老的大型水利工程。

这里涉及两个年号，唐天宝和宋元符。在黄檗山龙潭摩崖上有一块仅仅十五个字的石刻，上面雕有"庄柔正、林雍、林遹，敬祷灵潭，辛巳仲夏"。辛巳为北宋建中靖国元年（1101）。庄柔正是北宋兴化军莆田人，哲宗元符年间为福清知县，在任期间兴修水利，曾花大力气主持改筑天宝陂，以此灌溉良田数万亩，天宝陂因为庄柔正的功绩，而更名为元符陂。

福清境内陆地面积 1519 平方千米，而流域面积大于 30 平方千米的溪流仅有六条，最大的河流是龙江。龙江发源于莆田，干流全长 62 千米，在大渡口谷地进入福清境内，流经 35.5 千米，流域面积 474 平方千米。龙江下游是广袤的农田，但是到出海口的二十多千米，由于海拔落差大，河道水流湍急，难以引水灌溉。明代首辅叶向高写有一篇《重修天宝陂记》，其中讲道："吾邑滨海，土田瘠薄，又鲜泉源灌溉之利，雨旸一不时，苗立槁矣。"可见福清严重缺水，淡水资源十分匮乏。同时因为临近海洋，属于感潮河段，水位容易受海潮影响，含盐量高，无法用于灌溉。所以，老百姓空有良田，但只能靠天吃饭，很多时候是守着"望天田"忍饥挨饿。"雨来哗啦啦，雨过干巴巴"，这也造成了事实上的"十年九旱"。许多乡亲不得不漂洋过海，外出谋生，以致有"太阳照得到的地方就有福清人"这样的说法。早在唐代，福清就开辟了通往越南的航路，南宋时期又开辟了通往日本、马来西亚、菲律宾、印度尼西亚的航线。到了元代，福清到东北亚、东南亚的航线已是相对成熟，而晚清的福清已有通向东南亚、东北亚和美国、加拿大、英国、古巴等多国的航线，并且还开通了福清到东南亚的班轮。

唐朝天宝年间，福清地方官员带领老百姓在龙江河畔、五马山麓用竹笼拦水，筑木成桩，采山石围堰，砌高陂横江截流，历数载建成堤坝，命名为天宝陂。天宝陂选址在弯道下游河势较高的地方，扼守着龙江水势，由于上游有足够的集雨面积以及水的源头，可以拦蓄淡水，抵御咸潮上溯，起到了拒咸蓄淡的作用。同时，利用弯道环流这样一个原理，使水和沙分离，引清水自流灌溉。天宝陂的功能，集蓄淡拒咸、引水灌溉和排洪排涝于一体，使福清大面积的农田都得以旱涝保收。

天宝陂是闽东历史上最早建成的大型水利工程。不过再好的水利工程要持续发挥作用，都需要长久的管理与维护。天宝陂修起之后，建立了岁修制度，翻检文献古籍发现，一些政声清明的福清主政官员，都将修复天宝陂作为任内的重要职责。北宋大中祥符年间，知县郎简见天宝陂年久失修，拥堵严重，招募百姓进行疏浚，修筑了陂堤。熙宁五年（1072），知县崔宗臣亲自鸣鼓督促当地百姓参与修筑天宝陂，有不到的就惩罚，称为"击鼓兴筑"。最后史书记载的效果是，使"圳长七百余丈，溉田种千余石"。

宋人梁克家《淳熙三山志》有一条非常重要的记载："元符二年（1099），钟提举因巡历，乃委知县庄柔正修之，移旧地之上，陂旁有大榕，日听讼其下以董役，汁铁以锢其基，广十丈，溉田如昔时。"这个记载说的是，北宋元符二年，知县庄柔正在天宝陂旁的大树下办案，凡投诉者都

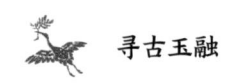

要背一块石头，谁官司输了，就去搬运石块赎罪。陂坝以石为基，又熔铁汁加固，用了数月才完工，最后改名为元符陂。改建后的天宝陂可以灌溉农田数万亩，老百姓得其利。

不管是发动老百姓修筑天宝陂，还是使用新的建造技术，可以说，庄柔正为修建天宝陂，都可谓尽心尽力。为了感念历朝历代主政官员为修复天宝陂殚精竭虑的付出，叶向高作《重修天宝陂记》，详细记载天宝陂修建历程中的功德。他说："自古循吏为民造命，莫不以导水兴利为第一义。"值得一提的是，也许是受到天宝陂滋养，从福清走出的官员都十分重视水利建设。比如，北宋林希接替苏东坡出任杭州知州后，曾多次发动百姓疏浚西湖，并且将长堤命名为"苏公堤"，"苏堤"之名由此而得。明代嘉靖二十九年（1550），籍贯福清龙田的施千祥任四川按察司佥事期间，也曾铸牛平水，成功治理了都江堰。

天宝陂体现了中国古老哲学"道法自然""天人合一"的内涵。在工程布局上利用山形地势，避免对环境进行破坏性改造；在水量控制上顺应引导而不是阻碍对抗；在工程材料上选择卵石、条石等就地取材。时至今日，天宝陂依然保存古代的工程布局，受益灌区涵盖福清龙江、龙山、海口、城头等地。

名人往事

梁思成先生翻译的《福清二石塔》

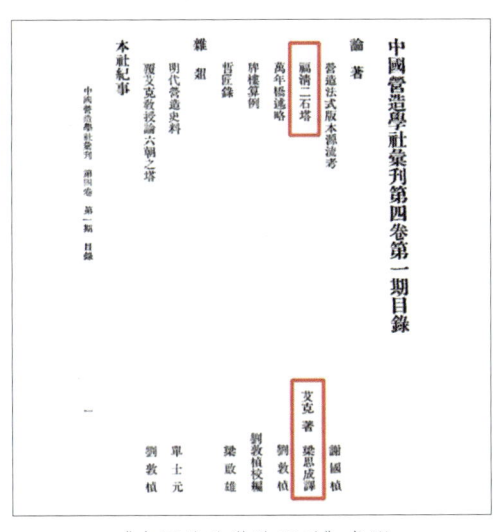

《中国营造学社汇刊》书影

多少俏皮的作者，都喜欢以最后的宣判赏给中国，其中有一位竟下断语，谓大江以南仅有一种"月光文化"，意思是说江南没有文化，不能自放光明，只有一种反映的冷静的光辉。

若在这里讨论这种问题，未免多余。然将来必还有许多同样聪明的作者，下同种结断的判语，可是不免的。

但是试问我们对于华南的穷乡僻壤，究竟能知道多少？例如维多利亚时代，欧人心目中之福建，不过是产茶及殖民的省份。Zayton（《马可波罗游记》中称泉州曰Zayton）时代之中世纪光华，已成陈迹，只有少数"幸福者""Happy few"中之少数，能得着领略德化明磁之灿烂，与福建风景之明媚。然而福建也是厦门老虎的窝巢，内地的山谷和

寻古玉融

顶着白云的山巅,却是群虎出没之处,无论谁人若欲洞察山阴的神秘,必须深入重山,越过花冈青石的山溪,冲过朦胧弥雾的山林,和急流的溪水,或者可以找着巍然古刹。

距福州南约二十五里,位于东山与海之间,有福清县城;幽暗的城堡,青石的城墙,在多冢的山丘上,蜿蜒穿出草原稻田,学者咸知此为明神宗宪宗时赍志名臣叶向高的故里。

曾经见过福清县两壮丽宝塔的外人,为数极少。前瑞云寺塔完全用青石建成,矗立于城东河岸高堤上,为当地胜景之一。

一六〇七年叶向高初擢为尚书,年将五十,其子与本县知事开始兴筑此塔。但一六一五年塔始完成,那时已是万历末年,叶向高对于国事失望之余,告老归田已经一年了。

一六二一年光宗崩于可疑情形之下,叶向高复膺新命。然而他生命之悲剧,也即自是始。其所以复起,乃由于声望之隆,无奈徒自牺牲,与魏忠贤作无结果的对抗。叶公虽忠正有余,然而命运已定下叫他失败,朝廷已渐颠覆,只手安能挽回?未几(一六二四)卒被顽悍的阉宦挤出;却是两年之后,全国各省皆为魏忠贤立

叶向高画像

生祠,独福建一省得免此辱。又一年,僭称九千岁的魏忠贤,为避免极刑自缢。然而叶公已先数月逝世,谥号文忠,至今其乡人之在北京者,一如在其故乡,称颂不忘。叶公又为天主教诸神父之至友,以其为人,此事自不足奇。与爱思启神父 Giuglio Aleni,交尤厚,爱在福建之事业,也许多赖叶公的帮助。

瑞云塔属于"八角亭塔"之类,是中国最普通的一种塔,因为此式是

名人往事

瑞云塔

瑞云塔护塔将军

由古代方木亭蜕变出来的。自唐以后，八角亭式盛兴，将方亭原占的地位夺去。又因佛教以前楼阁观念之余风，遂用砖石增高其高度。至重叠级数，则依大乘教之各种象征而定。

  福建有三种塔可为福清塔的蓝本：福州乌石山之无垢定光塔，建于五代，为内部结构及层数之蓝本；其邻近之水南塔，建于北宋末叶宣和时，是他古朴而雄壮的祖先；而自泉州之南宋双塔，则得其外部雕饰及每层均等之递缩律。至于塔身细长的权衡，则为宋代所特有，值得明代高雅学者之欣赏的。

寻古玉融

瑞云塔高一三五华尺。如泉州之塔，塔基乃一种中国化的希腊健驮罗式（Hellenistic-Gandhara）之基坛，乃至角神（Atlantean Yakshas）都一样。版柱间束腰上之雕刻，并不特别，仅有刻工粗陋的数种中国普通象征。其嵌线座基上亦无实在之环绕物（ciruit），且只有一入道，即在南面者是。有梯上达于此，刻工至精，于是引入第二层。这层的门如更上各层之门一样，两侧均有起突雕成之门神。至于内部，此梯由全石塔身内穿过，达于第一层之正中，再向右转九十度。至第二层时则在东侧。至上第三层之梯口，则又起自西边，其余依此类推。此等隧道之顶，均用石叠出（Corbelled）而不发券（Vaulted）。上边六层，每层都有平座和栏杆。每面有四朵无横栱的双跳华栱支承着，华栱却安在叠涩的檐内。而角柱上的两栱，和它们上面的假昂，也同时是两旁檐部的支承者。每层都照样有这种平座，斗栱，栏杆，支在八根整石柱上，柱础颇高，柱头古雅。檐边是直线，屋角微微翘起，除最上一层外，上面只有矮小的仙人，而不用龙头做雕饰。此塔与水南塔有一个相同之特点，即塔尖无刹，而代以简单之圆球，置于顶座上；我曾说过塔刹本是一整个窣图坡的缩影，而塔身只是它巍峨的基座。而在此塔若非级数合乎佛制，和几种佛教雕饰，则必且失去佛教意义，而成一种非宗教的纪念物了。

为人们所不复记忆，而匿于

瑞云塔灯光

名人往事

深林丘壑间者，尚有水南塔巍然存在，距龙江约半英里，位于龙江桥之对面。塔后屏背的青山，在旭日初升的时候，映着点点的紫色。这红色的石塔，正是精巧玲珑叶公塔的简单雄壮的祖先。塔基颇粗陋，以致将普通结构上最易隐匿之重要部分，和盘托出。这塔基不过是一层七行平行的花岗石方板，雕凿既不齐整，又只是干摆着，既无灰泥，又没有铁锭。此层之上为第二层，也是同样的石片，但是砌法不同，自八边上同向中心点摆列。此两层就是那必不可少而露在外面的坐台，全座塔就筑在它上面。自此以上，石片均斩凿平正，叠砌整齐，下四层在各层角柱与他部合砌不分，而上三层则用整石柱。石块之间，并无灰泥，其稳固不移，全赖本身重量。石缝勾灰，似乎仅在外面，不过数处，而且是后代所加。这种石工做法，与这产石省区中其他的花岗石建筑是一样的。

水南塔的雕饰，亦颇粗陋，无甚可述。值得赞美的乃是整个塔的建筑的观念。瑞云塔的轮廓，虽然华丽玲珑，但缺乏整个的镇静的现象，而此小塔却是整个的创造。由基至顶都简朴非凡，无平座，无栏杆；除各角外无支柱，只有极大的石昂伸出，表示一种整个的调协，那是任何建筑物优劣最后的试验。此外更能表示出中国历来木质楣式建筑，亦有适用于石作之可能，而同时又

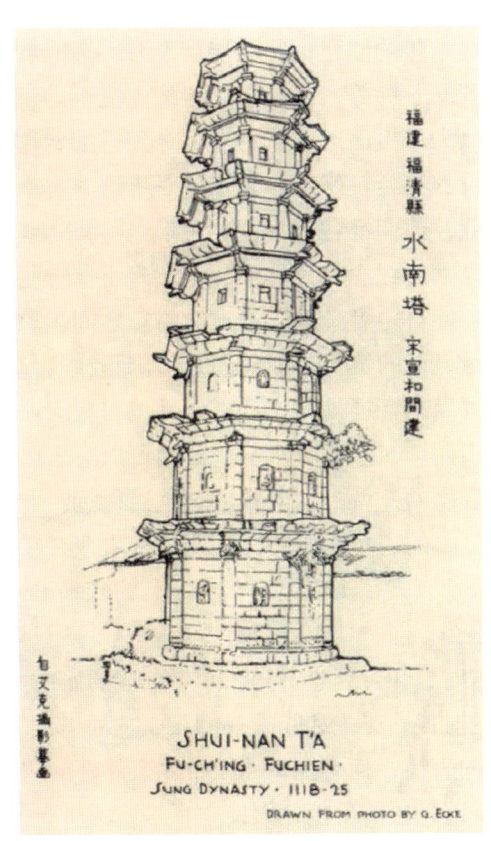

梁思成先生手绘水南塔

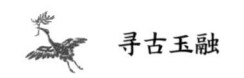

不是完全盲从模仿的；而将来中国建筑由木质变成石质，亦能如欧洲建筑一样，也在此看见其途径。以瑞云塔而论，其角柱在厚重深远的平座栏杆及屋檐之下，几乎完全失去其意义，而此塔则有五十六根密排而径粗之角柱，与雄固之飞檐相连，遂使此塔呈一种几如罗马式的威严古劲的气概。我们若能就其第六及第七级上尚存一部的屋瓦形制，为绘复旧图，也是很值得做的工作。

自另一观点而论，瑞云塔因其地势之优越，成为一方的标识，且不但是地方的特有，同时也是本县最有声望最堪尊崇，而不幸与所生时代的罪恶不能相处的先哲的纪念物。

我们缘梯登塔，心中充满了明代末年的回忆，我们层层上升，渐能看见塔身外面小龛里的雕像，和尚、罗汉，等等，都是近代毁像主义下的幸存者。常人对于明代雕刻之偏见，以为呆板而乏创造力者，等到得细看这些作品，不由的惊讶重生。长眉罗汉的笑容，好像在表示他对于这塔之幸运有极深的信仰；其他各像也是如此，他们都各有个性的表现，不只是匠人呆板的工作而已。这些像虽不是庞大的纪念物，然而各个端坐不移神秘的表现，深刻的虔诚和天真的福佑，使对之者忘却己身，而瞬息之间忧愁烦闷尽除。只有达摩一像，流露一种讥讽的笑意，他的门牙仿佛是在咬他自己的薄唇。除去他写实和似宋代画风之特征外，这些雕像并没有任何派别之特点，尤其因为匠人手法各个不同。在浮雕技术上，微微可以看出些少德化的影响。除此以外我们所能看出的，就是本地匠人为欲讨得远在北京有权威之宰相的满意的一种尽心尽力的表示；更可以证明这种事业，在中国所需要的鼓励，更可以证明，假使有人在上提倡，多少无名的艺术家，所创造出来的作品，又不知可增加多少。

我们若回想到北方，当叶公当国时，却有魏忠贤做艺术界奢侈的雇主。在那种的时代，自己没有伟大创作的时代，雇主和匠人只能互成一种集合。然而福清瑞云塔上诸像，深刻虔诚的表情，何等的动人！而北京郊外的碧云寺，我们只须一眼，便可判断那著名牌楼的价值；假使它真是魏阉所立，那真是最足以代表他虚伪的杰作。那牌楼的石券，已足为那阉宦全个人格的表现：不惟雕饰繁缛恶劣，同时还有中国标准道德的史迹浮雕。这些冷酷无生气的浮雕，夹在门道两旁，可通乾隆所立，据说是筑来镇压魏阉的邪气的石坛。

等到我们登到叶公塔顶时，方才那奸邪的噩梦已醒了。站在最上层平座上，只看见海风吹送的白云，又高又白又明朗。

云影向西移动爬过田野，爬上山头，一直向福建的山水里镕合消失了。

寻古玉融

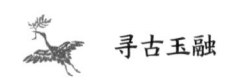

伯施曼笔下的福清大塔小塔

与上述两座宝塔（福州的乌塔与白塔）相比，福清县的两座石塔（福清的瑞云塔与水南塔）与它们地理位置相近，样式却更加完善。福清是福州下辖的一个县，在省城以南约40公里处。我参考了艾克博士的一些照片和简要的文字材料，他研究过福建的一些宝塔，也在持续地深入研究中。在此，只能从建筑学的角度介绍这组宝塔。在福建沿海地区的泉州还有两座宝塔，也可归入这一组中。虽然没有准确的测量数据或图纸，但根据图片至少可大概估算出塔高。

《西洋镜》书影

福清的两座宝塔均为石块砌筑，工艺和装饰不同凡响，应是出自明代。大塔建于1607—1615年间，小塔同样建于万历年间。两者均有几乎等高

名人往事

的七个塔层，基座突出，顶端结构紧凑，由平缓的穹顶和宝珠组成。小塔高约 15 米，全部由十分均匀的石块垒砌而成，每一级都有三层石板向外挑出，形成塔檐，塔身设有壁龛，圆形角柱明显凸起。这些圆形角柱还有箍纹、柱头和底座。檐部有上下两层叠涩凸起，承托着起翘很小的轻薄檐面，上面的两层可以清晰地看到这一构造。该塔不设回廊，向外伸出的悬臂架支撑着檐部，福州的宝塔中也有类似结构。两座塔几乎完全摒弃了大弧度的曲线线条。人们推测它们是依照福州的宝塔建造的。另外，还有一些特征支持这一推论：小佛龛与较大的洞口交替出现；底部雕刻装饰带，此处为极小的人物塑像，其风格至今仍可在浙江与福建的木石雕刻中见到；最后，底层的主要洞口内有高大的人物圆雕。在福清小塔中，底层塔身的角柱处仍然可以发现人物雕像。角柱上端以悬臂架加固，这极似哥特式的建筑理念，而两座宝塔中其他的一些细节也显示出这一点。

水南塔

大塔名为瑞云塔，高 30 米，塔层同样显得低矮，但由于总体上更高，足够供人进入。大塔各部分的投入都远远高于小塔，看起来像是小塔的升级版本，建造年代也稍晚。厚实的悬臂架上没有横向支架，直接嵌入圆形的叠涩层中。它们支撑着轮廓清晰的塔檐，檐上带有起翘明显的檐角和檐脊，其端部以塑像装饰，同样体现出哥特式风格。所有塔层均有栏杆，平整的栏板与塔身外墙搭配得宜，而栏板上的镂空设计也与宝塔整体活泼灵动的设计十分协调。塔身各角设置了浮雕柱，以突出塔身的边界，浮雕柱样式简洁，边角均改为弧形。柱脚和柱头再次出现，它们与柱脚处的装饰带以及檐下斗拱组合在一起，相辅相成。所有壁面均设佛龛，这与福建乌塔和福清小塔一致。唯有人像装饰在此处要精美得多。小佛龛以特殊的浮雕框架装点，里面可能全部供奉着独立的雕塑，佛龛两侧和上方的格状区域也刻有浅浮雕。几处单独的佛龛以及底层主入口的左右两侧分别立有两尊高大的武士像，几乎完全脱离塔身，像是独立的雕塑。从上层的一处佛龛中可以清楚地看到被斗拱划分成数段的天花。一条阶梯连通地面和基座上的底层，基座上环绕着精美的动物纹饰，底层的兽纹带上还有一圈花卉和人物图案。

瑞云塔石雕饰

透过一座雕刻着镂空人物饰带和浮雕横梁的牌楼眺望该塔时，那奇特的景象展现出了这座集伟大构想、精湛技艺与一系列灵动元素于一身的高雅宝塔的真正魅力。

名人往事

福清县开国男

黄檗山,这里是林希逸的家乡。七百多年前,林希逸进山参禅,屡宿禅房,写下《游黄檗寺》:"黄檗山前古梵宫,早年屡宿此山中。猿啼十二峰头月,鹏送三千里外风。"

林希逸研究著作《老子经谚解大成》书影

林希逸墓志铭拓片

墓志铭上百卷书

林希逸,渔溪镇苏田村人,南宋艾轩学派代表,理学大家,闽学的重要骨干,是"黄檗三笔"之即非禅师的远祖。乾隆《福清县志》卷十三"道学"记载:"林希逸,字肃翁,号鬳斋,县之渔溪人也,少从陈藻于红泉,既而走江淮,闻见益博。"

渔溪镇的"文武名祠"中有林希逸的墓志铭,碑文详细记载林希逸的家世源流、生平事迹、为官经历、理学传播等内容。碑文记载:"有宋中大夫,秘阁修撰,提举建宁府,武夷山冲佑观,福清县开国男,食邑三百户,林公讳希逸,字肃翁,世为福清县人。"

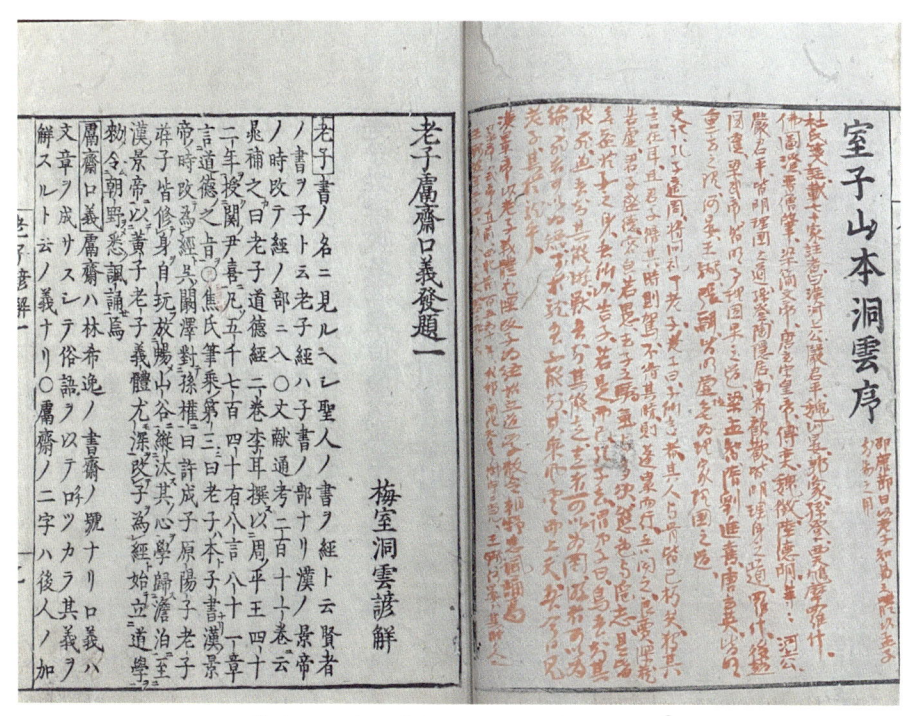

梅室洞云谚作《老子鬳斋口义发题》书影

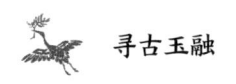

这份墓志铭记载了林希逸十四种重要著作，包括《易讲》《述诗口义》《春秋三传》《正附论》《周礼说》《考工记图解》《老庄列子口义》《学记》《奏议》《讲议》《内外制》《诗文四六》，共二百卷。这些著作，有力说明了林希逸在闽学中的重要地位。

三种"口义"传扶桑

林希逸的独到之处，是从儒释的角度，去诠解老子、庄子和列子，刊刻了鼎鼎大名的《列子鬳斋口义》《庄子鬳斋口义》和《老子鬳斋口义》。其中以《庄子鬳斋口义》成就最高，影响最大，被《四库全书》收录。

所谓"口义"，最早是科举考试

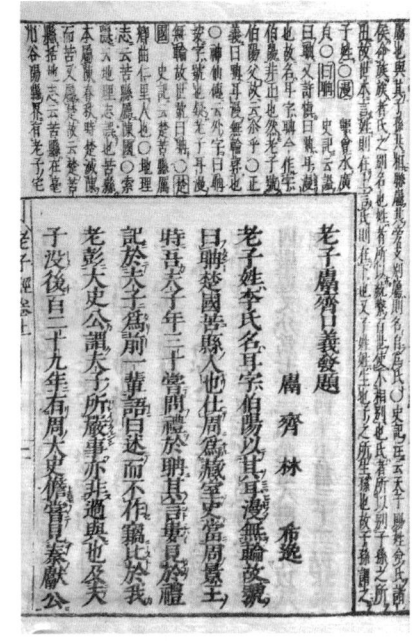

林希逸著《老子鬳斋口义》书影

的一种方式，口义是和墨义相对的考试方式。唐代明经科试士时，要求应试者口头答述经义的口试，类似现代白话文，通俗易解。最早以口义为书名的，是宋代胡瑗的《周易口义》和《洪范口义》二书。

明人张四维在万历二年（1574）敬义堂刊本《重刻三子口义序》中认为，林希逸所注三子口义"较诸家为善"。林希逸的三部口义，释文通俗易懂，较为口语化。对所引用典故、诗文，特别是佛学名词、概念都作了注释。以其直白易辨、深入浅出的语言特色，受到中国文化圈特别是日本学者欢迎，在日本得到持续广泛流传。

日本学者池田知久在其著作中提到，到了室町时代亦即14世纪末，五山的禅僧们则开始采用林希逸的注释，亦即《庄子鬳斋口义》来读《庄子》。作为日本朱子学开山祖的林罗山（1583—1657）也是同样，他不只是《庄子》，《老子》《列子》也采用林希逸的《老子鬳斋口义》《列子鬳斋口义》的注释来读，同时还将这一做法向其他人推荐。因此，在林罗山的强烈影响下，直到江户时代的18世纪中叶，日本一直盛行林希逸的《老子鬳斋口义》《庄子鬳斋口义》和《列子鬳斋口义》。

"三子鬳斋口义"在日本的传播，成为日本研究道家思想的重要依据，在日本思想界产生过较大影响。

《庄子鬳斋口义》

《庄子》一书，历来受到文人士子的喜爱。历代对《庄子》的阐释，从训诂到义理，从文字到文学，从语言表达到篇章结构，都有专门研究。而南宋对《庄子》的研究，偏重文学的阐释，林希逸的《庄子鬳斋口义》，十分看重"文字血脉"。

《林注老子道德经》书影

林希逸的《庄子鬳斋口义》动笔时间不详，但完成于宝祐六年（1258）。据林同所作《庄子鬳斋口义》序中所言："戊午访竹溪于溪上，因语而及，竹溪忽谓我曰：余尝欲为南华老仙洗去郭、向之陋，而逐食转移，未有闭户著书之日。忧患废退以来，遂以此纾忧而娱老，今幸书成矣。"这里的"戊午"，就是宋理宗宝祐六年。

林希逸认为，庄子的大宗旨与儒家的圣人之道是没有区别的。也可以通过佛教中的悟道来理解《庄子》中的悟道，通过禅宗境界阐释《庄子》的心斋境界。林希逸通过注释《庄子》和《列子》，还得到"庄优于列"的结论，他认为《庄子》用墨比《列子》俭省，表达方式优于《列子》。

137

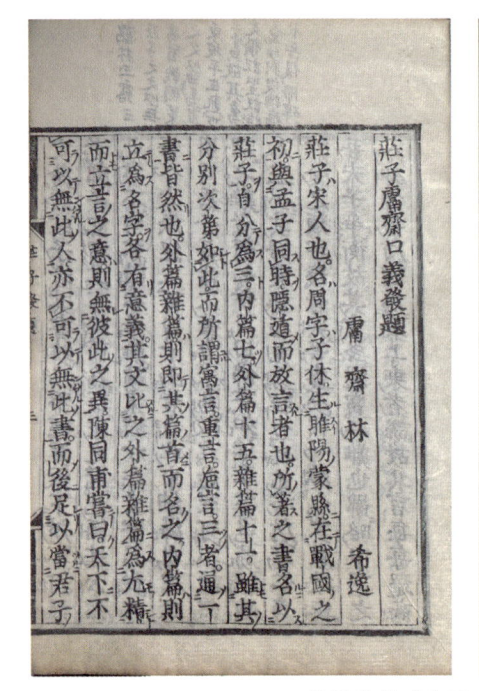

林希逸著《庄子鬳斋口义》书影

　　《庄子口义》在宋代已经刊行，目前发现最早的刊本是国家图书馆所藏宋咸淳五年（1269）刊本。日本刊本及抄本有十多种，黄檗书院藏有两种版本的《庄子鬳斋口义》。一是日本宽永六年（1629）十一月刊本，二条通观音町风月宗知刊行。二是日本宽文五年（1665）刊本，书尾题"宽文五年乙巳岁孟秋吉祥日，风月庄左卫门开板"。

《列子鬳斋口义》

　　日本流传的《列子口义》最早版本，是日本国立国会图书馆所藏《列子口义》二卷二册，馆方著录是"南北朝时代（1336—1392）刊本"，大致相当于元朝至元二年至明朝洪武二十五年。

　　林希逸《列子鬳斋口义》有近二十种版本，日本版本有七种。黄檗书

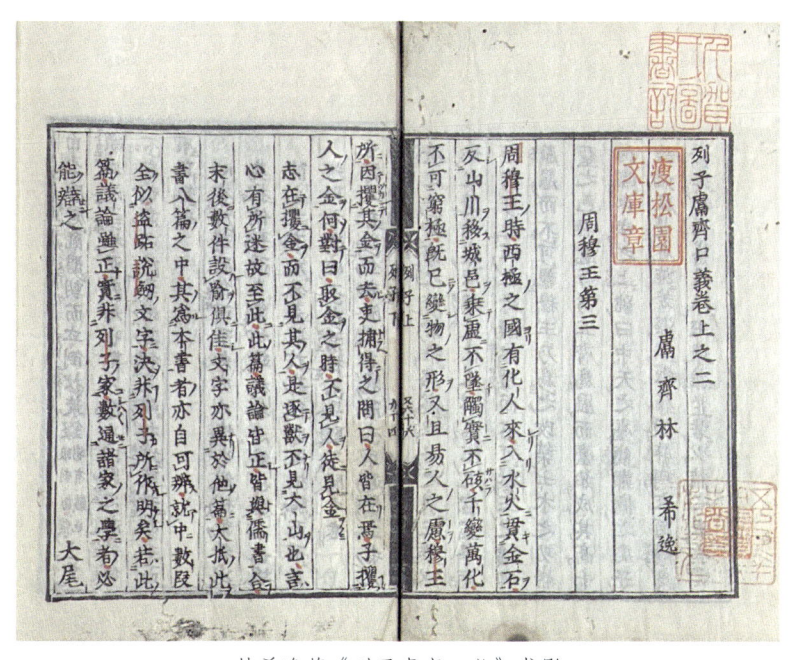

林希逸著《列子鬳斋口义》书影

院藏有两种和刻版本的《列子鬳斋口义》，一是日本宽永四年（1627）刊上下二卷四册本。书稿末注明："时宽永四历岁次丁卯腊月吉旦，洛阳乌丸通大炊町，安田安昌新刊于容膝亭。"后万治二年（1659）大和田九左卫门据此本重印。二是庆安五年（1652）本，书末注明："庆安五年壬辰初夏，昆山馆道可处士新刊。"

《列子鬳斋口义》写完后，林希逸作诗一首《列子口义成》：

庄列源流本一宗，微言妙趣不妨同。
但知绝迹无行地，岂羡轻身可御风。
二义乖违刘绝识，八篇参校湛何功。
就中细细为分别，具眼应须许此翁。

《老子鬳斋口义》

《老子》全书仅五千余言，然而注释之作，汗牛充栋。林希逸所作《老子鬳斋口义》获得评价较高，被认为用字遣词浅显，能够"得老子初意"。从14世纪到18世纪中叶的五百年间，《老子鬳斋口义》成为日本研究老子思想的主流。此外，中国道家经典《道藏》，亦收录了林希逸的《老子鬳斋口义》，名之为《道德真经口义》。《老子鬳斋口义》是林希逸从儒学、庄玄、佛学三方面对《老子》进行的全面解读，体现了不同学说之间的调和兼容。

林罗山《老子鬳斋口义》作跋语

黄檗书院藏有三种和刻版本的《老子鬳斋口义》。一是日本正保四年（1647）林罗山刊本，书末注"三条通菱屋町林甚石卫门新刊"，有"罗山子""道春"的跋文。二是日本延宝八年（1680）刊本。书名题"老子经谚解大成"，首页大题"老子鬳斋口义发题"，梅室洞云谚解。书末为牌记"延宝九年岁次辛酉正月吉旦梓行"。有"道德书堂"牌记，"文台屋治郎兵卫"等刊刻。三是日本延宝二年（1674年）刊本。书名题"鳌头注释林注老子道德经"，扉页题"鬳斋林希逸口义"，"东京松山堂藏版"。书尾有"延宝二年甲寅秋七德仓昌坚"题记。

有观点认为，"三子口义"是1654年福清黄檗隐元禅师僧众东渡时带到日本，后在日大量刊印传播。也有观点认为，是即非禅师1658年东渡到达长崎后，为其远祖在日本刊刻的。而从我们目前见到的三种古籍实物来看，"三子口义"在日本流行的版本，以隐元禅师和即非禅师东渡之前

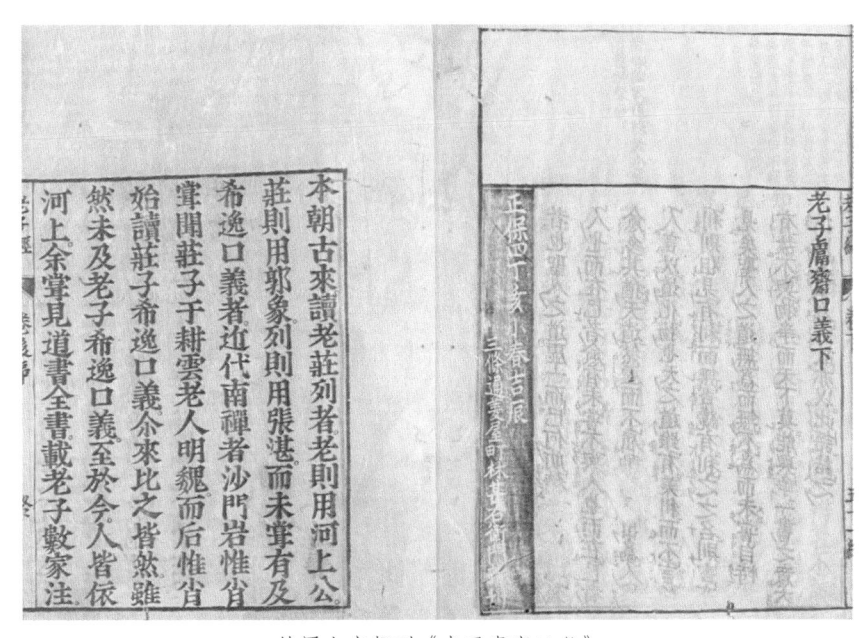

林罗山京都刊《老子鬳斋口义》

的版本居多。从黄檗书院馆藏来看,《庄子鬳斋口义》是宽永六年（1629）风月宗知刊本,《老子鬳斋口义》是正保四年江户初期儒学家、幕府儒官林罗山刻本,而《列子鬳斋口义》是宽永四年（1627）安田安昌刊本和庆安五年（1652）道可处士新刊本。这三种"口义"、四种版本,均早于福清黄檗禅僧东渡几年或几十年。

刊刻延宝版《老子鬳斋口义发题》的道德书堂牌记

141

文天祥为一位福清人写的墓碑

北宋时期,福清有一位夏姓人家,父子三人都是进士,又都被朝廷赠予"大夫"之名,所以有父子三进士和父子三大夫之誉。他们是北宋神宗熙宁六年(1073)进士夏臻和他两个同榜进士的儿子夏之邵、夏之文。有一年夏天,夏之文和他的朋友康侍郎一起,来到黄檗山,登上览秀阁,写诗唱和。

陪康侍郎来黄檗的夏之文

据乾隆《福清县志》卷十四"循良"部记载:夏之文,字潜夫,历官太常博士,提举浙西常平都官,不管在哪里为官,所至之处皆有贤能之声,政声口碑俱佳。累迁吏部郎,终朝请大夫,江西提刑副使。在宋朝,提刑是官名,是"提点刑狱公事"的简称,主管所属各州司法、刑狱,大体是正四品。

有一年夏天,夏之文和朋友康侍郎来到黄檗山,夜宿客寮。傍晚,他们在山间小道徜徉,但见苍岩嶙峋,山谷幽静。夜里,能听到猫头鹰、猿猴和一些小动物的啸叫声,使深山古刹增添了一分清幽的色彩。

第二天,阳光明媚,珠光四射,在暑天的暖风里,他和康侍郎赏花看山。只见天光映照下,遥远的群山,山色如黛,层峦叠翠,如诗如画。他们登上览秀阁,被黄檗的风光美景所陶醉,作诗唱和。康侍郎是夏之文请来的朋友,在康侍郎写就之后,夏之文步其韵脚,和诗一首《登览秀阁和康侍郎》:

重来登览秀,雨歇暑风微。
山色长如画,天光不可围。
岩幽闻夜啸,花落见春归。
莫遣天花坠,沾粘座上衣。

黄檗山林场

这首诗记下了一千年前,贤达显宦的一次黄檗胜游,那时的黄檗,山巍峨,寺庄严。这首诗从表面来看,是一首普普通通的风景唱和诗,但你要看诗的最后两句,"莫遣天花坠,沾粘座上衣",讲的就是佛法修行之事。来到这座清净伽蓝,诗人慨叹自己的修行还不精进,但愿维摩诘讲经中的天女们,不要撒下你们手里的烂漫天花,免得粘到我们的衣服上、座位上。这里,夏之文用的是维摩诘讲经,天女散花的典故,说的是花瓣沾衣与不沾衣的故事。

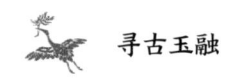

简简单单一首诗，在反复铺垫景物之美的最后，不经意间，不露痕迹地画龙点睛，一笔就转到了佛法修行上，我们不得不慨叹夏之文笔力的深厚。夏之文留下的作品十分鲜见，所以这首游黄檗的《登览秀阁和康侍郎》是一首珍贵的好诗。

为郑侠撰写墓志铭的夏之文

福清的历史人物中，"西塘先生"郑侠是北宋"名高天下，情系生民"的名臣。苏东坡、叶向高等人对其很是推崇。郑侠尝言，若"无功于国，无德于民，若华衣美食，与盗无异"。郑侠，号一拂，一生为民请命，做到了"俸薄俭常足，官卑清自尊"。

据《宋史》有关记载，宋神宗熙宁二年（1069），王安石升任副宰相，提升郑侠为光州司法参军。宋神宗熙宁六年（1073），多地大旱无雨，蝗虫成灾，郑侠目睹惨状，上书王安石，王置之不理。第二年，难民失所，饿殍遍野，郑侠无奈，画了一幅《流民图》上奏，竭尽全力挽救宋朝的危局。后遭放逐到广东英州，十二年后，才被朝廷特赦回到福清。经苏东坡推荐，重被起用。巧合的是，又过了八年，宋哲宗绍圣元年（1094），郑侠再次被放逐英州，苏轼被放逐惠州、海南。

六年后，郑侠官复原职，任泉州教授。这期间朝廷又授予他高一阶的职务，郑侠坚决不再复出，后在家中去世。葬于福清城南新丰里水南山。宋徽宗宣和七年（1125），夏之文应郑侠的孙子郑嘉正之请，为郑侠撰写了墓志铭。

夏之文到底是福清哪里人

据乾隆《福清县志》卷十四"循良"部记载，夏之文父子为"东塘人"。宋时的福清东塘，是现在的什么地方？"看福清"官网介绍，北宋福清东塘属文兴里，就是今天的福清龙山街道瑞亭村。

2023年5月，为了寻找夏之文的祖居地，我们来到福清瑞亭社区居委会。这里的工作人员告诉我，没有听说过夏之文。问居委会门口的摩的师傅，他们说可能是归并到瑞亭社区的瑞亭村，但这个村子没有了。上次寻找以无果结束，中秋假日最后一天，我又来到瑞亭，打电话给杨锦嵩局长，他告诉我，夏之文的祖居地，不是龙山街道瑞亭村，而是玉屏街道后埔街的龙东村。

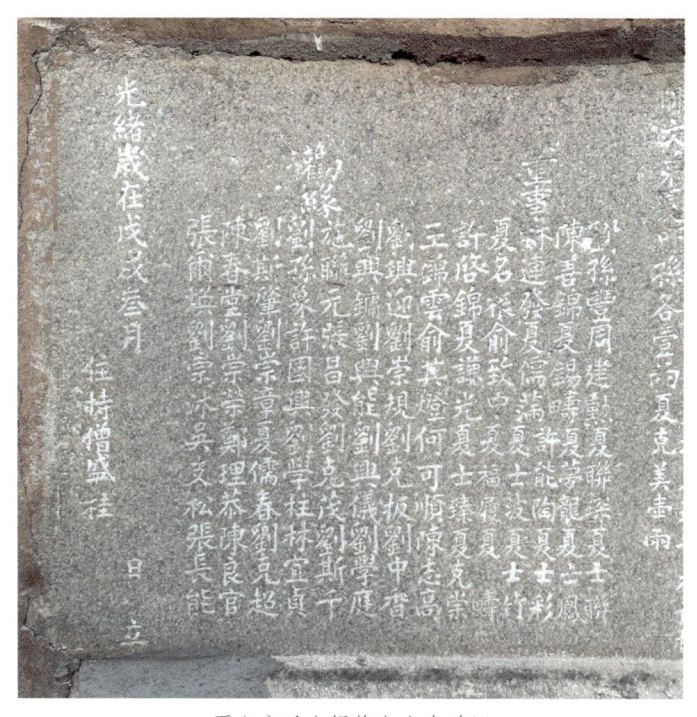

夏之文后人捐修龙山寺碑记

我们来到龙东村，临街有一座小小的龙山寺，墙上镶嵌着一块"重修龙山寺碑"，供养人基本都姓夏。我们看到，寺院大堂也有一块两米多高的"重修龙山寺碑"。正在寺院一侧走廊聊事的乡贤夏庆发、夏祖兴告诉我，他们村子都姓夏，祖上出过大人物，就葬在黄檗山。

寻古玉融

夏之文墓在黄檗山后山

　　夏之文的墓在黄檗山？我们查了乾隆《福清县志》卷二十"坟墓"部的记载，说夏之文墓"在清远里弥勒山"。

　　黄檗山、弥勒山都在清远里，但清远里的弥勒山在哪里？"看福清"网上介绍，弥勒山就在福清宏路镇下曹、金印、南山、周店等村一带。这也太笼统了吧，我们找来龙东寺理事会的主任夏守国、老人会的管事夏玉来，他俩都说，弥勒山其实就是黄檗山的后山。夏玉来还介绍说，为了找夏家祖墓，他们在灵石山、黄檗山周围找了四五年。最后在灵石山国家森林公园的看林人协助下，才找到了墓址。

夏之文墓前的林木

　　寺庙看管人递给我一个相框，乡贤夏祖兴告诉我，这是二十五年前，在找到黄檗山祖墓后，全族人都来修墓、祭祖的照片。这些照片已经泛黄，大致有二十多张，其中有一张朦胧可见"宋进士江西提刑夏讳之文公墓"。

　　两年多来三次寻找夏之文，终于有了眉目。

　　第二天一大早，我们在夏氏老人会和林场向导带领下，从万福寺出发，进入黄檗山后山。车子停在一处长满参天大树的溪流边，就只能步行进山了。杂草丛生的弯曲山道上满是树叶、树枝和石块，步行一个多小时，穿

146

过一条小溪，路过明代崇祯薛家、清代光绪汪家和民国六年江家三座民坟，在一处长龙脊形山的西侧半山腰，我们终于在长满一人高的蕨类植物丛里，找到了夏之文墓。司机小张说，这是走过的所有黄檗遗址调查里，最费劲的一次寻找。此时，腿脚酸胀，感觉都站立不稳了，就靠在墓表一侧的大树上，凭吊七百多年前，曾来黄檗登览秀阁的北宋大臣夏之文。

文天祥为夏之文墓碑题名

背靠大树，穿越古今。

过了好大一会儿，才缓过神来，在墓碑上第一眼看到的竟然是"文天祥"。拄着用树枝自制的木杖，来到墓碑前，用手拨开已经掩住碑铭的杂草，三行文字映入眼帘：碑中间的大字是"宋进士江西提刑夏讳之文公墓"，右侧是"景炎元年仲冬穀旦后学文天祥敬题"，左侧是"雍正八年正月元旦旌奖孝子二十一世孙谦吉重修"。

夏谦吉的落款是"旌奖孝子"，什么是旌奖孝子？旌奖制度是古代皇帝对忠勇、义夫、节妇、孝子、贤人、隐逸等道德高尚之人，给予表彰的一种官方褒奖方式。可见，这个为祖上重修墓茔的二十一世孙夏谦吉，的确是一个大孝子。

从碑上的年款来看，景炎元年（1276）是宋端宗赵昰的年号，文天祥出生于1236年，这是他四十岁的

文天祥书夏之文墓碑

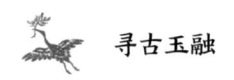

时候，为夏之文题碑，并谦称自己是"后学"。

史志中记载夏之文的生卒年不详，从夏之文是北宋重和元年（1118）的进士分析，文天祥的题碑大体是在夏之文去世后一百年左右。又过了四百五十多年，夏之文第二十一世孙夏谦吉，在雍正八年（1730）予以重修，使用了文天祥的题字。

至于是什么机缘，文天祥为夏之文墓题碑，我们不得而知。但有一点可以肯定的是，夏之文是入了《循吏传》的政声口碑俱佳的好官，文天祥是彪炳千秋的民族英雄。再加上夏之文生前来黄檗登阁赋诗、参禅悟道，去世后魂归黄檗、向春而生，这本身就是一段谱写了七百余年的不朽佳话。

名人往事

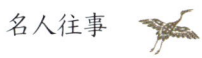

戚继光的福清文武往事

来福清最深的感受，是这座小城弥漫的英雄之气。在黄檗山后山之巅，有民族英雄文天祥的题碑，这是青松翠竹间的凛然浩气。但融入寻常百姓生活的，却是抗倭英雄戚继光，以他名字命名的光饼，成为福清人"万物皆可夹"的口粮，这是柴米油盐中的烟火。

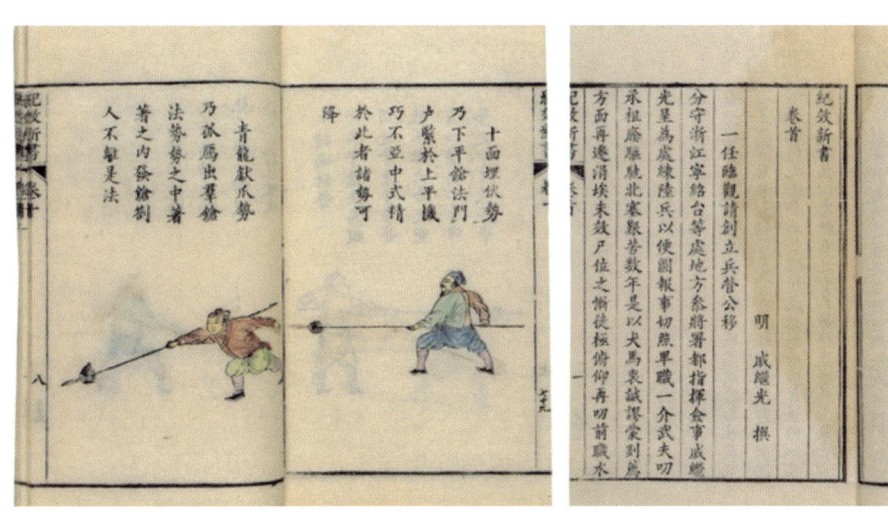

戚继光撰《纪效新书》书影

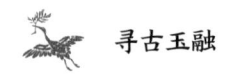

戚继光初次来福清

"封侯非我意，但愿海波平"，这是戚继光任登州卫指挥佥事时，写下的一首五律《韬钤深处》的最后两句。这简简单单十个字，道出的是戚继光心怀天下的青云之志。据《明史》记载：明嘉靖三十六年（1557）至嘉靖四十年（1561），倭寇主要在浙江一带进犯，戚继光招募金华、义乌一带农民、矿工三千余人，屡败倭寇，"戚家军"名扬天下。

嘉靖四十一年（1562），倭寇大举进犯福建。从温州方向来的倭寇，汇合福宁、连江的倭寇攻陷寿宁、政和、宁德。自广东南澳来的，则汇合福清、长乐诸路倭寇攻陷玄钟千户所，并在宁德东的横屿安下大营。官军不敢贸然攻击，相持一年有余。新到倭寇屯聚牛田，倭寇头目驻在兴化，东南相互呼应。福建因此连续告急，胡宗宪调戚继光征讨。

来闽后，戚继光首先进攻横屿大营的倭寇。冲锋的士卒每人一捆草，填平壕沟前进，大破敌营，杀倭二千六百余。"戚家军"乘胜追至福清，击败牛田倭寇，并捣毁其营地，倭寇余部逃到兴化。戚继光急速追赶，半夜时分抵达倭寇屯聚之地，连续攻破六十营，杀倭千余。

戚继光回师抵达福清时，正遇倭寇从东营澳（今福清龙高半岛东营村）登陆。《明通鉴》记载，嘉靖四十一年，戚继光"旋师抵福清，遇倭自东营澳登陆，击斩二百人"。赴福建援助抗倭的左军将刘显，也屡次击破倭寇，福建倭寇几近灭绝。福建省城官绅在福州于山平远台为戚继光设宴饯别，后人即于平远台旁建祠，名为戚公祠。此后，戚继光返浙。

戚继光第二次来福清

等戚继光回到浙江后，新来福建的倭寇日益增多，并围困兴化（莆田）城达一月之久。破城后副使翁时器、参将毕高逃走，通判奚世亭代理政事，被倭寇杀害，兴化城被焚烧抢劫一空。倭寇在此滞留两月，又攻破平海卫。兴化告急时，皇帝任命俞大猷为福建总兵官，戚继光为副总兵。

嘉靖四十二年（1563）四月，戚继光率浙江兵将赶到福建。福建巡抚

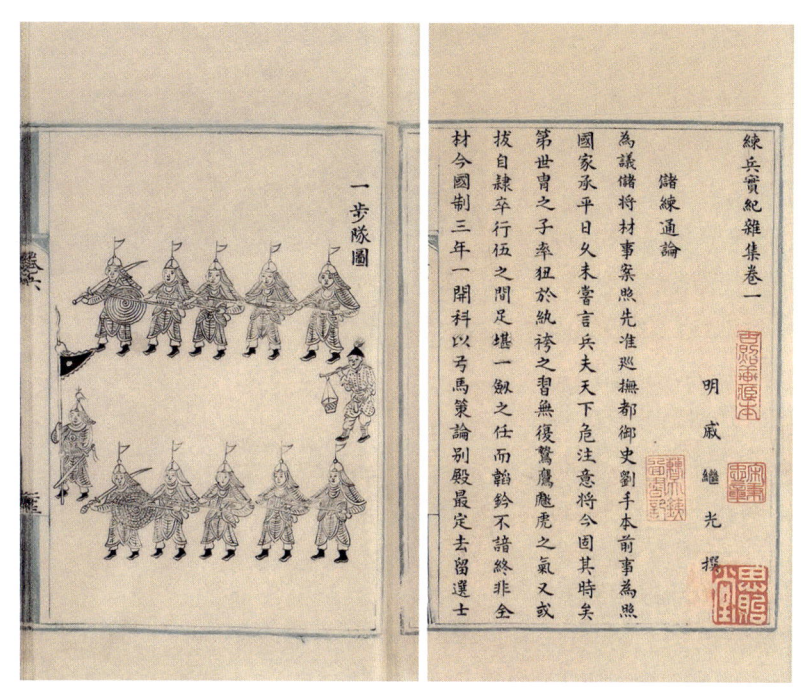

《纪效新书》之"练兵实纪杂集"书影

谭纶命戚继光为中锋,刘显居左,俞大猷居右,合力攻击倭寇于平海。戚继光率先突破,左右军相继跟上,杀死倭寇二千二百人,放还被掠夺的百姓三千人。谭纶向朝廷报功,戚继光功居榜首,刘显、俞大猷次之。嘉靖帝为此在郊庙行告谢之礼,大张旗鼓地给功臣颁奖。戚继光先因平定横屿倭寇之功,升为署理都督佥事,至此又升为都督同知,世代荫庇千户之职,于是取代俞大猷为总兵官。嘉靖四十二年,戚继光二度率兵入闽持续至嘉靖四十四年(1565),这期间曾在福清驻扎,最后彻底解除了东南倭患。戚继光为官累迁左都督,加封少保,卒谥武毅。他还著有军事著作《纪效新书》及诗文集《止止堂集》等。

戚继光在福清写下的诗

关于戚继光在福清留下的诗词，乾隆《福清县志》卷十二"艺文"收有《宜睡洞》《望阙台》两首。明末欧应昌《瑞岩山志》卷三，在这两首之外还收有一首《振衣台》。也就是说，戚继光至少在福清留下了三首诗。清人林以案《海口特志》

福清上迳蹑云桥头戚继光灭倭地遗址

"瑞岩寺"一条对此也有记载："隆庆中，戚参军继光搜奇剔险，开辟洞天，勒石纪胜。碑文周天球书。又镌'望阙台'三大字于飞来岩上。泰昌元年，相国叶文忠公募缘重建。"

戚继光不仅镌"望阙台"三个大字"于飞来岩上"，还写有《望阙台》七绝一首："十载驰驱海色寒，孤臣于此望宸銮。繁霜尽是心头血，洒向千峰秋叶丹。"这首诗不简单！央广网北京2018年5月30日报道，28日上午，习近平总书记出席中国科学院第十九次院士大会、中国工程院第十四次院士大会。在讲到我国科学家的爱国主义情怀时，习近平总书记使用了戚继光诗词的后两句："繁霜尽是心头血，洒向千峰秋叶丹。"央广网在背景介绍时讲到，这句诗出自戚继光的《望阙台》。戚继光在守卫福建时，将福清县的一座山峰命名为"望阙台"，用来表明自己身在远方而不忘国家的重托。

戚继光利用"疆事"之隙，发动军士开辟瑞岩山的大洞天、宜睡洞、归云洞。戚继光为新辟的宜睡洞，作了一首五律《宜睡洞》："共爱朝曦好，吾怜夕照斜。听桡归晚渡，看鸟篆晴沙。啸发悲高叶，杯空落断霞。醉衔三尺舞，直欲挽天槎。"

戚继光是山东登州（今蓬莱）人，在《振衣台》一诗中，写下"蓬莱有佳人，佩剑游南纪"之句，以表达其"浩歌空九衢，义士轻其躯"的慷慨志气。

戚继光在福清写下的碑文

戚继光在福清写了一篇《福清瑞岩寺新洞碑》碑文，收录在《瑞岩山志》卷二"艺文志"以及乾隆《福清县志》卷十一"艺文"。这篇碑文1539字，算得上一篇长文，作于"嘉靖四十三年（1564）丙寅秋九月"，碑文的落款是"敕镇守福、浙、广东伸威营等处总兵官定远戚继光撰"，碑文上石书丹由"吴郡周天球书"。

《福清县志》书影

这篇碑文不简单！在这篇碑文中，戚继光写道，"余以此一山冠冕，故遂以瑞岩名"。也就是说，"瑞岩山"系戚继光所命名，并以"瑞岩山"取代了"仙峰岩"的原名。

戚继光是在战事之余写下这篇文字的。碑文中写道："余雅志林壑，故伺疆事之隙，芒屦选胜，聊适逸怀。"戚继光这篇碑文立意高远，吐露对朝廷忠贞不渝的情怀。戚继光写道："盖一山极高处，举目四顾，群山开合，下临绿野，水绕诸村，可以望宸京，名之曰'望阙台'。"并且，戚继光还找人刻下了唐代诗人王维《奉和圣制从蓬莱向兴庆阁道中留春雨中春望之作应制》中的两句——"云里帝城双凤阙，雨中春树万人家"。戚继光以此成联勒于石，以表达自己"不忘君也"的忠怀。

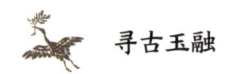

一个堂堂的大将军，为一个寺院写碑铭，足见"瑞岩"对于戚继光的重要。我们曾几次来到瑞岩寺，远眺微茫浩瀚的海面，思绪围绕戚继光在此屯兵、作诗、题碑、抗倭的文武往事徘徊游走。

戚继光在福清交下的朋友

在戚继光在福清抗倭前八九年，有一位泉州卫童乾震，曾在福清海口抗倭牺牲，在戚继光第二次来福清平倭之后，福清有一位名叫郭造卿的，给戚继光写了一封《与戚将军言挥使童乾震死事书》。乾隆《福清县志》卷三十"遗编"，收录了郭造卿这封书信。在书信的开头，郭造卿写道："闽苦倭久矣，藉明公一鼓而歼之，俾复见太平，幸甚。"

谁是郭造卿？乾隆《福清县志》卷十四"人物志·文苑"部记载："郭造卿，字建初，化南人（今福清海口镇），为诸生。""闽中倭起，客游吴越，胡少保宗宪、李襄敏遂礼致之。新安汪司马道昆抚闽，一见奇其文而高其行，礼为上宾。"戚继光与郭造卿也是一见如故，"戚都护继光在闽有平寇之功，枉车骑于造卿，甚委心焉"。时任福清县令叶梦熊，也与之"订盟莫逆"。

郭造卿作《与戚将军言挥使童乾震死事书》给戚继光，追述童乾震的抗倭功绩，"请赐庙"。这是怎么回事呢？郭造卿给戚继光陈述的，是"乙卯

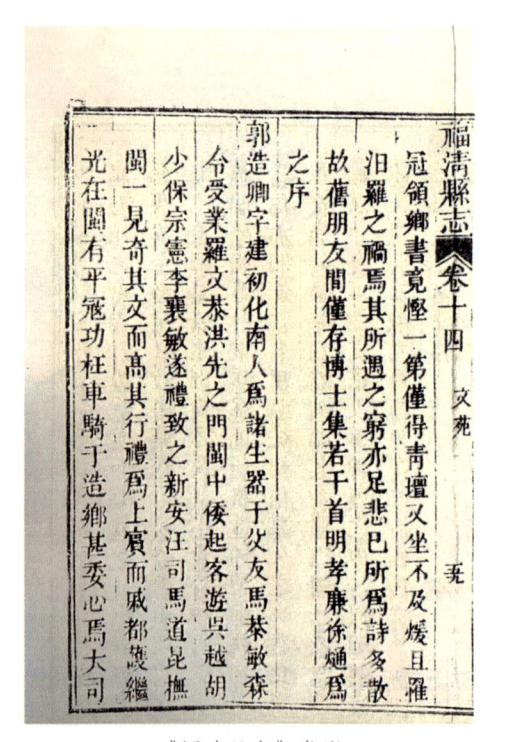

《福清县志》书影

名人往事

（1555）倭陷海口"之役。这次倭寇进犯福清，是自涵头（今莆田涵江）经上迳，纠集数千人，反复攻打，致使海口沦陷。泉州卫童乾震应召前来，奋战寇首"万人敌"，斩断其胳膊，倭寇士气大挫。童乾震带军趁势追杀，歼倭两百余。后因寡不敌众，童乾震一边抵御，一边退至覆釜山（位于连江县城西南）下，和自己的部下诀别说："吾世受国恩，分死于此矣，尔曹速去，无俱毙也！"最后，童乾震在鏖战中和二十五个战士一起牺牲。

郭造卿可谓有情有义，他给戚继光郑重作书，请求在福清海口、镇东建祠，祭祀这位碧血丹心的"英魂"，以使其为国捐躯的壮烈之举"彰而不湮"。

《福清县志》书影

寻古玉融

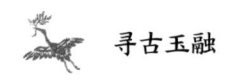

董其昌的《龙神感应记》

　　董其昌的行楷书法作品《龙神感应记》在2009年11月的嘉德秋季拍卖会上以4480万天价拍出。《龙神感应记》为董其昌六十七岁行楷书法手卷，此卷写得极为用心，不仅字字规整，结体美观，而且气沉力厚，一改董平日草草任逸的名士习气，是其极"作意"的行楷作品，说它是董书上品，绝不为过。需要说的是容易被淡化或者遗忘的是这篇文章的作者——叶向高，万历、天启两朝首辅。

　　《龙神感应记》记述了叶向高于天启元年（1621）应召北上途中的经历。"天启元年辛酉，余蒙召北上，至淮阴属前数日，风雨大作，黄流乍涨，淤泥乘之而下，清口壅塞且二十里。"这一年的六月初九，叶向高从福清启程前往北京，九月十三日到达江苏淮阴。正当他准备渡河之时，黄河因大雨水位暴涨，清口附近的河床为淤泥所塞，舟楫无法通行，一筹莫展。当地的乡人告诉他此地龙神极灵，设位祭之，必应所求。叶向高本不信，无奈之下，姑一试，"余迂其说，然试为文告于神"。方祭，一人被神附体，明言次日可行。诘旦，清口果然水涨，"晨起则水长一二尺，淤泥尽去"，舟行甚速。后来又遇到逆风，"余复祷于神，遂得便风"。后来叶向高让当地河丞赵廷琰将此事刻在石碑上，立在黄河边作为纪念。"余既亲拜神休，不可湮没。遂纪其事，俾赵君石于庙以示来兹，且为神添一段佳话焉。"

以上的事情叶向高在碑记中进行了详细陈述，叶向高与董其昌不仅是上下级关系，他们在书法上也有共同的兴趣和爱好。当年让他的好友也是著名书法家董其昌书写的碑文如今已经成为流传下来的名帖。董其昌一生留心仕途，自万历二十六年（1598）被排挤出京后，虽长期乡居而时时关注朝中官员的升迁。叶向高复起，能为他书写文稿，董其昌自然不会错失这样的机会。此卷正是他极"作意"的行书，康熙曾为他的墨迹题过一长段跋语加以赞美："华亭董其昌书法，天姿迥异。其高秀圆润之致，流行于楮墨间，非诸家所能及也。"巧合的是在书写此卷后不久，董其昌即于次年初春蒙召进京，从此官运亨通。是否冥冥之中得到神助，还是新得重用的叶向高的荐举，不得而知。但董其昌从此步入事业与人生的坦途，却是不争的事实。《龙神感应记》碑帖旧为清宫收藏，并带有乾隆、嘉庆、宣统三枚藏章，编入《石渠宝笈》，被列为上等，后被溥仪携出，流落民间。

纵观董其昌的一生，在艺术与仕途上游刃有余，时而进取，时而归隐，到后期，董其昌的交往更复杂了，复杂到东林党也交，阉党也交。他虽位高但不抓权，只潜心书画，不对任何人造成威胁，两头不得罪。在阉党和东林党争斗正酣时，他的官阶却从三品到二品再到从一品，被双方一步步送到人生的最高位。

董其昌曾经为叶向高创作一首七言绝句《寄叶台山宗伯留都》：

鸥友鲈乡两不猜，石城秋霁净飞埃。
最怜六代风流地，重有青莲赋凤台。

董其昌大叶向高四岁，1555年出生，他在万历十七年（1589）考中进士，一度担任皇长子朱常洛的讲官。叶向高在万历二十二年（1594）担任南京国子监司业，第二年秋天改任詹事府右春坊右中允，负责太子辅导之事。诗文标题台山是叶向高的号，宗伯乃中国古代官名，辅佐天子掌管宗室礼仪之事，掌管对天神祖先的祭礼，及宗庙中和宗族内的各种礼仪，这

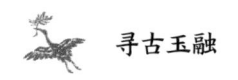

是对叶向高的尊称。留都是指古代王朝迁都以后，旧都仍置官留守，故称留都，这里指的是南京。鸥友鲈乡指的是江南水乡，石城历史上有多处地名，这里也是指南京城的代称"石头城"。六代指的是指黄帝、唐、虞、夏、殷、周。"六代风流地，江南第一州；东通吴会郡，西接汉湘流。"明谢榘有类似诗句。这一阶段董其昌告病回到松江，而京官和书画家的双重身份，使他的社会地位迥异往昔。其时正值明朝历史上长达十余年的"国本之争"，其间还发生了著名的"妖书案""楚太子狱"，朝廷内部为册立太子一事党争不休，风云诡谲。而叶向高也于万历三十一年（1603）改任南京礼部、户部两部侍郎，此时因为"妖书案"未了，加之沈一贯作梗，于是上书回乡调理，未被批准。类似的工作经历和相投的志趣让两个人之间有了更多的往来。

附录

龙神感应记

天启元年辛酉，余蒙召北上，至淮阴属前数日，风雨大作，黄流乍涨，淤泥乘之而下，清口壅塞且二十里。余与太行吕君各令人往测之。其浅处不能盈尺，即轻舟亦不得渡。管河郡丞赵君欲用力挑浚，而其势不能。余不得已谋陆行，复以病不能舆，进退维谷。佥谓金龙四大王可祷也。余迂其说，然试为文告于神。长年辈亦醵钱血牲，属吕君肃拜以请。忽一人为神言，此河属张将军，吾当问之。已又一人为将军言，更数日乃可济。神言此太迟，不可；至一二日亦不可。乃曰诘朝即有水，可通舟矣。余殊不信。晨起则水长一二尺，淤泥尽去。舟人欢呼牵挽而前，沛然其无碍。既出口，复苦风逆。余复祷于神，遂得便风。于是叹神功之显赫也。遂同赵君及清河令安君诣庙中，祀而谢灵贶。昔夫子不语怪，乃吾乡天妃之着灵于海，与兹神之着灵于河，皆随叩随应，捷于桴鼓。耳目所及，不可一端尽要。以国家数百万军储之转输，南北数千里舻舳之来往，皆于此寄命，断有神以尸之，而非渺茫迂远之谈耳。余既亲拜神休，不可湮没。遂纪其事，俾赵君石于庙以示来兹，且为神添一段佳话焉。若赵君拮据疏凿，安君拊绥荒疲，皆神所听，因并书之。

赐进士出身光禄大夫柱国少师兼太子太师吏部尚书中极殿大学士知经筵日讲制诰予告存问奉诏特起福清叶向高撰。

碑　阴

岳神为韩退之开衡云，海神为苏子瞻现蜃市，两公方见龅于世，而神明呵护，非当时王公贵人所敢望者，正直之贶，不惟其官，惟其人也。今少师叶公应召北上，龙神前驱，引泉脉反石，尤随叩响答。其事甚异，岂为纱笼中人，役役应尔哉。盖公弼亮三朝，亲扶日毂。而兹之再践师垣，所为领众，正定庙谟，致吾君于尧舜者。神已先见之，宜其效灵若此，可为世道庆矣。舟行时，金广文元发在坐，见柁楼之下，有蜿蜒盘旋，与绝流而度，溯风而迎者凡三，皆龙神之化身也，纪文所未列，广文属余缀之碑阴。

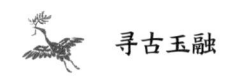

寻找钱肃乐

钱肃乐是南明鲁王政权的大学士，咯血死在福州马尾琅琦。他和家人的遗骸，是隐元禅师购买了五亩土地，葬在了黄檗山下的马鞍岭。钱肃乐作为反清复明人士，隐元禅师营葬钱肃乐这一事件本身，是关于隐元禅师和黄檗学术研究的重要课题。本文对《四明丛书》所载文献，进行梳理研究，在此基础上，踏勘马鞍山，寻找钱肃乐墓址所在。

缘 起

2020年8月，我和北京的几个学者来到福清，拜见黄檗山万福寺方丈定明法师。其间，法师特别讲到了隐元禅师，作为一个出世的禅者，其实是一个具有非常鲜明的民族特色的、有着浓厚家国情怀的、内心充满着忠孝礼德的高僧大德。法师介绍了隐元禅师的弟子戴曼公作为明遗民被收入《皇明遗民传》，卓尔堪编辑的16卷本《遗民诗》收有他的诗文。今年元旦过后，法师带我们专程去了漳浦，参观了"黄道周纪念馆"，介绍了隐元禅师与这个乾隆皇帝眼里"不愧为一代完人"的黄道周的交往。回山后，法师特别介绍说，其实最能体现隐元禅师气节的是他购置墓田，营葬钱肃乐。钱肃乐听闻郑彩降清后将南明将军沉海，遂以头撞枕，咯血而死。钱肃乐是宁波人，故居在忠介街，他的文集是《正气堂集》。钱肃乐作为民族的英杰，本身值得研究，他又与黄檗文化的形成密切相关，所以有关黄檗、有关隐元禅师的研究，钱肃乐是一个绕不开的方向。

关于钱肃乐

关于钱肃乐，有关公开的资料是这样介绍的：钱肃乐（1606—1648），浙江鄞县人，字希声，一字虞孙，号正亭，南明大臣。思宗崇祯间进士，累官至刑部员外郎。1645年（南明弘光元年）清军攻入杭州、宁波，诸生董志宁等领导群众拥他起兵。鲁王监国，加右副都御史。次年浙、闽失守，他漂泊于海岛，拥鲁王继续抗清，官东阁大学士兼兵部尚书。1648年6月5日病逝于琅江船上，安葬于福清县的黄檗山麓。南明政权赐太保，谥号忠介。所著《正气堂集》《越中集》《南征集》《四书尊古》《钱忠介公集》等，因兵乱，全部散失。为纪念钱肃乐和另一位抗清志士张苍水（张煌言），曾于1815年在县学街建有"钱张两公祠"，并将其故居南端与百丈街平行的一条马路命名为忠介街。钱肃乐故居位于宁波市江东区潜龙巷。

孔继尧绘、石蕴玉赞、谭松坡镌"钱肃乐石刻像"，《沧浪亭五百名贤像》，1827年。

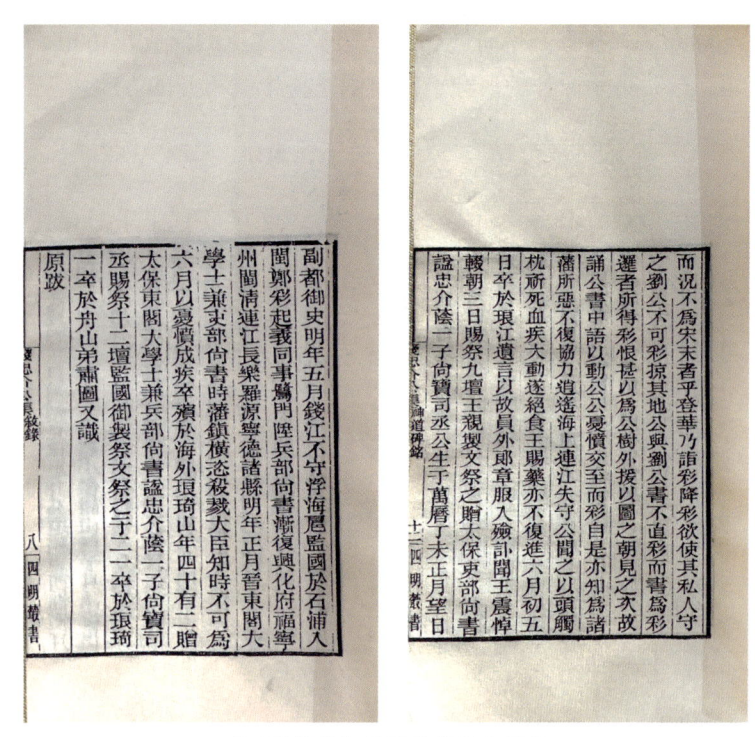

《四明丛书》关于钱肃乐的记载

成为钥匙的一部古籍

时隔不久,慧泽居士带着一部名为《四明丛书》的古籍来黄檗书院,四明乃宁波的古名,该书牌记题写着"四明张氏约园开雕"。慧泽居士为我们展示了丛书第二集第十七册、第十八册所收的《钱忠介公集》。张寿镛在民国二十二年(1933)为此书所写序言中提到,因为清廷忌讳,这部《钱忠介公集》在乾隆年间就被列为禁书,所以在二百年后才"始得刊布于世",使得后人能够感受钱忠介公的"忠义如林",对其"忠爱之气"朝夕记之、哀之。

这部古籍共有二十六卷，其中《正气堂集》八卷，《越中集》二卷，《南征集》十卷，卷二十一至卷二十六为附录。《卷首》有遗像、墓图、神道碑铭、世系等十二个部分。特别是《钱忠介公黄檗山墓图》，有方位里程图一张、墓型图一张。附有关于两图的说明文字："右为钱忠介公墓图。墓碑在闽中黄檗山，离福清县四十里，黄檗寺五六里，渔溪大路十里。康熙丙子（1696）汝咸官漳浦令，闻忠介墓田多被人据，贻书古田令清厘之，因绘图以归。墓碑高近五尺，阔三尺，上题曰：'明资政大夫兵部尚书兼东阁大学士鄞希声钱公暨元妃夫人董氏墓阙。'逢敦牂嘉平之吉，福唐叶进晟立。相传有联云'相国有孙怜相国，孤臣买地葬孤臣'。今则无可寻矣，陈汝咸记。"关于墓址如此详细的描述，增加了我们找寻钱肃乐墓的兴致。

营葬钱肃乐

隐元禅师《祭钱相国文》："岁甲午春仲廿四日，我明故相国希声钱先生，偕夫人董氏自琅琦移柩至，将营葬于檗山之东坂山。僧隆琦老矣，慕

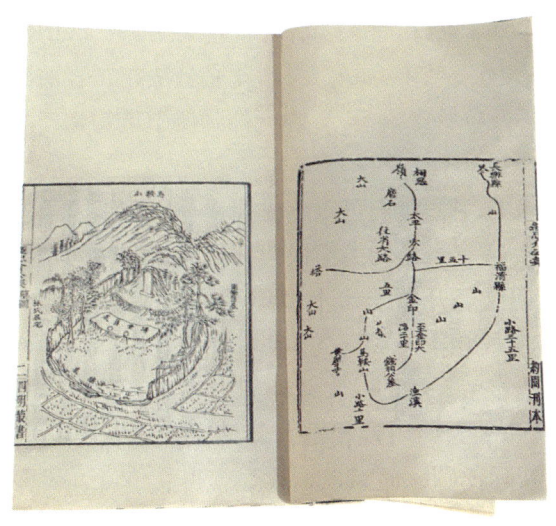

《四明丛书》所载"钱忠介公黄檗山墓图"

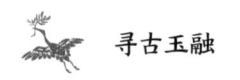

先生素，谨扶杖往慰其灵，陈蔬茗，命监寺奠而告之曰：无情之情，情之正也；不识之识，识之真也。真正乃乾坤之间气，人道之根本也。天地不真正，不成天地；人物不真正，不成人物。故真正之气，万古不昧，岂偶然哉。余与先生未尝识面叙款，先生乃寄予诗，有'生平檗味尝难尽，不及登临谒瑞容'之句。其词句勤勤恳恳，若数十年相知之深者，其情正而识真，复何疑乎。嗟乎，君子道消，小人道长，人心国体，丧灭殆尽，不可救疗矣。先生以海外孤臣，呼天奈何，誓死不回，愤激而逝。一门五棺，累累可悲可伤。虽魂归天上，而骸暴草莽，非正人君子乌能怜，此数堆白骨，以慰忠魂耶？一死一生交情乃见。余厕空门，愧有心无力，不能展肃。乃本邑叶君子器，同九玄周公，毅然输金，营葬檗山。为近于佛地，以遂先生茹素戒杀之志，且神宗皇帝之赐藏在焉。汉官威仪，死犹不忘。先生素心，天日如见，得不于此，愉且快乎。生为帝股肱，死为佛弟子。真正间气，与名山并不朽。此真夙世一大奇缘也。谁谓余与先生未识，面叙款哉，盖其神交，已在千百劫之上矣。潦草一奠，先生其格之。"

祭文中隐元禅师讲到钱肃乐写给他的诗句"生平檗味尝难尽，不及登临谒瑞容"，出自钱肃乐《寄赠黄檗隐和尚》："法乳垂垂第一宗，深山深处白云封。慧珠散朗三千界，德泽飞悬十二峰。天际花光分法相，岩前潭影落疏钟。平生檗味尝难尽，不及登临谒瑞容。"隐元禅师所引诗句是"生平"，钱肃乐原诗是"平生"。

不过，从隐元禅师这篇祭文之中，我们可以感受隐元禅师对钱肃乐忠义之行的褒奖，以及对钱公在反清复明活动中愤恨而死的同情。时间是顺治十一年（1654），此时的清朝已经开始统治十多年了。这种敏感时期，隐元禅师还称呼钱肃乐是"我明故相国希声钱先生"。在祭文中，隐元禅师更是称黄檗山存有明神宗万历皇帝赐予的《大藏经》。

此书还收录了隐元禅师所作《为四明钱相国营葬檗山募祭田之疏》："黄檗自唐裴相国休，问法于断际禅师，而宗风始大显，得其传者，代多有人。至吾明神宗朝，以叶相国文忠公之请，特赐藏经。数十年以来，草木丽发，山川涣然，人之过斯地者，咸谓是可与有唐相先后云，亡何而中州多故，荆杞遍原野，所幸闽土不尽沦陷，以命世者之力屏翰。我名山黄檗，虽荒僻窃拟自附于首阳片坂之遗。丁亥四月，钱相国希声避地栖海滨，闻而乐思，不以山僧之耄且愦，慨然投以诗，为致不忘兹山意。今且卒，暴骨于江湄者复六载。甲午春正月，叶相国冢曾孙霞丞太史，念忠魂之未即安，图以葬之。从山僧假片穴，山僧然曰：'私心存此久矣。'遂令徒独耀自琅江远致丧归，且勷厥事卜择，营窀穸虽历辛勤，毋即废弛，维山有灵，大贤是宅。呜呼，累累五棺，皆相国涕泪之所遗注，英爽之所系思，能使在天无恫焉。善矣，然山僧以为此固非一手一足之烈也。文章者，名山之俎豆；忠义者，佛国之干城。千古事非千古心莫与其非，千古人莫与成葬有其地，不可使祭无其田，螭头篆马鬣封，既拭目可俟。春荐麦，秋献黍，将借手何人。山僧虽耄且愦，忍以白骨为市乎？命世诸贤，有能念相国之遗蜕，广麦舟之义助，置田为香供，世祀不衰。黄檗一丘，亦应借是以增色。此事此心，不亦垂千万禩，永永不磨哉。爰请。"

在营葬钱肃乐时，隐元禅师还写了上下两联《为钱相国营葬偈》："圣贤佛祖一身扶见义争为真丈夫，万古同明肝胆赤可封忠骨壮皇图。"黄檗僧团不少高僧都写有祭祀文字，隐元禅师弟子即非如一也撰一首《本师和尚捐地葬钱相国敬偈》，其中有"愿力存千古乾坤属一人，惟余坐具地分取葬孤臣"之句。

后来继隐元禅师黄檗住持之位的慧门如沛禅师在《吊钱相国希声》中写道："曾从标节后，名誉四方尊。气岸高霄汉，文章达紫垣。身全维世苦，胆赤报君恩。谁道先生殁，贞忠万古存。"

黄檗外护马文琦野写有一首《送忠介钱公卜葬黄檗山》："当年清切白云曹，大厦扶颠一木劳。帝子不成非虎兆，先生甘作卧龙殁。豹文五色名原重，骏骨千金价自高。洒涕酬恩惟有剑，挂将荒冢共萧骚。"

明遗民与黄檗山

在隐元禅师上述祭文里，隐元禅师叙述了为钱相国营葬的缘起，他把黄檗山比喻为伯夷叔齐曾经不食周粟而隐居的首阳山。清朝统治天下之后，许多不愿被强行辫发并臣从的老百姓离乡出走。有的文人士大夫隐入深山，甘作明朝遗民，有的还选择入寺为僧。为了研究这些明遗民，慧泽居士在拍卖会买下十二卷本的乾隆禁书《遗民诗》，其中仅僧人就独占了其中第十二卷，达二十三人之多，其中排在第二位的就是黄檗祖师密云圆悟。北京师范大学也藏有一部十二卷本的《遗民诗》，其中不知什么原因，删去了密云圆悟，换上了释正志。据《宗统编年》卷三十二记载，释正志（1599—1676），嘉鱼（今属湖北）人。俗姓熊，俗名开元，字鱼山，号檗庵，世称"檗庵正志"。天启五年（1625）进士，授礼部给侍中。明亡后削发为僧，得法于弘储。出世住三峰祖庭，晚年隐居莲华峰翠岩寺，为明末清初临济宗僧人，终老于虞山，以性格刚直而名闻天下。

民国时期北大影印的高丽稿本《皇明遗民传》，更是收入了隐元禅师在日本收下的弟子独立性易戴曼公。从这两部书的史料看，反清复明起义失败后为僧者不胜枚举，隐元将黄檗比喻为当代的首阳山而接收钱肃乐以及后来的独耀性日及独往性幽，称得上是民族大义在先的壮举。

全祖望在《明故兵部尚书兼东阁大学士赠太保吏部尚书谥忠介钱公神道第二碑铭》中，对这一时期的情况记述犹详："公殡琅江者六年，福清叶文忠公之孙尚宝进晟，谋为葬之海宁，故职方姚翼明，时披缁海上，尤力助之。乃乞地于黄檗山僧隆琦，而修埏道焉。平彝侯周鹤芝、定西侯张名振，与诸义士故仪部纪许国等，皆襄事故。大学士长乐刘公沂春为之碑，都御史华亭徐公孚远为之诔。诸义士为置墓田，别有《葬录》纪其事。其后，总督陈经征海道，由墓下亲往致祭。人比之锺会祭孔明之墓。隆琦亦异僧，既葬公弃中土居日本焉。"

全祖望这个神道第二碑铭中出现的人物，基本上是明遗民。在他们共同劝说协助下，隐元禅师置白马庵隙地营造了钱肃乐墓，其后不久隐元禅师东渡扶桑。这些人物都算是钱肃乐的朋友圈，大学士刘沂春因钱肃乐推荐而得副都御史，都御史徐孚远是钱肃乐的旧知，定西侯张名振、平彝侯周鹤芝、仪部纪许国同为复明事业的同道者。叶进晟是叶向高的曾孙，鲁王授予他翰林。姚翼明是职方司，其时已经剃发为僧，称独耀上人。其中

名人往事

营葬最尽力者，是叶进晟和姚翼明二人。

明万历时期的首辅大学士叶向高，捐建黄檗山寺藏经阁，并协助祈请朝廷下赐《大藏经》。叶进晟是他的曾孙，字子器，号霞丞，与隐元禅师同乡。他被唐王政权授官，官职相当于明末国史编纂，最适合担当钱肃乐墓葬黄檗山的中心人物。不久离任隐居，生卒年不详。根据叶进晟的祭文考量，叶进晟是以隐居之身，听闻钱肃乐殁于复明运动，一直有安葬其遗骸的考虑。但因为没有合适的时机，直到钱肃乐的同事姚翼明出现，此事终得实现。

与叶进晟同为营葬钱肃乐中心人物的姚翼明，字兴公，浙江海宁人，在浙江从事复明运动，被鲁王监国任命为职方主事。1652年，剃发为僧，师从隐元禅师，法名独耀性日。此人资料极缺乏，在《鲁之春秋》等资料中仅有以下记载：翼明，字兴公，监国授职方主事。从亡命政权入闽，后为僧。独耀上人，是人也。有记载说他有《南行草》的诗集，今佚。

姚翼明署名"海宁姚翼明兴公"，曾三祭钱肃乐，留有《告钱相国文》《再告钱相国文》《三告钱相国文》。其中部分文字如下："叶相国文忠公冢曾孙，讳进晟者，素好义。既以慕公之为人，而悲其暴骨于江湄，慨然思有以安之。爰假地于檗山之东坡，谋窀穸焉。"《再告钱相国文》提到，二月初十自琅琦移柩，路程一百三十里，"柩有四，每部用工人八名，其三十二人，或轻或重更番迭运，日行四十五里约以三日至（黄檗山）"。灵柩到了黄檗山，但墓地工程却没有及时得到推进。姚翼明的《三告钱相国文》中说，在墓地工程进行之中，突然遇到海上兵卒袭来，工程先后中断了八个月。恰好赶上隐元禅师启程渡日，姚翼明亦跟随送到厦门。这样墓葬工程于翌年（1655）九月十七日竣工。

姚翼明作了"附碑阴识语"：葬有贞珉志不朽也。是役也，始于甲午二月廿三日，竣于乙未九月十七日，历月十九，日五百有八十。厥惟艰哉，书此以见成事之难。昔人云，功不浪施，信然。贞群按，《康熙鄞志》云：运柩者海宁姚翼明，后为僧，名性日，称独耀上人。

姚翼明还撰写了《告土神文》："敬告土神，地无不载，得以托于名贤

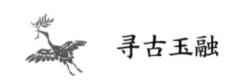

者为贵。故相国希声钱公，今之名贤也。卒于琅江，其亲属还四明，相距千余里，又家贫未能还，致丧归融，邑相国文忠公家曾孙子器，好义输金为助，假地于檗山和尚。将营葬焉，谋之既臧于某日，托同乡衲僧曜庵，自琅江运柩至如夫人董氏，嫂孺人陈氏，侄子钊次公，郎翘恭，暨相国凡五柩，择本月廿三日卯时破土开圹五，芟草辟地，前广袤一丈八尺，深六尺，卜吉安葬焉。惟神是司，惟神是佑，或冲或煞，毋俾有犯，不吉之祟悉除，蚁水之患永绝，死者安生者，利山有灵，应借是以不朽。浙僧性日谨告。"

姚翼明即独耀性日，编纂了《黄檗隐元禅师年谱》。这个年谱得到隐元禅师校阅，最后采用南明的年号——弘光、隆武、永历，而没有使用清朝的顺治年号。

独往性幽，俗姓欧，字全甫，福建闽侯县人。跟从南明唐王加入抗清活动，政权瓦解后，举兵失败，经黄檗山赴广东。1651年，成为隐元禅师的弟子。民国版《福州府志》卷六一有他的传记。他从小被称为"天下奇童"，成绩优异。性格慷慨激昂，善吟诗饮酒，长于剑术和围棋。《普照国师年谱》中也有一段记载："三山为欧全甫剃染。法名性幽，字独往。幽本有节操文名。修《黄檗山志》八卷。"虽然独往性幽是隐元禅师极为器重的弟子，却在隐元禅师渡日之后，因继续参加复明作战，而最后杳无音信。

全祖望神道碑铭中提到的纪许国，是福建同安人，字石青，和他的父亲纪文畴同在黄道周门下求学，崇祯十五年（1642）中举。唐王政权灭亡之后，和他的父亲一同去厦门，投入夺回同安县的行动。鲁王监国、桂王都推荐，他也不就官，郑成功招其为幕僚，纪许国也不从。

关于刘沂春

关于钱肃乐的传记文字，除黄宗羲《钱忠介公传》(载《黄宗羲全集》一二册)、全祖望《忠介钱公神道碑铭》(载《鲒埼亭集》卷七)外，收录于《葬录》中的刘沂春《忠介钱公神道碑铭》比较详细客观。刘沂春曾为隐元禅师渡日之后的《普照国师广录》作序言。他是福建长乐潭头人，明崇祯七年（1634）进士，授浙江乌程知县。崇祯十七年（1644）福王在南京即位，起用刘沂春为工部主事。清顺治二年（1645）福王政权瓦解，唐王在福州建立反清政权，任刘沂春为布政司参议，进太常寺卿。顺治三年唐王败，刘沂春隐居不出。顺治四年鲁王入闽，正是钱肃乐推荐刘沂春为副都御史，升吏部左侍郎。顺治五年，鲁王败后，刘沂春隐居深山，后死于侯官凤冈。著有《珑洞集》二十卷，《出云岩集》十卷。

为营葬钱肃乐，刘沂春撰写了《祭钱忠介公文》和《东阁大学士兵部尚书赠太保礼部尚书忠介钱公神道碑铭》。

营葬钱肃乐的社会政治形势

我们可以通过史料，来复原营葬钱肃乐前后福建的政治形势。明朝灭亡后，福王政权虽然成立于南京，但仅仅一年就瓦解，先后在浙东成立鲁王监国政权、在福建成立唐王政权，更迟一些在广东成立桂王政权。其中，除了曾为监国的鲁王政权外，其他被称为南明三王，以继承明王朝的正统。在三王政权中，唐王政权无疑与黄檗关系最深。唐王政权于1645年，以与黄檗临近的福州为都而成立，参与者多为如黄道周等福建出身的明代官僚，但唐王政权也仅维持了一年。随着清军南下以及军阀郑芝龙的背叛，政权瓦解，唐王被捕后遇害。此后，自浙东逃来的鲁王监国，一边辗转于福建各地，一边汇集反抗势力。

还有一个人必须述及，那就是郑成功的父亲郑芝龙。明末以来的福建，郑芝龙通过海上贸易，创造了"匹敌王侯"的财富，拥有自己的自治武装。然而在1646年，他归顺了清政权。自此，其子郑成功反对郑芝龙，坚持拥护南明。但是，他并没有协助来到福建来的鲁王政权。而支撑弱势鲁王政权者，是郑芝龙的侄子郑彩，他从舟山群岛迎来鲁王，因此功绩被封为建国公。但郑成功将其引渡到大本营厦门，关了禁闭，1659年就死去了。郑成功秉持唐王的年号隆武，之后又承奉远在云南的桂王年号永历，就是不承认鲁王政权的正统性。因此，1653年，鲁王不得不舍去了监国之名。

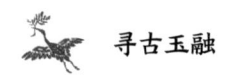

日本学者眼里的钱肃乐之死

关于钱肃乐,日本学者小野和子有《关于钱肃乐的黄檗山墓葬》一文。小野和子1932年生于大阪,毕业于京都大学文学部后,在京都大学人文科学研究所从事与隐元禅师同时代的中国政治史的研究。小野和子在文中讲道:"当时,鲁王政权虽在福建长垣,军阀郑彩却仗势无视鲁王,钱肃乐作为宰相所能做的,不过是不足取的细微小事而已。在这里,发生了同志自浙东反抗以来被郑彩杀害的事件。钱肃乐憎恨郑彩,激愤之余,'血吐数升而死',时年四十三岁,按文字记载为愤恨而死。黄宗羲《钱忠介传》中记载了当时的情况如下:'公,固有血疾。是至忧愤疾动而卒。'据说他在宁波时,曾咯血疗养,也许患了结核病。在此前后,其夫人董氏、嫂子陈氏、儿子钱翘恭、侄子钱克恭相继死去,均棺葬于琅琦(今闽江河口附近)。其后,钱肃乐的兄弟也各自加入反抗行列,殉于明。即使在明遗民之中,钱肃乐以忠义闻名,因此成为遭遇悲剧命运的一族。"

隐元禅师营葬钱肃乐的一个缘起

那么,隐元禅师为钱肃乐在黄檗山营造墓地,究竟是什么原因促使他在清朝治下,冒着相当危险而有此行动呢?据年谱记载,隐元禅师在授戒场开坛祝圣时,有一次哽咽语塞,涕泣不已。人们问禅师"何故",据说隐元禅师的回答是,"没有别的原因,我只是想到明太祖年号,心中一时恻然,不堪其悼"。这就是隐元禅师在不经意间,从内心深处所流露出的对大明的感情,这也打动了众人的心。或许,这也成为一个机缘,不久就有了隐元禅师为钱肃乐营葬黄檗的动议。关于这段故事,福建黄檗书院收藏的抄本文献,有这样的记载:"永历六年腊月,开戒宣疏,至开坛于洪武十年暨。善述于成祖昭世,列圣恩深,今皇德重,一时伤感,涕泣不能仰视。众愕然久之,后有僧微叩其故,师云:'吾聆太祖年号,中心恻然,不觉伤悼。'"隐元禅师的这种衷怀,还是后来他的弟子独耀性日听说后,为了"不没其盛德","因叙小引系之以诗"。

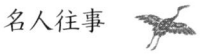

日本学者小野和子在论文中曾发疑问，隐元禅师与明遗民保持交流，是否最终导致隐元决定东渡？或者东渡计划，是在必须将钱肃乐埋葬在黄檗的前提下才做出的决断？颇为微妙。不管怎样，墓葬之事是在得到福建明遗民的协助、隐元禅师明知危险的情况下提供黄檗墓地而开始的。工程并非简简单单地结束，一直持续到隐元东渡以后。小野和子还提出，郑成功为何为隐元禅师准备东渡的船舶？思考这些问题也很重要。

寻找钱肃乐墓址

隐元禅师为钱肃乐营葬的墓地到底在哪里？据说钱肃乐的家乡宁波方面曾来福清寻找，具体情况不得而知。为了找到钱肃乐墓址，黄檗书院组成专家组，从学术文献研究入手，在宁波乡邦文献《四明丛书》里，找到了民国年间张氏约园刊印的《钱忠介公集》。书中记载，钱忠介公墓"墓碑在闽中黄檗山，离福清县四十里，黄檗寺五六里，渔溪大路十里"，并附有一张墓址详图和地理地形图。按图所示，钱氏墓地应在黄檗寺以东的马鞍山山麓。

为更准确地锁定这一位置，黄檗书院邀请北京、陕西、福建以及钱肃乐故乡浙江宁波等地学者，对周边黄檗祖师塔分布以及相关遗址、遗迹进行测绘、测量，研究制订了墓址考察方案。此间，又与著名黄檗学者、美国亚利桑那大学吴疆教授进行联系，吴教授讲："关于钱肃乐墓址，有一个《藏录》，里面应该有比较详细的信息。"专家组详细研究了日本学者能仁晃道《隐元禅师年谱》（日本禅文化研究所平成十一年出版），发现此书有明确记载："僧古石奉檀越同僧逸然书，请师（隐元禅师）住长崎兴福禅寺。先是书凡数至，师以其诚意恳切，欲往应之，有上堂法语。赎回白马庙故址五亩，改庙为庵。其旁隙地，太史叶霞丞乞为相国希声钱公营葬。师忻然共成其事。"

综合以上史料和文献，福建黄檗山万福寺方丈定明法师与专家组一起研究制订了钱肃乐墓地踏勘寻访考察方案，明确提出，此墓就在"马鞍山脚下"的"白马庵一侧"。

白马庵　　　　　　　　　　　　　白马庵内的白马壁画

　　8月19日，专家组聘请福清市渔溪镇梧瑞村村民郭克伟、黄檗林场老场长七十二岁的江宗国，宫后村九十一岁村民郭孝耀，白马安村八十一岁村民徐老伯为向导，从福清黄檗山万福寺出发，沿乡间小路进山。经过一个又一个小山村，一栋栋百年红砖老宅在树林里或隐或现，最后到达白马安村。村民徐老伯介绍说，这个村子原来叫"白马庵"，后来"破四旧"，改成了"白马安"。六十多年前，这里修东张水库，拆了一座相国墓，而福清人都知道叶向高是丞相，还都以为被拆的这个是叶相的墓，而实际上叶相的墓在闽侯青口。徐老伯从小到大一直在山上放牛，对这里的一草一木都了如指掌。徐老伯把专家组带到白马庵，这个小庙里面墙上有两匹白马的壁画，供奉着佛教、道教的神仙。庵的正门门楣石额上，阴刻镌着"天满寺"三个大字，大门上写着"佛光普照"联语。定明方丈告诉专家组，在明代，黄檗寺周围有十二峰，每个峰下都有一座庵或一座小庙，都是黄檗山万福寺的下院。

　　按照墓址在"白马庵旁隙地"这一线索，考察组把白马庵周围十余座椅子坟进行了逐个近距离考察，基本都是周边村民的祖坟。在一棵高达十

名人往事

余米的野生芦荟旁,有一座长满野生芦苇和各种藤条、桉冬树的墓地遗址,向导郭克伟带着专家,翻开覆盖的厚厚杂草荆棘,发现了一块莲花石刻,再往里面深入,又发现了一块乾隆戊申年(1788)太学生林公的墓碑。很明显,这个最有可能的墓地并不是要找的钱肃乐墓。

专家组人人手里都拿着《钱忠介公集》里的那张墓地方位图,仔细对照马鞍山的现实地理地形。专家发现,地图上标明"钱相公墓"在"金印村"西南方,就马上用地理定位系统锁定当前位置,发现考察组所在的地方正是地图上"钱相公墓"的位置。

于是大家又摊开另一张墓地方位大图,发现墓前有两块空地,一块是墓园"墙基"以里到"讲堂旧基",另一块是"讲堂旧基"到墓碑。专家组不约而同把目光投向了乾隆年林公墓的西侧,大家又是不约而同地喊出:就是这里,找到了。

用步子丈量白马庵前的隙地

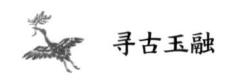

考察组一行对白马庵西侧的这两块空地现场进行了测量，宽大约45米，纵深60余米，总面积2700多平方米，再加上白马庵所占地，与《隐元禅师年谱》记载"故址五亩"基本吻合。而且现场坟圈结构依稀可辨，砌石和夯土构造明显。专家组一致推断，白马庵西侧这个现场就是钱肃乐墓遗址。

隐元禅师所编永历《黄檗山寺志》里，也详细记载了白马庵的位置，以及占地五亩的事实。此次钱肃乐墓遗址的发现，正好与史料文献记载相互印证。应该说，钱肃乐墓遗址的发现，是海上丝绸之路与黄檗文化研究的一个成果，也是南明历史研究的重要发现。

在墓址空地上，定明法师说："很可惜，钱肃乐墓未能完整地保留下来。但又很庆幸，这个记载着黄檗文化厚重一笔的历史大墓遗址尚在，而且未被建筑等物覆盖。从历史和现实的需要来看，复建很有必要，最起码也要做好文物遗址的修缮和保护。"黄檗山僧人塔墓是福清市文物保护单位，钱肃乐墓的发现，让植根于福清黄檗山的黄檗文化，有了更重的分量。

名人往事

唐宋元来闽求法的日僧

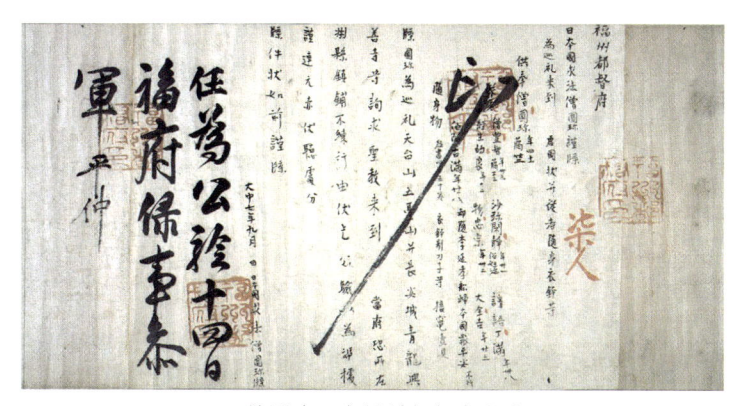

日僧圆珍入唐福州都督府公验

木宫泰彦是一位有影响的日本历史学家,曾任山形、水产、静冈等大学教授。他的《日华交通史》一书,早在九十年前就在我国商务印书馆译成中文出版,是中日海上交通史的重要著作。以此书为基础,木宫泰彦又用十五年的实地调查研究,并深入我国江南、东北等地区以及朝鲜,对凡与中日文化交流有关的历史古迹,特别对宋、元、明三朝来华的日本学僧常到的江南各著名禅刹,实地调查巡礼一遍,完成了一部《日中文化交流史》。

日本太宰府核发给圆珍入唐的公验

近百年来，日本出版了几十种综合性的中日关系史著作，可像木宫泰彦这部著作那样，历经半个世纪仍然具有无可替代的价值而受到读者重视的并不多见。该书的最大特点，就是极强的资料性，特别是宋以后来往于两国之间僧侣的史料，远非他书所能及。正如学者所说，谈到中日关系史，若忽略僧徒的往来，就无法正确了解其全部历史。

唐宋元明四朝入华日僧五百余人

《日中文化交流史》记载，从唐至明，遣唐学问僧和五代、宋、元、明四朝入华僧共计622人，其中未归扶桑留在中华或客死之僧39人。按朝代来分，遣唐学生和学问僧149人，五代入华僧7人，入北宋僧23人，入南宋僧108人，入元僧221人，入明僧114人。

木宫泰彦认为，这些统计数字也许还有遗漏，但可以相信的是，"凡留名史册的大都收录在内"。其中有像传教大师最澄、弘法大师空海、与嵯峨天皇和空海并称为"三笔"的橘逸势、智证大师圆珍这样大名鼎鼎的高僧，也有像金刚三昧国、灵仙三藏那样由于学者的关注，近年来才略为

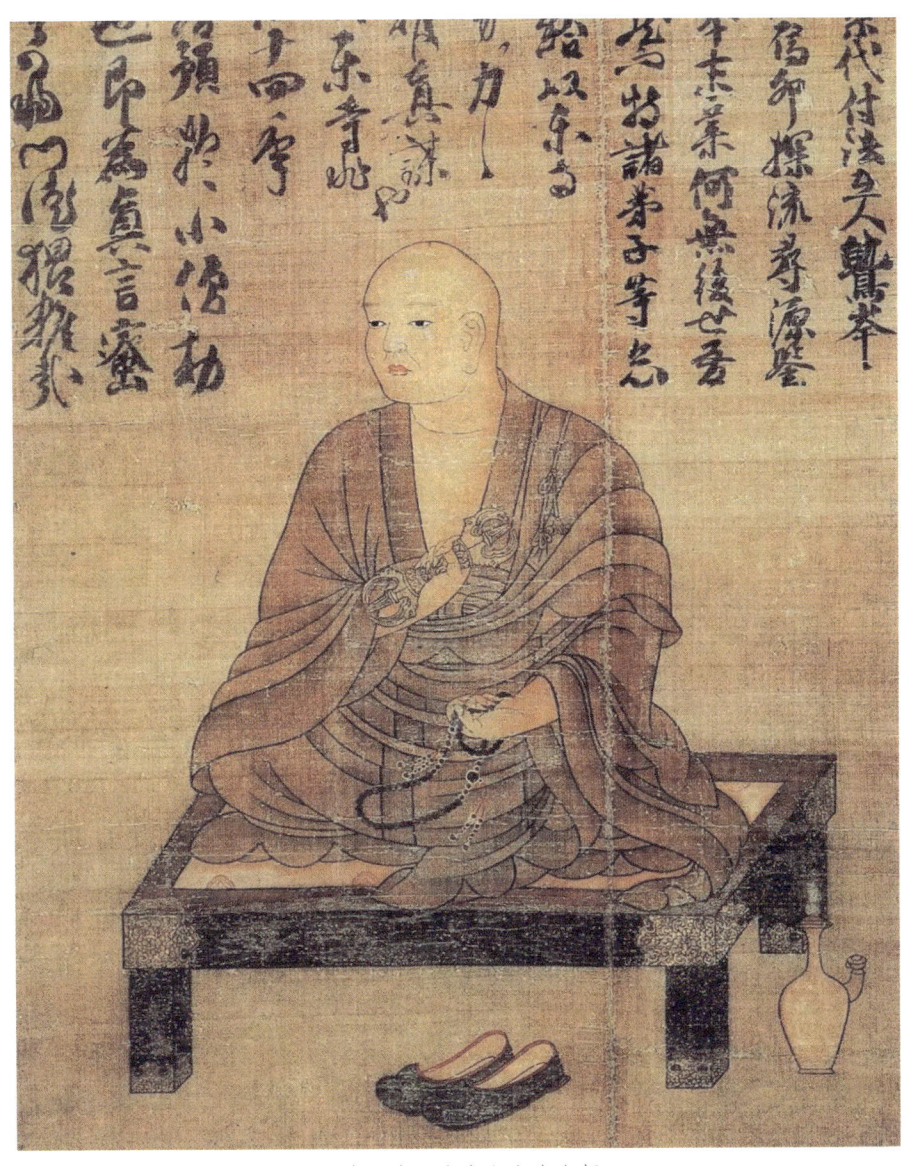

日本入唐八大家之空海大师

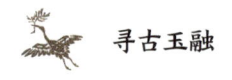

人知的人物，更多的人是默默无闻的。但不管怎样，他们都是冒着万里波涛的风险，历经千辛万苦，方登唐土。难得的是，木宫泰彦为表达对遣唐人员的敬意，把随从遣唐学生和学问僧入唐的译语、行者也一并列举出来。严格说来，他们并不属于留学生，但他们随从留学生同甘共苦，帮助他们取得了学业上的成就。例如丁雄万，最初是在承和五年（838）作为遣唐使舶的一个水手入唐的，后来成为请益僧圆仁的行者。在圆仁留唐的十年间，无论朝拜五台山或留学长安，丁雄万都随从圆仁左右，备尝艰辛。到了仁寿三年（853），又作为请益僧圆珍的译语，再度入唐到处奔走。圆仁、圆珍之所以成为日本佛教史上的高僧大德，不能忘记丁雄万那样无名者作出的功绩。

唐宋元入华日僧至闽者

这些遣唐学僧和入华僧，大多在长安、汴京、洛阳、浙江等地参学。但也有一些人来到福建，或为参福州雪峰的高僧，或为来福州请《大藏经》。

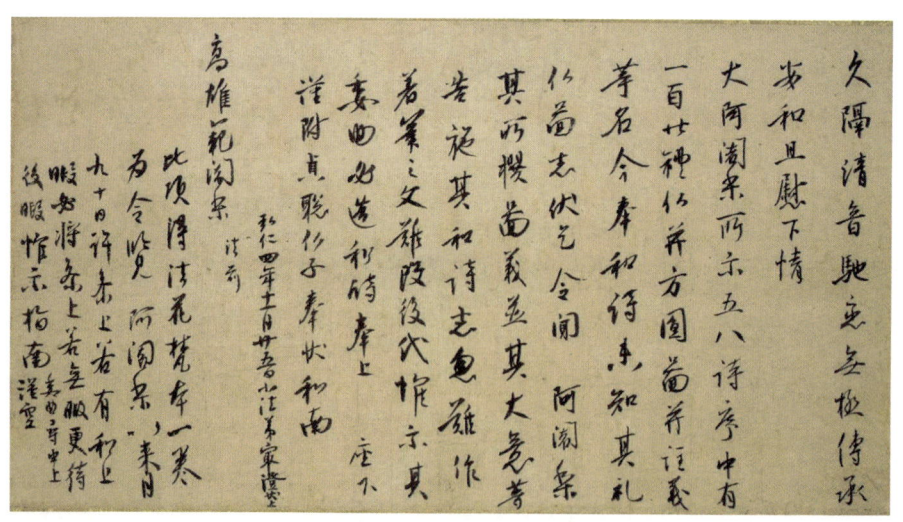

入唐在浙江天台山求法的最澄大师信札《久隔帖》[此信写给在京都高雄山寺（现在的神护寺）空海处修行的泰范，希望能通过泰范向空海请教《文殊赞法身礼·方圆图·注义》的大意]

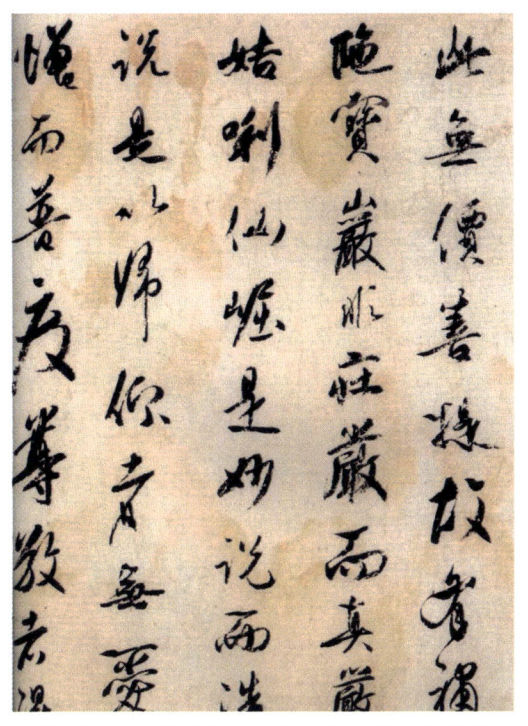

公元804年，橘逸势与空海一起入唐，书学柳公权和李北海，此为其唯一存世作品《伊都内亲王愿文》

    遣唐学生、学问僧至闽者1人：圆珍（智证大师，814—891），仁寿三年（853），随唐人钦良晖的船舶入唐，先后居停六年。在福州开元寺，师从中天竺的般怛罗学习悉昙。后参拜天台山，在越州开元寺研究天台宗。经过洛阳到长安，从法全学密教。带回经论章疏441部一千卷及道具、法物等十六种。回国后在近江开创圆城寺，成为天台宗寺门派的开山祖。贞观十年（868），任天台座主，在职二十四年。醍醐天皇赐予"智证大师"称号。日本东京国立博物馆藏有圆珍和尚来中国的通关文书，文书上写着人员、年龄、所为何事等。

五代、北宋入华日僧无至闽者。

南宋时代入宋日僧至闽者1人：据《庆政上人传考》记载，日本近江园城寺僧庆政，大体是建保初年入宋，建保五年（1217）来到泉州，"似曾"带回福州版《大藏经》。建保六年回国，庵居山城的松尾，在京都西山开创法华山寺（峰堂），对于法隆寺的营造修建，贡献很多。和梅尾的明惠上人高辨交谊很深，善和歌。

入元日僧至闽者6人：据芳庭法菊撰《藏经舍利记》载，嘉历元年（1326），日本净妙寺太平妙准的徒弟安（禅人），为求福州版《大藏经》入元。

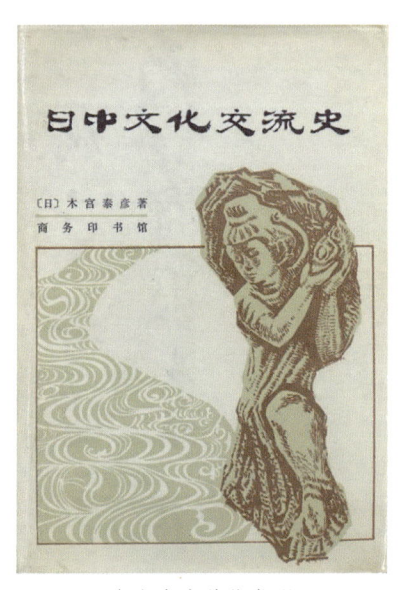

据《东海一沤集》《本朝高僧传》《延宝传灯录》等记载，日僧无梦一清于嘉历年间入元，谒卢山的龙岩，雪峰的樵隐，百丈的东阳等，携带师父即京都普门院玉溪慧春的顶相，到径山获得古鼎祖铭的"像赞"后回国。住备中的宝福寺，后在东福寺修行。诗文有唐人风格，在丛林间受珍视。

木宫泰彦著作书影

据《铁庵道生语录》《钝铁集》等记载，建仁寺铁庵道生的法嗣礼智，于元弘二年（1332）入元，延元年间（1336—1339）回国。入元时携其师父的语录，获得福州雪峰的樵隐悟逸的序和宁波育王寺松月正印的跋后回国。有《题偏界一览亭》诗传世。

据《清拙正澄语录》《禅居集》等记载，清拙正澄的弟子古镜明千，于元弘年间入元，参雪峰的樵隐悟逸，樵隐移居灵隐时随去，继承其法统。据说留元达二十年之久，回国后历住京都的真如、信浓的开善、京都的万寿等寺。正平十一年（1356），募缘刻印《敕修百丈清规》，流传于世。

据《大拙和尚年谱》《天如惟则语录》等记载，日僧大拙祖能（广圆

雪峰樵隐悟逸禅师作《出山释尊图》

明鉴禅师）与同伴数十人，于兴国五年（1344）入元，到达福州长乐县，参江心的无言宣、双林的东阳辉等，后来继承天目千岩长的法统，又参月江印、了庵欲、行叟泰、无用贵诸老。回国后在常陆笠间开创楞严寺，据说来学习的僧众多达三万人。因慕千岩长的高风，不喜居繁华地方，天龙寺邀请不去。

据《观中中谛语录》《五山传》等记载，梦窗疏石的法嗣观中中谛（性真圆智禅师），正平年间入元到台州，想去福州，但因战乱阻塞道路，空自回国。从天龙寺的春屋妙葩，历住阿波的安国寺，京都的等持、相国等寺，与义堂周信有深交，有诗集名《青嶂集》。

入明日僧无至闽者。

雪峰悟逸禅师与福州版《大藏经》

入华的八名日僧中，有三人是到雪峰参樵隐悟逸禅

181

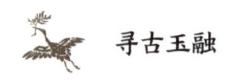

师，或求法、或问序。雪峰寺是宋朝"五山十刹"中的"十刹"之首，宋代禅宗各派均有禅师先后驻锡雪峰。如云门宗象敦禅师，临济宗慧忠禅师，曹洞宗清了禅师等。到了元代，雪峰寺成为临济道场，临济宗樵隐悟逸禅师三度驻锡雪峰。

樵隐悟逸（？—1334），元代临济宗杨岐派高僧，俗姓聂，四川怀安人。屡叩名宿，后得法于雪峰佛海禅师。大德年间（1297—1307），住福州雪峰寺七载，退居西庵。皇庆二年（1313）复奉旨再住，赐"佛智"之号，凡六年谢去。至泰定二年（1325）仍奉旨补前席，又居七载。樵隐悟逸三住雪峰，百废俱修。

福州版《大藏经》《崇宁藏》书影

名人往事

福州版《大藏经》：日本净妙寺太平妙准的徒弟安（禅人），就是为求福州版《大藏经》而入元。南宋时入宋日僧庆政，回国时带回了福州版《大藏经》。

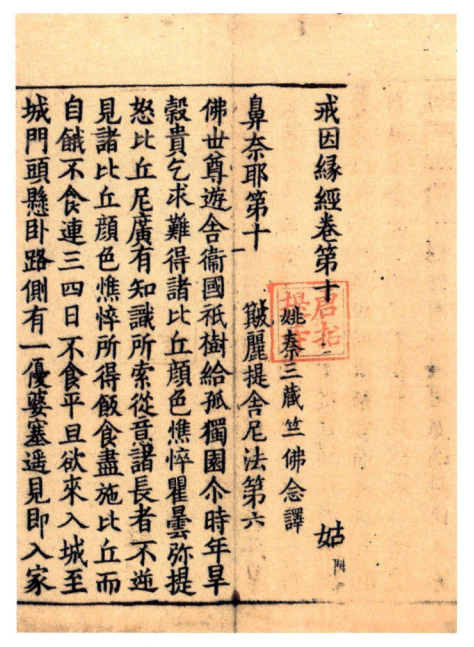

福州版《大藏经》，日本又称"福州藏"，指的是宋代福州刊刻的两部《大藏经》，即东禅院刊刻的《崇宁藏》和开元寺刊印的《毗卢藏》，这两部《大藏经》都是福州版《大藏经》。

《崇宁藏》刊雕于福州东禅寺等觉禅院，由该寺住持冲真发起劝募雕印。又称《崇宁万寿大藏》《福州东禅院本大藏经》，是中国佛教《大藏经》南方系统的第一部。其开雕年代，由于缺乏明确的资料，没有最后定论，目前见到的最早题记是元丰三年（1080）至崇宁三年（1104）竣工。卷端有绍圣二年（1095）智贤发愿刊经记。全藏580函，1440部，6108卷，千字文编次由"天"字起至"虢"字止，采用摺装式装帧。现全藏已佚，仅有少数零本存于日本。

奈良唐招提寺藏南宋湖州思溪圆觉禅院刻《戒因缘经》书影

《毗卢藏》刊雕于福州闽县东芝山，因其卷端往往有"福州管内众缘寄开元禅寺雕造毗卢大藏经印板一副五百余函"之题记，故名《毗卢版大藏经》，又称《开元寺版大藏经》。开雕于崇宁二年（1103），卷首常刊有题记，比如《大周刊定众经目录》经一卷，经首有题记："福州开元禅寺住持传法赐紫慧通大师了一，谨募众缘，恭为今上皇帝祝延圣寿，文武官僚资崇禄位，圆成雕造《毗卢大藏经》板一副。时绍兴戊辰（1148）闰八月日谨题。"全藏于绍兴二十一年（1151）完工。

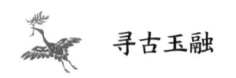

《毗卢藏》的版式与《崇宁藏》相同，一版6个或5个半叶，半叶6行，行17字。纸质厚实坚韧，色黄，纸背有"开元经局染黄纸"长方形朱印。

《崇宁藏》和《毗卢藏》因都刻于福州，统称为"福州藏"。我国仅有少数单位收藏有零本，日本的多个收藏单位几乎全部是两种藏的混合装，分存于宫内省图书寮、东寺、上醍醐寺、唐招提寺、知恩院、高野山劝学院等处。

《京都知恩院藏福州版大藏经刊记列目》书影

名人往事

"棋圣"来到黄檗山

2023年"五一"前夕，围棋"棋圣"聂卫平先生冒着绵绵细雨，在中国围棋协会副会长常昊、福清市副市长郑云、市文化体育和旅游局局长杨锦嵩陪同下，来到黄檗山。聂卫平说，来黄檗，就是想看看叶向高在明朝时参与建设的寺院，看看黄檗山所藏的有关叶向高的文献，特别是叶向高所写关于围棋的古籍。

聂卫平参访黄檗书院

寻古玉融

聊聊叶向高和黄檗寺的故事

聂老谈笑风生，循着放生湖一路走进黄檗寺。在外山门，聂老指着万历皇帝御赐黄檗山的圣旨碑说，叶向高不仅是万历皇帝的首辅大学士，他还是一名围棋大师，号称"天下第二高手"。叶向高有一次路过无锡，听说当地有一名精于棋艺的神童，名叫过百龄，二人对弈，叶向高输给了过百龄。后来，过百龄在明末清初称霸棋坛，成为真正的"天下第一高手"，叶向高自然屈居"天下第二"。

聂卫平（中）、常昊（左）与白撞雨观摩叶向高书丹的拓本

在黄檗内山门前，福建省黄檗禅文化研究院副院长白撞雨指着一副对联介绍说，在福清，人们称叶向高为"叶相"。叶相谢政归来，身心寄托于黄檗，捐出四百两薪水银，为黄檗重建山门、大雄宝殿和藏经阁。他

还开辟了福清福庐、灵岩二山,重建石竹山九仙楼和瑞岩山石佛阁。他还以灵石山苍霞亭之"苍霞",名其文集。他为黄檗寺写下了这副口口传颂的楹联:千古祥云临万福,九重紫气盖三门。《明史》对叶向高评价甚高,称其"为人光明忠厚,有德量,好扶植善类"。隐元禅师也极力称赞为黄檗复兴立下勋功的"一僧一俗":中天祖丹心毕露,叶相国洪护俨然。

在黄檗文献室,白撞雨介绍说,明末清初的万福寺,在法堂一侧,专门祀有叶向高的铜像。叶向高长孙叶益蕃、曾孙叶进晟,在叶向高的影响下,秉承先人复兴黄檗的行愿,相继成为黄檗山的有力檀越,支持道场建设。崇祯二年(1629),叶益蕃作为檀越代表与招请发起人,与黄檗山的寺僧隆宓、隆瑞及外护信众林伯春等人,致书礼请密云圆悟禅师住持黄檗。密云圆悟禅师最终接受了礼请,这和叶益蕃的出面有着直接关系。崇祯版的《黄檗寺志》卷三,载有叶益蕃的《请密云禅师住黄檗》这一书启的内容,有"蕃等素仰玄风,所冀猊座遥临"之句。崇祯十六年(1643),叶益蕃的弟弟叶益荪出任广东廉州知府,隐元禅师还曾作诗一首相赠:"玉融金马跃南天,庾岭春回大地妍。满目风光花烂熳,可吹一片到岩前。"

叶向高的曾孙叶进晟有一次来到黄檗山,看到叶向高所作的诗,有感而发,就作了一首《次曾祖文忠公韵》,诗中写道:"翻来覆去事何穷,到底深山有古风。悟至一身都是赘,判将万法尽归空。"

看看叶向高写下的围棋诗文

白撞雨介绍说,去年清明,专门去了一趟北京市行政学院,因为那里埋葬着一位意大利传教士利玛窦。叶向高在从政之余,经常和利玛窦下围棋。万历三十八年(1610),利玛窦在北京病故,依惯例须葬于澳门。叶向高说,外来者,道德学问谁能及利玛窦?仅凭他译《几何原本》,就应该葬在北京。最后,利氏获葬北京西城车公庄,墓园位于市行政学院院内。聂老说,叶向高还和老外下过围棋,这事之前没有听说过,是挺有意思的故事,这是让中国围棋国际化了。

随同聂老来黄檗的著名围棋九段棋手常昊说,米芾的后人米万钟,作

寻古玉融

有一部《弈谱》，是叶向高作的序言。在这篇序言里，叶向高说他自己下棋的风格是不按棋谱的，"余虽好弈而不善弈，且不知谱，如李广用兵，不击刁斗"。

白撞雨找来黄檗文献室所藏《苍霞续草》，此书卷八收录了叶向高这篇《弈谱序》。聂老看着书，念念有声："余生平无他嗜，独嗜弈，以为弈之变化无穷，似《易》。"聂老说，叶向高把下围棋当作他平生的唯一爱好，主要原因在于叶向高觉得弈棋之术是变化无穷的，就像《易经》，太极生两仪，两仪生四象，四象生八卦，八卦衍万物。

杨锦嵩说，叶向高这篇小文，是以棋理说事理，比如"以后为先"，"操纵卷舒，不失其度"，"天下事皆取适意，不必求精"，这些都是充满人生哲理的。

聂老说，要说通过弈棋来讲道理，叶向高在《弈言》中讲得更透彻。这篇文字收在《苍霞续草》卷五，叶向高写道："凡天下之名为术艺者，皆有穷，惟弈无穷。尺局之中，不过三百六十道，而千变万化，不可胜原。世以为合于兵法，此非深于弈者也。"

叶向高《苍霞续草》书影

徐光启与利玛窦（左）

名人往事

大家坐在黄檗书院，听白撞雨老师给大家介绍黄檗煎茶，介绍隐元禅师如何成为日本煎茶道始祖，卖茶翁如何喝了一杯京都黄檗山的武夷茶。大家静静地品茗、听雨、论弈，慨叹千载黄檗，正法道场，丛林气象，无上加持。杜甫有诗："闻道长安似弈棋，百年世事不胜悲。"叶向高也说："善弈者作如是观，乃得弈理。"

杨锦嵩用手机拍下了古籍里的叶向高"棋文"，站在去年出土的叶向高《黄檗纪游亭》碑拓前念道："弈，盖有道者所为。其明虚实，知先后，经纬错综，若争若让，因应无常，不为典要，皆道妙也。以胜心为之不得，以退心为之不得，以慢心为之不得，以忿心为之不得，以纷杂之心为之不得。"

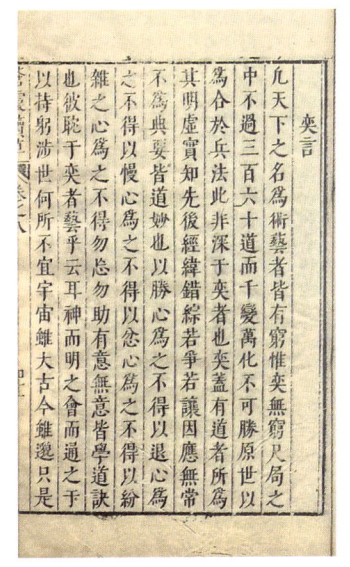

叶向高《苍霞续草》所载奕谱序、奕言书影

叶向高所说的"弈理"，不能有胜负心、不能有傲慢心、心不能有杂染，这不就是"不要有分别心、不要贡高我慢"的清净"禅理"吗。

189

寻古玉融

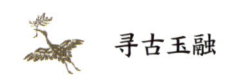

福清人的两位出色女婿

蔡襄和刘克庄，一位北宋、一位南宋的历史名人，他们都是莆田人，巧合的是他们都是福清人的女婿，再巧合的是，他们都来过黄檗寺，而且都留下了诗句来印证他们曾经的足迹。

苏黄米蔡"宋四家"之蔡襄是大名鼎鼎的人物，他的丈人是福清县万安乡江阴里葛坑儒士葛惟明（976—1045）。如今江阴镇高局村孔庙配祀的一尊神就是蔡襄的岳父、名师葛惟明。葛氏家族在唐末举家南迁江阴避难，葛惟明为葛坑村肇基始祖。他才华横溢，但屡试不第，"积书千卷，授生课徒"，声名远播。1025年，蔡襄由仙游县尉凌景阳推荐，拜葛为师。江阴半岛的瀛洲书舍为葛惟明倾力所建，瀛洲书舍开女孩读书之风。葛惟明三女葛清源（1016—1045）与蔡襄同窗共学，情深意切。1030年蔡襄登进士，当年蔡葛完婚。

蔡襄（1012—1067），字君谟，号莆阳居士。他工于诗文书法，学贯儒释，诗文清妙，书法浑厚端庄，淳淡婉美，自成一体。蔡襄是北宋仁宗、英宗的两朝重臣，曾知四地州府（开封、杭州、福州、泉州），其中曾经两知福州，福州留下了关于他的故事和笔墨，他主持修建的洛阳桥闻名遐迩。他多次来黄檗山，并听住持彬长老谈禅。道光版的《黄檗山寺志》卷七"居士诗"这一章节里收入了蔡襄的《过黄檗听彬长老谈禅》，诗中写道：

> 一圆灵寂本清真，谁向清波更问津。
> 欲说西来无见处，奈何言句亦前尘。

值得一说的是，在蔡襄的《蔡忠惠公文集》里，这首诗题作《宿黄檗听彬长老谈禅》。这一个过，一个宿，内涵不同，但都各有蕴意，如同"推"与"敲"。如果是《过黄檗听彬长老谈禅》，说明日理万机的蔡大人，十分虔诚，因公务路过黄檗，也要进山入寺礼佛，听黄檗寺住持彬长老谈禅论道，指点迷津；如果是《宿黄檗听彬长老谈禅》，那就是说贵为知府、主政一方的蔡襄，不仅来黄檗礼佛，还要住下来到方丈室拜见彬长老，品茗论茶，宽汤大水、认认真真地听黄檗寺堂头大和尚彬长老谈禅说法，培培福报，长长智慧，为操劳奔波而疲乏无力的身心充充电。

再说说刘克庄吧。刘克庄（1187—1269），字潜夫，号后村，福建莆田人，是豪放派大词人、江湖诗派领袖、南宋后期的文坛宗主。刘克庄还是多产作家，写诗上瘾，他的作品数量在宋代仅次于陆游。胡适对刘克庄赞不绝口，说他是"有悲壮的感情，高尚的见解，伟大的才气"。刘克庄任闽建阳知县时，修朱熹考亭书院，资助建阳坊刻雕版业。每次来黄檗必写诗，在《游黄檗寺》写道：

> 犹记垂髫到此山，重游客鬓已凋残。
> 寺经水后增轮奂，僧比年时减钵单。
> 绝壑云兴潭影黑，疏林霜下叶声干。
> 平生酷嗜朱翁字，细看荒碑倚石栏。

从第一句中可以知晓刘克庄第一次来黄檗，是黄发儿童时代。这首诗也从侧面印证出朱熹曾经在这里有过题字。他还写了另外一首《黄檗山》：

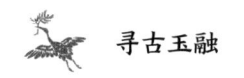

> 出县半程遥，松间认粉标。
> 峰排神女峡，寺创德宗朝。
> 鹳老巢高木，僧寒晒堕樵。
> 早知人世淡，来住退居寮。

这首诗写的是春天的福清黄檗，出县半程遥，松间认粉标。应当是刘克庄离开莆田往福州，走了一半路到了福清。当看见漫山遍野的松林之间，那一望无际白色油桐花的时候，黄檗十二峰就环列四周，展现在眼前。特别是"寺创德宗朝"一句，不仅说明刘克庄对黄檗寺的前世今生十分熟悉，而且还说明这个寺院是在德宗朝创立的。

刘克庄的妻子林节（1190-1228）是福清县城东门外的石塘村（今福清市龙山街道瑞亭社区）人。石塘林氏是福清望族，林节的曾祖父林遹任龙图阁直学士，祖父林珽曾任沅州知府。林节的父亲、刘克庄的岳父林瑑（1159—1229），淳熙十一年（1184）进士及第，曾任国子监博士、兴化知县、全州知县、广西提点刑狱，官至朝请大夫、直秘阁。林节十九岁时嫁给刘克庄，她性情和顺，知书识礼，持家有方，颇得刘克庄敬重。刘克庄性情耿直，敢于仗义执言，抨击时弊，弹劾权臣。在大是大非面前，林节常常规劝刘克庄要稳住心气，有气度，识大理，不要以小妨大。因操劳过度，林节三十九岁病逝。林节去世后，刘克庄亲自为其撰写了《亡室墓志铭》，墓志铭上说："世之妇人鲜不以富贵利达望夫子也，君则异是，以廉退为耆好，以义命为限止也。"千字铭文，如泣如诉，足见其夫妻情深。

玉融禅事

玉融禅事

黄檗寺——四十八寺入黄檗

鳌江塔（谢贵明摄）

杜牧的《江南春》名句"南朝四百八十寺，多少楼台烟雨中"，描述的是一种思旧怀远、归隐写意的诗情。从古代穿越过来的雨，就这样在杜牧笔下成了永恒的寂寞与沉重，成为了绝唱。你可曾知道，就在福清，历史上也有众多的宫观寺院在斗转星移中成为了历史，这里便演绎出"四十八寺入黄檗"的故事。

修于明成化二十一年（1485）的《八闽通志》记载，明初福清有寺观二百零七座，其中道观（院）六座。在明洪武年间的寺院归并中，其中有四十八寺并入清源里的黄檗寺，七十七寺并入永东里（今龙山街道）的报慈寺，另有二十六寺并入清源里灵石寺。至此形成福清三大丛林的格局。后来寺院又不断发展，到清初，据乾隆《福清县志》卷二十"杂事"部记载：福清尚有佛教寺院五十四座。

哪些寺院并入了黄檗寺

《八闽通志》卷七十五"寺观"部记载：黄檗寺在县西南清远里，唐贞元五年（789）建。初名般若堂，大辟堂宇于其东。唐德宗赐"建福禅寺"额，明初重建。北宋丞相丁公言来黄檗，曾写下"莫言尘世人来少，几许游方僧到稀"的诗句。

此书还记载"凡四十八寺俱洪武间并入黄檗寺"中的具体名称：唐朝所建寺院三座，方兴里（今镜洋镇）敛石寺、天竺寺，善福里（今宏路一带）广平寺。五代所建寺院八座，新安里（今海口）永寿寺、

印林禅寺（谢贵明摄）

蹑云桥（谢贵明摄）

延庆寺，善福里囷山寺，永福里（今阳下、音西街道一带）云洞寺、龙溪寺等。平北里新兴宋代所建寺院三十七座（这里就不一一列举）。

据乾隆《福清县志》记载，以上四十八寺，入清后仍保留的有八座：唐时所建的敛石寺和天竺寺，五代所建的延庆寺和新兴寺，宋代所建的积谷寺、双林寺、竹浦寺和灵隐寺。

以上四十八寺，清代重建的有灵德里应林寺，又称印林寺，近年恢复的有敛石寺。

上迳古称灵德里，如今这里保存下来开启隐元禅师出家因缘的印林寺，在福清上迳东林村的燕墩山脚下，现大殿存有清朝光绪五年（1879）重修时所立匾额，题为"印林禅寺"。这座寺院和黄檗山隐元禅师有着不浅的因缘。根据《隐元禅师年谱》记载，万历四十七年（1619），隐元禅师二十八岁那年母亲去世，请黄檗寺的禅僧前来礼忏修荐，在印林寺见到了鉴源兴寿禅师。鉴源禅师知道隐元有想去南海普陀山出家的意愿，就委婉地告诉他说："一个人要是想真心学道修行，干吗还要选择地方，拘泥于远近。因缘在处就是道场。"隐元禅师说，感觉黄檗山离家太近，靠近俗世，世间的纷扰会不会不利于修行。鉴源禅师说："人俗心不俗可尔。"隐元禅师听后，感觉鉴源禅师说得很在理。可见，隐元禅师和印林寺之间，有着很深契的渊源。

明初为什么归并寺院

空中俯瞰黄檗山万福寺

寻古玉融

黄檗山万福寺伽蓝布局

　　历代统治者为了利用佛教"阴翊王度",即维护和巩固其统治,多提倡和保护佛教,同时注意对佛教加以整顿和限制,尤其是控制出家人数,抑制寺院经济,限制寺院数量。明初的佛寺归并运动,是当时佛教政策的重要组成部分。它的推行,整顿和限制了佛教,抑制了佛教势力,净化了道风,有利于佛教的存在和发展,也促进了佛教各宗派的融通以及禅、讲、教寺及僧众的分类,奠定了后世中国佛教宗派格局。

　　明初的寺院归并,发生在明太祖朱元璋在位期间,先后数次归并佛寺。《明太祖实录》卷八六记载:"释、老二教,近代崇尚太过,徒众日盛,安坐而食,蠹财耗民,莫甚于此。"他下令,"府州县止存大寺观一所,并其徒而处之,择有戒行者领其事。若请给度牒,必考试精通经典者方许","著为令"。这是洪武年间第一次颁布全面整顿和限制佛教、道教的诏令,其中对佛寺、道观的归并，命各府州县仅得存留一所，其余寺庵堂观毁废。

据明代葛寅亮撰《金陵梵刹志》卷二"钦录集"记载，朱元璋下令把全国的佛寺分为三类："曰禅，曰讲，曰教。其禅，不立文字，必见性者，方是本宗。讲者，务明诸经旨义。教者，演佛利济之法，消一切见造之业，涤死者宿作之愆，以训世人。"禅寺集众安禅，"务遵本宗公案，观心目形，以证善果"；讲寺阐发宣扬佛教经典义理，"务遵释迦四十九秋妙音之演，以导愚昧"；教寺专责为民众做瑜伽法事，"率众熟演显密之教，应供是方，足孝子顺孙报祖父母劬劳之恩"，以"超生度死"。

各地禅刹寺院众多，到底该怎样归并呢？什么样的寺院可以作为丛林保留，哪些寺院需要归并？朱元璋颁布了《申明佛教榜册》和《避趋条例》，明确提出"务要三十人以上聚成一寺，二十人以下者悉令归并"，但原寺归并丛林后，"其寺宇听僧拆改，并入大寺。如所在官司有将寺没官，及改充别用者，即以赃论"，明令对僧人寺产予以保护。对于一二僧侣不入丛林，选择"幽隐于崇山深谷"修行的听其所往，"三四人则不许"。且修行之地，须择远离市井十五里外，"止许容身，不许创聚"，严禁私创寺院，聚集徒众。对已并入丛林的僧侣，除瑜伽僧可赴应世俗，在民间赶经忏、做法事，其余禅、讲僧，除游方问道外，"止守常住，笃遵本教，不许有二，亦不许散居，及入市村"。

在佛教的教义之中，人们可以在精神上获得痛苦的解脱。为了远离俗世的烦恼，遁入空门成为了一种人生的选择。可是对国家而言，特别是以农业为主的古代历史中，佛教的兴盛会影响到国家的治理。这些规定，给各地执行定下了标准，那就是二十人以上的寺院被立为丛林。而管理僧务的地方僧司衙门，大多设于当地较有名望的大寺之中，便于统领僧众，传达政令。这种大寺，便为丛林首寺。

在明初，佛教在明廷的治理中获得了较好的发展空间。黄檗寺也正是在这样的环境中不断发展壮大。

茶林寺——罕见的带"茶"禅寺

黄檗文化，是扎根八闽千年文化沃土，与闽学交融互动所形成的优秀文化。黄檗文化，是从福建走进扶桑，深刻影响日本江户时期经济社会发展的先进文化。围绕黄檗学学科建设，福建省黄檗禅文化研究院对黄檗相关文物古迹和人文遗存，开展了一系列田野调查，找寻黄檗文化原生之根，探寻黄檗学术史实之真。本文带我们走进万安古城，在田野里遇见那时的黄檗。

万安古城走出过黄檗高僧

万历年间，黄檗山鉴源兴寿和镜源兴慈禅师在京请藏六年，最后获明神宗颁赐《永乐北藏》之《大藏经》予黄檗山，鉴源和镜源禅师因此获得"赐紫袈裟"。据道光《黄檗山寺志》卷三"僧"之部记载，镜源兴慈禅师是"福唐万安所林氏"。2022年2月22日，在福清市人大常委会陈嘉副主任带领下，我们来到福清东瀚镇万安村，巡礼镜源兴慈禅师的故迹。万安村第一书记刘秀明介绍，万安村就是过去的"万安所城"所在地。万安所城是明洪武二十年（1387），由江夏侯周德兴，召集福州、兴化、漳州、泉州四个府的匠役，历时十年才建成。万安所城依山面海，由花岗岩方石构筑，原城墙周长达一千七百多米，繁华之时住户逾千。叶向高等名人来

福清东翰万安祝圣宝塔

过这里，但是一般人不知道这儿和黄檗山有关系，也不知道还出了像镜源兴慈禅师这样受过皇帝敕封的高僧大德。

关于镜源禅师，有这样一个传说。万历三十六年（1608），隐元禅师的剃度师父鉴源、师叔镜源二禅师来到北京请藏。听说镜源禅师能把《楞严经》倒背如流，万历皇帝赞叹，称之为"和尚状元"。听着，这像是一个故事，但也许不是传说！

5月，我们在渔溪镇进行纪游亭碑调研时，意外在一家民宅墙基上，发现了一块康熙十二年（1673）的《重兴黄檗寺捐造永祚桥碑记》，

黄檗山龙潭四潭之上的中天正圆祖师塔

碑文中有"黄檗所寄，以……圆禅师剃草此山，乃径趋阙下，请以法藏镇之，八载而殒，其徒孙鉴师、镜师申前请，赖叶文忠公力，神庙皇帝始报：可。敕御马监王公，赍经至山。命五台之通经者试镜师，复赐紫衣、锡杖"。

这段文字中，特别提到"命五台之通经者试镜师"。也就是说，万历皇帝派御马监太监王举来福建黄檗山颁发御赐，一起来的还有五台山熟悉经书的大法师，来的目的就是测试镜源禅师，最后当然是圆满通过，所以"复赐紫衣、锡杖"。这个测试，试了什么？很有可能，就是对镜源禅师背诵《楞严经》的现场勘测。由此来看，田野调查和出土物证，让黄檗学术的细部根脉，更加清晰靠实。

这也许是中国唯一带"茶"字的寺院

6月12日,杨锦嵩局长来黄檗书院调研时谈到,东瀚镇五目井井栏上有一块"茶林住持"石刻,井旁有一块"茶林寺"的石额,这是隐元禅师和黄檗文化研究的一个重要遗存,值得重视。一是在明清之交,隐元禅师曾来茶林寺上堂说法,而且留下语录。二是明代福清文士欧应昌,不仅为福清东瀚万石山和海口瑞岩山留下了山志,他还是黄檗外护,留有多首登临黄檗的诗词,而史料介绍,欧应昌就是茶林村人。

东翰茶林寺石额

这是一个重要信息,6月20日,我们第二次来到东瀚。在五目井,看到井栏右侧石柱上刻有"茶林住持僧明梁舍井栏三幅"字样,井口北侧石板上镌刻"龙井"两个大字,左侧勒有"万历乙卯冬月吉旦建"十一个字,表明建井年代为万历四十三年(1615)。

东翰茶林寺僧明万历年间建造的龙井

欧应昌的"茶林村"在哪里？这个万历年间的"茶林寺"，又在哪里？我们求教了村里一位老者，这位老者把我们带到"茶林寺"石额前，遗憾的是，这个寺额从"茶"与"林"两字之间断裂。老者说，大概是五六十年前，在一户民宅房基上，发现了一块有"林""寺"两字的石头，在老房翻修时，就把这块有字的石头拆出来，放到了村部。前些年，搞新农村建设，又挖到了一块带"茶"字的石头，这三字合到一起，就是"茶林寺"。老者说，这个村子很早的时候就叫"茶林村"，但人们只知道"万安"，几乎没有人知道叫"茶林村"这段历史。而"茶林寺"石额时隔五十年的出土、合璧，让过去的老村名，在实物面前得到证实。

"茶林寺"额拓片

　　听了老者介绍之后，我们试图在古籍文献中查找茶林寺。经过查询发现，在隐元禅师东渡扶桑的顺治十一年（1654），福清万安千户所城，出了一位军户出身的读书人，此人名叫涂之尧，这一年，他考中举人。康熙十八年（1679），授陕西石泉县县令。涂之尧写有一篇长文《万安风土记》，文中记载："十五夜，茶林寺前放焰火，空城而出，数十里内俱来观之。中秋燃塔，儿童砌瓦为之。重九，茶林寺后有观音石，咸登高焉。"

　　这段文字，有两处提到茶林寺。从涂之尧的描述可以想见，茶林寺是当时万安城具有地标性的所在。这是目前，我们在古代文献中发现的，关于茶林寺的唯一记载。

隐元禅师为什么来万安古城

6月21日早间，福清市博物馆馆长、黄檗学者毛胤云先生告知："关于隐元禅师到访万安城的相关记载，请查阅《隐元禅师年谱》，那是1644年春季。"这是一条十分重要的信息。

在日本原版的《隐元禅师年谱》一卷本中，查到这样的记载："师五十三岁，如茶林、护国、东金皆请上堂。"在《隐元禅师年谱》二卷本的记载略详："崇祯十七年/顺治元年甲申（1644年），师五十三岁，所经城山、镇海、茶林、护国、东金等刹，各请说法，备载《全录》中。"

《全录》中记载了什么？

我找到黄檗书院资料室所藏《普照国师广录》（黄檗开山塔院宽文十三年刊），这部古籍的卷三，对于隐元禅师来万安古城茶林寺，有着很明确的记载："师到茶林寺，请上堂。飔飔春风二月天，特来此处访高贤。一声雷破三更梦，个个心开五叶莲。殊胜偏逢殊胜事，希奇果感希奇缘。满城罗列金仙子，向道西方岂不然。"隐元禅师在接下来的说法中，讲到了不少有见地的法语，比如：你如果信自己，你就会信得他人。山河大地，草芥人畜，无非是恒河沙。佛法是讲究平等的，没有高下，等等。

根据《隐元禅师年谱》记载，隐元禅师在茶林寺说法之后，又应乡贤和信众礼请，来到万安护国寺、福州东金寺说法。之后回到福清黄檗山，把住持之位交给他的法兄亘信行弥，独自去了他师父费隐通容老和尚住锡的道场——浙江嘉兴金粟寺。

隐元禅师《普照国师广录》书影

茶林寺为什么不见了

茶林寺的寺额找到了，万历年间茶林寺的住持明梁法师找到了，隐元禅师到茶林寺的记载找到了，隐元禅师在茶林寺说法的语录找到了，但是，在史志中，却怎么都找不到茶林寺的任何踪影。

在康熙八年（1669）的《福清县志》卷十一"寺观"一条，记载了圣迹寺、黄檗寺、灵石寺等三十九座寺院，没有茶林寺。在乾隆十八年（1753）纂修、同治六年（1867）与光绪二十四年（1898）补修的《福清县志》卷二十"寺观"部分，记载了福清四十一座寺院，也没有茶林寺。

黄檗书院研究员王赞成先生认为，茶林寺的"失踪"，应该与清初的"迁界禁海"有关。福清市博物馆馆长毛胤云介绍说，清顺治十八年（1661），郑成功收复台湾，拟以台湾为基地，以金厦二岛为跳板，与清廷抗衡。为了严防沿海地区接济郑氏海军，清政府颁布了迁界令：严格规定山东、江浙、福建、广东等东南沿海的村庄居民全部内迁三十里至五十里，房屋、

舍资修建龙井的茶林寺主持明梁石刻拓片

土地全部焚毁或废弃，重新划界围栏，不准出海。而 2022 年 1 月，在福清城头镇湖美村发现的"奉旨迁界"碑，是这段历史的重要见证。

在涂之尧《万安风土记》的文末，我看到这样一段话："顺治十八年正月，上御极，是年九月迁海，人多死亡，其地遂空。先大人闯荡多年后回到家乡，只见家园凋敝、满目凄凉，故交零落、物是人非，心中百感交集。"

这是来自康熙时期福清士大夫关于"迁界禁海"的重要记载。康熙二十二年（1683），清政府收复台湾后，"迁界禁海"政策才得以逐步解除。

往事如烟，往事并不如烟。

奉旨迁界石碑

寻古玉融

天竺寺——孤月坡前荔满枝

天竺寺出土的瓷碟

在康熙《福清县志》里，并排挨着三个寺院：香山寺、敛石寺和天竺寺。我们夏天两去香山，写下"去华再来香山"。秋天三去敛石，记下"千年古刹敛石寺的故事"。冬季疫情正浓，世界杯正热，我们又来到天竺。

玉融禅事

一尊露天的观音,一座即将竣工的大殿,一只豆眼儿小泰迪,一片百年老荔枝树,这就是千年古刹天竺寺。住持光永法师说,这里是镜洋镇西边行政村茶山自然村。后山是大化山,殿后是狮子岩,寺前不远处有孤月坡。

天竺寺石额

南宋住持孤月和祥开

天竺一侧不远处,是一条弯弯的步道,顺着山势或隐或现,徒步的驴友们,正在结束一天的攀登,三三两两结伴走下山来。早几天到过这里的杨锦嵩局长,曾经给我发来天竺遗址的碑石照片,并留言告诉我,这里是过去福州下来到泉州、漳州去的驿道。山后是十八重溪和大化山水库,大化山上有银杏、楠木和红豆杉、香樟,有一片美丽的大草地,难得的是还有一片枫叶林。虽然林子不大,但却是离福州最近的红叶,12月正是火红色枫叶铺天盖地,呈现绝美的惊艳时刻。而且,半山深处有分散生长的几片野生茶树,如今足有百年树龄,成为地地道道的荒野老树,有力见证着"茶山村"的真实不虚。

犬吠、牛哞处,是一片老荔林,棵棵茁壮粗大,几头老牛在低头吃草,遍地的牛粪绿了青山,肥沃了青草。在这片草地上走着,总感觉禅意满满,

209

让人想到黄檗山大安禅师。他见到百丈怀海禅师后，问了这样一个问题："学人欲求佛，何者即是？"百丈禅师回答："大似骑牛觅牛。"大安禅师又问："识得后如何？"百丈禅师再答："如人骑牛至家。"满脑子就这么"信牛由缰"地想着，深一脚浅一脚来到一块巨石前。杨锦嵩局长曾对我说，这块"孤月坡"石刻，是天竺寺最早的一块文字遗存。

天竺寺孤月坡摩崖石刻

这是一块高不到两米，长不到三米的坡形大石，上面阴刻着一个方框，框里是十二行文字："住山孤月祥开奉衣资开田 ·段，用报广明无际师恩，永充为上行同利。每遇腊八，宜于三禅塔扫松诵经傅叙焉。敬为铭曰：念师道兮因塔于山阳，出己财兮为田于塔旁，利资众兮而事效烝当，刻斯石兮以示其永长。时绍定庚寅冬志。"框外右侧是三个大字"孤月坡"，左侧是两行中号字"塔前路北亦是，新田并入同利"。

从石头上这 106 个字可知，这是宋理宗绍定三年（1230），天竺寺的住持孤月祥开（也可能是两个人：孤月、祥开），为报答自己的恩师广明无际法师的师恩，拿出自己的衣钵单资，修建了恩师塔，在塔的周围还买

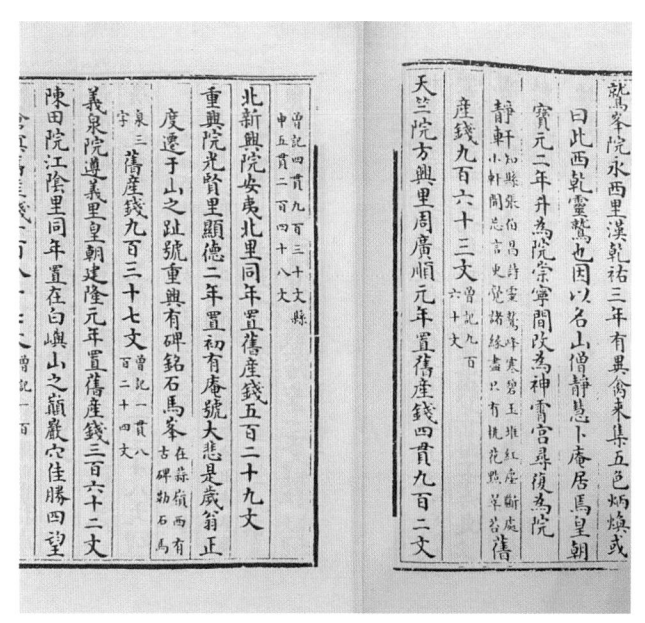

梁克家《三山志》关于天竺院的记载

下一段田地。并且,在每年腊八节的时候,在塔松之下祭扫祈福。从石刻文字里看,建于"山之阳"的"三禅塔",极有可能是"三座塔"。塔的前面有一条路,路北还有一块地,住持把这块"新田"也买了下来,刻在石头上,告诉人们"塔前路北亦是"。

南宋天竺院是福清前五

康熙十一年(1672)的《福清县志》,共收入圣迹寺、鹫峰寺等四十二所寺院,其中有天竺寺的记载:"天竺寺,在方兴里,唐咸通间建,明宣德三年(1428)里人黄通募缘重建,相传仙人汲泉碾茶处。"乾隆十二年(1747)的《福清县志》共收入圣迹寺、永丰寺等六十所寺院,也有天竺寺,描述同上。康熙六年(1667)即非禅师在日本编撰的《福清县志续略》,共收入护国寺、嘉福寺等七十一所寺观,没有天竺寺。

关于天竺寺最详细的记载，是明代《八闽通志》。此书记载："天竺寺，唐咸通中建。后有仙屏、石茶碾，碾覆石上，有两膝跪碾及足趾之痕，旁又有汲桶痕，相传仙人碾茶汲泉之处。"依据《八闽通志》的记载，天竺寺始建于唐懿宗咸通（860—874）年间，距今已有1150年以上的历史。

南宋淳熙九年（1182）梁克家的《三山志》卷三十六"寺观类四"，共收录福清一百九十六所寺院，其中"四十七所有住持"，一百四十五所有"起置年代"。此书是关于天竺寺最早的记载："天竺院，方兴里，周广顺元年（951）置。旧产钱四贯九百二文。"

天竺寺出土的"崇宁重宝"

什么是"产钱"？有网络文字说是"能够生钱"，就是"挣钱"。有的说是家底，资产能值多少钱。对此，我专门请教了中国国学研究与交流中心主任、中国社会科学院古代史研究所研究员孙晓先生。孙晓先生说："产钱就是资产税。也叫家业钱，也有称物力、家活等等。在宋代，这是划分户等的依据。具体方法是，先把田亩、浮财等物力折算为钱，然后按照五等家业钱额予以排定，各等户的家业钱额各地颇异。宋代是夏天征收，所以产钱还叫夏税产钱。"

孙晓先生说，《淳熙三山志》所称"旧产钱"，指的是田亩未经重新测量

天竺寺出土的"东张盏"

的产业税钱,即未经界之地的地产税。南宋有经界法,是清查与核实土地占有状况的措施。方法是以乡都为单位,计算亩步大小,造鱼鳞图册(土地登记薄册),作为产税依据。孙先生说,有宋一代,税钱多行于福建路、广南东路、江南西路等地。福建师范大学杨祖荣副教授告诉我,"产钱"又指"夏税产钱",就是土地税钱。一般每亩三四文至数十文,重赋之地亦有达一二百文者,多数以丝帛绵等物折纳,仅少量实纳钱币。北宋南方诸路多据税钱以定户等。

可见,"旧产钱"指的是地产税,南宋福清"纳税大寺"排名前五的是:

第一,灵石俱胝院,旧产钱六贯三百六十九文。

第二,卢山寺,旧产钱五贯九百二十三文。

第三,天王院,旧产钱五贯六百二十四文。

第四,黄檗寺,旧产钱五贯五百五十八文。

天竺寺复建劝缘碑

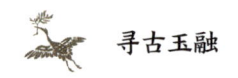

第五，天竺院，旧产钱四贯九百二文。

按每亩纳地产税 10 文计算，以上五寺的地产分别是：630 亩、590 亩、560 亩、550 亩、490 亩。

在此，我们根据"旧产钱"规模折算，列出现在仍存的十三个寺院规模，敛石院 440 亩，五峰院 150 亩，香山院 120 亩，龙山院 62 亩，龙卧院 57 亩，瑞峰院 44 亩，瑞岩院 40 亩，福山院 34 亩，白岩院 34 亩，涌泉院 26 亩，香山院 19 亩，少林院 17 亩，应林院 10 亩。据史料记载，各朝代对寺院称谓不同，唐宋多称院，明清多称寺。

以上十三寺中，敛石寺于明洪武年间归并到黄檗寺，龙山寺是黄檗祖师即非如一禅师出家之地，应林寺是隐元禅师出家黄檗寺的缘起之地，瑞峰寺是隐元禅师往听《楞严经》有悟之地，五峰寺、龙卧寺现为黄檗法脉。

残碑残匾残瓷里的记忆

我们来天竺那天，正巧赶上停电。光永法师说，历史上的天竺寺清代以前都在，后来几经兴废，于上个世纪七十年代被拆除。目前仅剩下一块

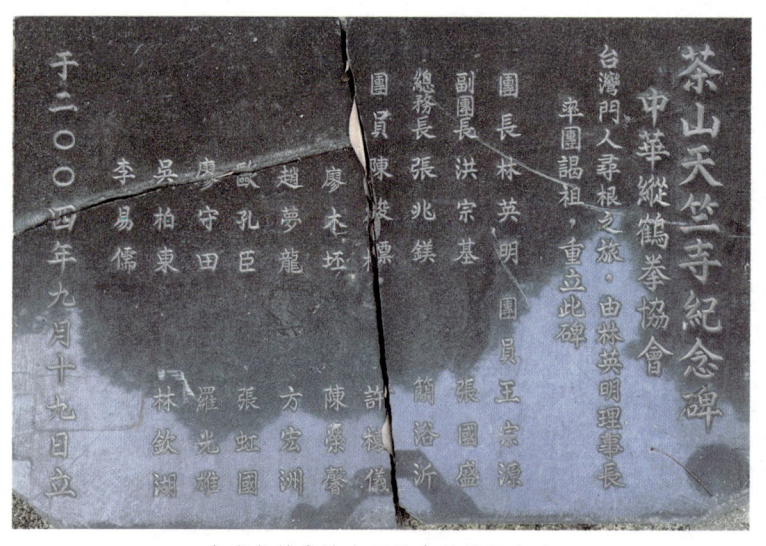

台湾宗鹤拳协会天竺寺寻根纪念碑

断裂的"天竺寺"石匾,还有一块断为两截的捐资功德碑。在一间木屋里,光永法师给我们展示了一些基建施工挖掘出土的瓷片、香炉、铜币实物,还有一堆文物遗存的照片打印稿。

在露天观音立像身后,靠着木屋摆放着两块功德碑。其中捐资最多的人名叫"邱德茶",捐了十五元整,名字里带有"茶"字,可能与此地产茶有直接关联。还有一位捐资者,名叫"方吓科",光永法师说,此人就是宗鹤拳一代宗师方世培的后人。宗鹤拳是中国南拳拳种之一,发祥地就是茶山自然村方世培六扇厝故居。天竺寺离此地几百米之遥,地缘的便利,使天竺寺成为习武之地,宗鹤拳弟子现在遍布世界各地。在另一处铁皮房前,靠着一块断成三截的茶山天竺寺纪念碑,它记载着二十年前台湾宗鹤拳门人的一次寻根之旅。

天竺寺出土的瓷器底足

在一个塑料整理箱里,足足有百余块瓷片和碗、盘底足,有花鸟虫鱼,有青花刻花,有陶制瓦当,有玉璧底足等不一而足。也有比较典型的东张窑兔毫盏,相对完整的龙泉窑盘子。附近村民送来的刻有"凤山寺"字样的石雕香炉、七级石雕宝塔。金属类的有锡壶,钱币类有"崇宁重宝"和其他铜钱。特别是一块平底满天青釉底足,同行的黄檗书院研究员王赞成先生认为,平底足流行于唐中期,或许这是天竺出土瓷器、瓷片中最早的一件。这些文物遗存,默默无言,记下的却是天竺曾经的禅刹岁月。

寻古玉融

　　光永法师说，据碑石记载，天竺寺最近的一次重修是在民国二十八年（1939）。在国内革命战争期间，天竺寺曾是老区革命根据地之一，是闽中游击队主要驻扎地，也是福清中心县委地下交通联络站和闽中游击队的红军服装厂。二十世纪五十年代，天竺寺是茶山头生产队的集体仓库。当时，天竺寺仍有三个拱形大门，门上是石头横楣。当时寺院保存下来的还有两重院落，占地仍约有70亩，中间有木材搭建的戏台。"文革"期间天竺寺被破坏殆尽，现仅存一块"天竺寺"寺额，也被拦腰摔断。

　　光永法师指着一片杂草丛生的空地说，这些地方就是寺院遗址，基石尚在。在遗址上，有一条沿山而下在石头上凿出的宽约35厘米、高约20厘米、长约200多米的水渠，从寺院贯穿而过，如今水渠被植物所覆盖。在紧挨着寺院右侧的溪流旁一块大石中间，留有一道从顶至下很深的雕凿痕迹。那是当年用来阻挡洪水的挡板沟，洪水来时用木板挡上，洪水退却时可以卸下。在厨房遗址旁边，村民在耕种时还挖出一个地洞，深不见底，地洞里的墙壁全部砌着巨型方斗砖。

天竺寺出土的瓦当

天竺寺摆放的"凤山寺"香炉

光永法师说，附近村民传说，山顶上有古时候的闭关房，我为此几次进山寻找无果，最长一次我在山里用了整整六天五夜，很遗憾没有找到。但找到了成片的野生古茶树，灵芝和多种药材。如今，寺院周围长着百年以上郁郁葱葱的荔枝古树，后山有红叶，福清水源十八重溪，挂在崖壁上的瀑布，潜藏蛟龙的水库。一座千年天竺古刹，好像隐入层峦叠嶂的深山老林，看着远方如黛的大化山，我们依稀可见一个禅茶药一味的未来天竺。到那时，我们走古驿道，礼古禅刹，喝古树茶，观青绿山水，赏满山红叶，去亲身感受那放空自我之后的人文情味，将此身心捧出，融入那闪烁着智慧和觉悟之光的天竺月色……

寻古玉融

香山寺——去华再来香山

香山寺寺额

　　这个标题似乎有点怪，其实这是香山寺一块残存的碑刻上的字，姑且揣摩是摒弃繁华来到这座寺院吧。全国可查的香山寺有六十多座，更多人

玉融禅事

香山寺住持希言舍造的石槽

联想到的是北京和洛阳的香山寺。这里说的是位于福清东张镇的香山寺。乾隆年间的《福清县志》记载说，该寺是万历首辅叶向高和刺史王锡侯重建。叶向高重建寺院的缘由，说是他的儿子叶成学和夫人俞氏去世后，都是在这个寺院做的法事。这里寄托着叶向高的无尽哀思，他重建了寺院，并挥笔题写"香山寺"三个大字，以竖式雕刻，制成了寺院匾额。

史志中的香山寺

壬寅秋分，我们从黄檗山来到香山寺。寺门口两侧，摆满了老旧的巨型石条，还有一架石槽碾子，看门人说这是牛拉的米碾。靠墙的草丛里，有一个长满荷花的大水槽，上面刻有"僧泽宥舍化主正言从静乙巳岁□□""住持沙门希言"字样，字迹斑驳，石花漫漶，无言地见证着香山寺的历史沧桑。

关于香山寺的记载，最早见诸康熙《福清县志》，此书卷十一记载："香山寺，在清源里，宋天圣元年（1023）建。"乾隆版《福清县志》卷二十记载："香山寺，在清源里，宋天圣元年建，明大学士叶向高、刺史王锡侯重建。"

明代以前的志书没有关于香山寺的记载。明镇守太监陈道监修、黄仲昭编纂的《八闽通志》记载，明代洪武年间，福清寺院归并，有四十八座寺院并入清源里的黄檗寺，七十七寺并入永东里的报慈寺，二十六寺并入清源里的灵石寺。

按照《福清县志》记载，香山寺"在清源里"。但《八闽通志》记载的明代洪武年间并入清源里黄檗寺和灵石寺的七十四座寺院中，不见香山寺，倒是有一个创建于宋哲宗绍圣年间、位于善福里的小香山寺并入了黄檗寺。显然小香山寺并不是香山寺。

清雍正年间修建的香山寺住持塔

也就是说，创建于宋天圣元年的香山寺，在整个元代和明代中早期，都没有什么记载，直到明万历年间，才由谢政归来的大学士叶向高和地方官王锡侯重建。

清代的香山寺

在香山寺放生池紧靠山体一侧，有一条布满杂草的小道，顺道上山，是一座祖师塔。塔身六角，上面阴刻横写"香山寺"三字，下方是竖排三列碑刻"雍正四年（1726）季冬，住持塔，住山比丘通勤"。从这个祖师塔的碑文来看，建塔的是雍正初年一位当山住持通勤，建造的是"住持塔"，既然没有住持的名字，那就有可能是为历代住持所立。

这座塔，至少可以说明两个情况：

一是叶向高重建的香山寺，到明末的崇祯和清初的顺治、康熙二朝，又遭遇一次衰落。到雍正年间再次重修，此时香山寺有一位住持通勤和尚，为往昔所有的香山寺住持立了一个集体合葬的、没有列出住持名字的"住持塔"。为什么没有名字？因为寺院遭毁，历代住持的准确名字，已经无法找到。

另一种情况是，叶向高和王锡侯重建香山寺后，经过明崇祯到清雍正初年这一百年，香山寺一直香火兴旺。所以，到了雍正四年，盛世续祖业，香山寺的住持着手为历代香山寺的住持建塔。但这种情况从情理上难以成立。叶向高重建后的崇祯年到清雍正初年这一百年间，既然香山寺一直香火兴旺，那么此间为什么无人为历代住持建塔？只能说明这段时间里香山寺又经历了一次衰落，直到雍正初期，才又一次恢复重建。重兴后的住持通勤以祖业为重，为历代住持建造了这座住持塔。

山门左侧的山坡上有一座"清重建香山寺八代祖惟尧则公禅师之塔"，说明清雍正到同治年间，香山寺依然香火绵绵。寺院东侧大殿后的空地上，有两块石碑，一块是平躺在地上的残碑，碑文有"光绪岁次壬辰年梅月吉旦泐石，里人黄庚金敬书，住持僧振河"等字样，残碑中舍银捐资供养者名单达到三百多人。可见，清末的香山寺经过了一次大规模的重修。另一块竖立的石碑，有"清，光绪己卯年，沙弥古窥公、比丘古彭公、能光水镜公，仲冬吉旦立"的刻字，从内容看应该是几位僧人的合葬墓碑。两块光绪年间的石碑侧面印证，清末的香山寺迎来了又一次重光。

何处西乡故家

在香山寺大殿前我们遇到一位法师，他很热情地把我们迎进客堂，并向我们介绍说，这座寺院始建于宋朝，近几年重建恢复。法师说，这个地方磁场太强，手机没有信号，需要连接 WiFi 方能对外联络。我们连上无线网后，彼此加了微信，方知法师的法名常念。常念法师看到我们对石刻很感兴趣，就带我们来到大殿侧房，看了一块清代的"梅魁书院"石匾，后查《福清教育志》，记载梅魁书院是"清光绪间建，院址在东张香山"。

香山村党支部书记庄士勇把我们带到寺院门口，在一棵古老的大叶榕树下，有一块巨型石碣，上面是楷体的题刻："林希，嘉祐戊戌季冬从祖夫

寻古玉融

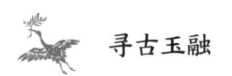

香山寺林希"往返俱访观禅师"石碣

玉融禅事

香山寺石碣拓片

人过西乡故家,往返俱访观禅师。"紧挨着这块碣石的,是一块墓道碑,上面刻着魏碑体八个大字:"宋故朝议林公神道。"紧靠石碾一侧的山坡上,还有一块竖字题刻的石碣,仅仅只有六个字:"去华再来香山。"

这些石碑、石碣来自于哪里?庄士勇告诉我,那块"林公神道"碑应该是修建东张水库的时候,从其他地方移过来的。"去华再来香山"石碣,是这个寺院原有的。"往返俱访观禅师"石碣,不清楚来自哪里。这三块石刻,都与福清名人林希有关。

香山寺山门前的古榕及林公神道碑

何处西溪人家

林希是福清哪里人？《福清县志》记载林希是"西溪人"。福清有音西街道的"西溪"和南岭镇的"西溪"，林希的家乡"西溪"，到底是哪个"西溪"？

福清市文化体育和旅游局2020年3月19日的微博发布了《古贤福清·一门三代八进士》一文，称林希是"今西门外茶亭附近"的"西溪人"。"360百科"称林希是"福州福清西门人"。而南岭"大山食菜厝"的乡贤馆，第一个介绍的就是"西溪八士"——林希世家，将林家认定为"南岭西溪人"。在此，我只能发出"何处是西溪"的追问。

《福清县志》书影

在离开香山寺的时候，我们从"去华再来香山"的石碣前走过，我问常念法师，这句话有什么涵义？法师的目光穿越东张水库的水面，看着远处的青山，轻声地自言自语，要想舍去"繁华"，就"再来香山"吧。

敛石寺——走出两位国师

福清镜洋有座敛石寺。明《八闽通志》记载，洪武年间，各地佛教寺院统一实施归并。当时福清有寺院二百零一座，其中"凡四十八寺俱洪武间并入黄檗寺"。并入黄檗寺的这些寺院中就包括这座唐朝所建寺院——敛石寺。

敛石寺石额

林希逸笔下的敛石寺

南宋末年的重要理学家林希逸是黄檗山即非禅师的远祖，他的《竹溪鬳斋十一稿续集》被收入了《四库全书》，此稿卷十收有《重建敛石寺记》一文。文章开篇写道："僧寺之废兴，以吾侪视之，若于事无所损益也。"林希逸很关心寺院的经济来源，他曾经"问之僧寺"，僧人告诉他，寺院来自十方供养，"上供有银，大礼有银，免丁又有银，岁赋则有祠牒贴助"。自古以来，福建是八山一水一分田。林希逸说，"吾乡地狭人稠，田之大半皆入诸寺"。可见，福清当时十分有限的土地资源，大半都属于寺产。

位于福清城头镇拱辰山的龙卧禅寺立有一块嘉庆十年（1805）的"永远垂禁"碑，碑文记载，龙卧寺旧有寺田二百多亩，寺院把寺田押给周边村民，换取租金，但是久而久之，老百姓欠着寺院的土地租金不给，寺院被拖累得无力支撑，因此渐渐"废坠"。当时的福清知县余昌祖下令，永远不许"僧俗通借"，违者"焚其券，没焉"。这段碑文表明，至少在清中期，寺院典地于民仍是常事。

林希逸也说，自古以来，由于各种原因，寺院生存极其不易，"僧逃而屋败者过半"。"其幸存者"，也是勉强维持甚至不能"自保"，更何谈对"已废"的寺院"而求复兴"。即使"有能独力勤苦以复其旧"，"亦难矣哉"。可是，在我的老家福清，有一个敛石禅寺，寺院附近的大山里有"龙潭"。这座敛

《四库全书》所收《重建敛石寺记》一文书影

寺院残碑

石寺，是唐代僧人知嵩所创立，但是到了唐僖宗文德元年（888），敛石寺"废矣"，只有"一殿仅存"。到了南宋宁宗嘉泰初期，有一位莆田的僧人弥清，敛石的檀护以及县里的辅官，"以其贤"而请他来重建敛石寺。经过"自庚辰至癸卯凡二十四年"的"辛勤经画"，敛石寺法堂、弥陀阁、望拜亭、云会寮，营造一新。接下来，寺院的建设由"慈榕继之"，他把寺院前后的地面铺上了石板，重新髹饰了殿堂佛像，新建了堂、庑。慈榕和尚"用力甚苦"，前后花费"二十年余"。敛石寺后的"主山"，来自被徐霞客称为"岩石最胜"的石竹山。左右有两个龙湫，因为官府"重农、闵雨"，这里是祈雨的圣地，"时兴云雨，随祷随应"。弥清和尚"晨夕课诵，犹十余寒暑，年八十夷然而逝，自号古涧，亦丛林可称者也"。慈榕和尚非常感念他的师父弥清，"以吾师之勤，恐遂湮没"，就找到林希逸，"以始末请记"。林希逸"嘉其父子之能"，就作了这篇《重建敛石寺记》。

敛石寺为临济宗师密庵咸杰禅师出家地

敛石寺在哪里？谁是密庵咸杰禅师？

据乾隆版《福清县志》卷二十记载："敛石寺，在县西北方兴里。唐大中四年（850）建，明隆庆间重建。"方兴里就是今天的福清镜洋镇。即非如一禅师东渡十年后，就是康熙六年（1667），此时他编撰了一部《福清县志续略》，其中卷十二"僧宝"记载："天童咸杰禅师，师号密庵，邑之郑氏子。母梦庐山老僧入舍而生。自幼颖悟，长依敛石蕴公为僧。"

敛石寺就在敛石山石子磊。《福清县志续略》卷一记载："敛石山，在县西三十里，峰峦秀峻，野旷林幽。宋绍兴间敕建太平禅寺，石柱、石槽至今用之。寺之左，石壁千寻，悬瀑百尺，苍藤古木，长夏如秋。下即龙潭，祷雨有应，上有五音洞，洞垂五乳，乳具五音，击之响应山谷。宋密庵咸杰、双杉元二禅师，俱出家于此。明叶台山相国有游潭诗勒于石壁。"从即非禅师的记述里我们可知，太平寺即敛石寺，密庵咸杰、双杉元二位禅师，都是在敛石山太平寺出家。而密庵咸杰禅师的剃度本师敛石蕴公是谁呢？

枯崖圆悟禅师有《枯崖漫录》，此书卷中"双杉元禅师"一则记载道："双杉，生于福州福清郑氏。先有蕴萝庵，后有密庵。继而邃僻、双杉也。邃僻即其俗门叔父，法门落发师。清如源者，见趣操行尤卓然。郑氏所出尊宿，可谓盛哉。"这则记录中提到的蕴萝庵、密庵、邃僻、双杉、清如源五位僧人，都是福清郑氏出身。这里提到的蕴萝庵，就是密庵咸杰禅师的剃度本师敛石蕴公。

密庵咸杰禅师是南宋绍兴四年（1134），十七岁的时候，在敛石寺出家。不久，受具足戒成为比丘僧，接着离开家乡外出参学，不惮游行，遍访诸方尊宿，虚心请益。大约三十

《木庵禅师年谱》中关于木庵禅师住持敛石寺的记载

岁时，密庵咸杰禅师前往浙江衢州桐山明果禅院，拜谒与大慧宗杲禅师齐名的应庵昙华禅师。应庵和尚道风高俊，孤硬难入。密庵咸杰禅师在其会下，起先不甚适应，屡遭呵斥，但他殷勤相随四年之久，至诚受教，心不退转，终于师资相契，以"破沙盆"问答公案闻名禅林。密庵咸杰禅师得法于应庵昙华，是为禅宗南岳怀让禅师以下十七世，临济宗第十三代。密庵咸杰禅师的声名逐渐受到皇室重视，淳熙四年（1177），宋孝宗颁旨请密庵咸杰禅师住持临安府径山兴圣万寿禅寺，并召入宫中选德殿，询问佛法大要。七年后，密庵咸杰禅师受请住持天童景德禅寺，喜其僻静，有终老之意。淳熙十三年（1186）六月十二日趺坐而逝，世寿六十九岁，僧腊五十二载，安葬于天童景德禅寺东侧。

密庵咸杰禅师历住名刹，为一代禅宗祖师，道风广布东南一带，并因其后代法裔东渡弘法，进而影响了日本禅宗。

木庵禅师曾住持敛石寺三年

木庵禅师是泉州晋江人，十六岁在泉州开元寺拜印明和尚为师，十九岁经印明和尚剃度，法名木庵。崇祯七年（1634），二十四岁时由福州鼓山永觉和尚授具足戒，翌年任开元寺监院。崇祯十六年（1643），木庵禅师三十三岁的时候，往浙江广慧寺，被费隐禅师命为知宾，拜首座隐元禅师为师。第二年，木庵禅师转任维那，"时本师隐元琦和尚为座元秉拂，师聆其语要，窃加叹服，因得时从请益"。

顺治五年（1648），木庵听说本师隐元禅师已回福清黄檗山，即前往参谒，先后被命为黄檗寺维那、西堂和首座。隐元禅师先授木庵拂子，又付予源流、法衣，成为隐元禅师法嗣。顺治八年（1651）冬天，隐元禅师六十大寿，黄檗寺规模达千人，便分为东西两堂，木庵禅师为首座。顺治九年（1652）春天，木庵禅师到敛石寺。这时晋江的法眷请木庵禅师住持泉州紫云山开元寺。木庵禅师记得费隐老和尚说过："凡正经衲僧，住院要三年满，而后到处，无不称怀。"所以，木庵禅师没有答应晋江信众的邀请。这一年三月，接到法弟蕴谦戒琬禅师从日本福济寺的来信。六月，命其徒弟灵叟出使长崎，作源流颂。

敛石四周群峦重叠，青岚纷飞，古木参天，满园空翠。木庵禅师大阐祖风，朝起下地耕耘，傍晚上山砍木，不辞辛苦，本分安住，精修梵行。隐元禅师写下《赠敛石木庵首座》勉励：

浑沦祖道不胜哀，推出撑天挂地来。
云敛也知山有骨，石头迸裂顶门开。

顺治十年（1653），木庵禅师四十三岁，此时住持敛石寺已满三载，佛殿寮舍等都整修完备，打算回温陵，就请法弟即非如一禅师住持敛石寺。隐元禅师东渡第二年，隐元禅师嗣法弟子、三十四岁的三非性彻禅师住持敛石，长达五年之久。

寻古玉融

离开敛石寺后，木庵禅师来到狮子岩，为其法兄慧门如沛禅师贺寿。过了不久，听说隐元禅师染恙，就赶回黄檗看望侍候。这年冬天，仍为黄檗山首座。这段时间，正好赶上日本长崎兴福寺住持逸然性融禅师命人送来书函，聘请隐元禅师东渡开化。紧接着，木庵禅师派往日本的徒弟灵曳从长崎回山，向他们报告了日本国敬信佛法，有好的传法基础。

叶向高曾来敛石问禅

2022年11月，福清市文化体育和旅游局、福建省黄檗禅文化研究院进行"黄檗文化田野调查"时，新发现一处叶向高在敛石寺后山龙潭留下的摩崖题刻《同举孝廉应相游敛石观龙潭》，其中有"古寺寻僧去不回"和"羊肠一线无人度"之句。

这是叶向高到敛石寺参禅之后，又入山寻僧观龙潭瀑布。从落款"万历四十六年（1618）"来看，这是叶向高"谢政归来"四年后的一次古寺礼佛和龙潭胜游，四首七绝不仅说的是纪游风景，更有"峰头更有峰"的感悟，以及"人间陵谷寻常事"的淡定从容。

三十多年后，住持敛石寺的木庵禅师，写下《敛石二咏》，其中一首题为《一线天》：

保存下来的柱础

塔刹石构件

逆开两道壁千寻，一线天长带雨阴。
崖㻬斜生花欲坠，香风无限袭人襟。

一句一线天，一座古禅刹，写进两首诗，记下的是黄檗根脉，记下的是千载不断的因缘。

玉融禅事

涌泉寺——闽王敕建的千年古刹

涌泉寺后山下来的溪水

五代十国时期（907—979），福清方成里古龙村（今城头镇五龙村）有个人叫林安，知书达理，尤其孝敬母亲。其母去世后，他在母亲的墓茔旁边搭了一座草庐，长年守在母亲身边。虽然墓地周围并无水源，但林安的孝行感天动地，有一天，墓园旁边的巨石突然裂开，涌出汩汩泉水。福清地方官很诧异，遂将此事上报闽王王审知，闽王也深受感动。为表彰林安的孝行，闽王下令官府特别拨出库银，在泉眼石旁建起一座寺院，敕名"涌泉寺"，并亲赐寺院匾额。据王审知在位时间推算，涌泉寺应是在公元909年至925年间兴建。

大孝之行感天下

林安的孝行故事，几乎有关福建的所有明清史志都有记载。明代陈道、黄仲昭纂的《八闽通志》"寺观"部记载："涌泉寺，五代时孝子林安所居宅也。安尝庐墓于此，石裂泉涌，闽王赐是额。"此书的"人物·孝义"部又载："林安，福清人。事母至孝，母死，庐墓旁，有石自裂涌泉，闽王异之，以其庐为涌泉寺。"明代王应山撰《闽大记》、明代凌迪知《万姓统谱》、乾隆版《福州府志》和康熙、乾隆两版《福清县志》，都有类似记载。

现涌泉寺收藏一口花岗岩古井圈，上面刻有"住涌泉僧显端舍井一口，丁丑造"。这个井圈，原是涌泉寺僧人显端，为山兜村民捐建的。1949年后，井圈被邻村村民移走另安他井，后被寺院赎回。现古井已废，井圈犹在，见证了涌泉寺的千年兴替与沧桑巨变。若按照闽王时期涌泉寺建寺推算，井圈上的"丁丑"最早可为闽王贞明三年（917）。依此而论，涌泉寺的建寺时间，亦不迟于闽王贞明三年。

不仅林安"事母至孝"感动了闽王，林安的六世孙林正华也是个

涌泉寺井圈

大孝子。他在母亲去世后,将其归葬涌泉山麓,结庐于墓旁相守。有人将此事报告官府,官府也给予表彰。所以,史志上把林安、林正华称为"涌泉大小孝子"。对于林正华的介绍,《八闽通志》尤详:"林正华,字君辅。至和(1054—1056)中入太学,后弃归养母。母卒,水浆不入口者累日,已而蔬食,日诵释氏书。越二年,卜葬于涌泉山,凿石营圹,手胝足胼不少懈。既葬,庐于墓侧,寝苫枕块,号摩不已。俄而祥云瀹,甘露降,鸟乌翔集,虎豹遁藏。乡人白于官,旌之。正华,安之六代孙也,故世称'涌泉大小孝子'云。"

《八闽通志》还记载,五龙林正华母亲的墓石上,刻有"林孝子"三字,是"宋尚书员外郎丘与龄"所撰。丘与龄是福建瓯宁(1913年与建安县合并为建瓯县)人,庆历二年(1042)进士,北宋仁宗嘉祐(1056—1063)年间的福清知县。

根据《八闽通志》关于林正华和丘与龄的记载,林正华上太学的至和年间,丘与龄中进士的庆历年间,丘与龄任福清知县的嘉祐年间,均为北宋仁宗赵祯在位期间。这也说明,北宋时的古龙涌泉寺,孝子大德引来香火隆盛,亦备受官府重视。

涌泉寺爱坐桥与龙卧寺释子郊

古涌泉寺旁有一座爱坐桥,为石构单孔平梁桥,桥面为三块石板并列平铺而成,石板上阴刻有铭文。桥头有一个天然石碣,高约1.5米、宽约1米,上下排列阴刻小篆"爱坐"二字,颇具悬针篆体笔意。清人陈士蕃《方城里乡志》"庙堂寺观桥坊等"条记载:"爱坐桥,在五龙涌泉山麓,宋释子郊爱坐处,因勒石'爱坐'二字于桥前之石。"

涌泉寺"爱坐"摩崖石刻

《方城里乡志》"仙释"条记载："释子郊，住持龙卧寺。宋乾道时，尝构石室于寺右，习静修真得妙谛。"

这份乡志的记载，描绘了方成里涌泉寺和龙卧寺的密切交往互动：南宋孝宗乾道时期，龙卧寺的住持释子郊来到涌泉寺，在清流飞瀑、鸟啭钟鸣里打坐参禅。而涌泉寺的僧人和信士，修桥铺路，为释子郊到来和僧众来往提供方便。

爱坐桥与龙亭桥

爱坐桥面的石板，从上而下阴刻"戊寅（918）岁涌泉院僧师晏、怀达、怀圆、智缘、智伦、智闰与……"，这段石刻文字，记载了建桥时间是"戊寅岁"和舍造爱坐桥的"涌泉院"六位僧人。若按照闽王执政时期涌泉建寺推算，石板上的"戊寅"最早可为闽王贞明四年（918）。

在古涌泉寺遗址一侧的山体上，有一大块经历了岁月磨砺但依然很清晰的摩崖石刻，上面镌刻着这样的文字："弟子陈若，与室中舍钱铺路七十余丈结缘，辛酉记。"黄檗书院研究员王赞成认为，这段石刻文字的记载，说明有这样一种可能的存在：在涌泉寺僧人舍金修造了爱坐桥之后，涌泉寺的居士陈若和他的妻子，又舍钱铺了七十多丈道路，以此来结缘。

涌泉寺所在的五龙村东北不远处，就是龙卧寺。龙卧寺东侧大山里，有一条进京的古驿道，这也是古代福清至长乐的必经之路。古道上有一座龙亭桥，是一座梁墩桥，有三孔，桥面以五块

涌泉石桥板石刻拓片

石板顺向铺设，宽2.3米，设三段，总长约25米，桥面两侧设有石栏，一侧已经缺失。

龙亭桥头有一间小亭子，原为路人歇脚处，后改为土地庙。土地庙右侧山体有一处《桥铭记》摩崖，记载了二十八位捐金造桥的僧人："僧智兴、智初、智恭、智深、智成、智伦、智珍、智璋、智顺、智遐、智章、智永，仲宣、缘皎、善洪、赞深、澄祥、惠亲、永安、体钦、缘高、仁皎、要升、全恩、全海、全言、全长、全倘等造桥，戊戌八月日。劝首僧智珍、智深等立。"

涌泉寺院内山石摩崖题刻

这些僧人是哪个寺院的？《八闽通志》记载了方成里四座寺院，分别是唐咸通五年建的龙卧寺、五代时建的涌泉寺、宋天圣元年建的龙卧塔寺和宋元丰年间建的瑞峰寺。从龙亭桥头石壁摩崖来看，捐金倡建这座石板桥的，应该为附近寺院的出家人。至于这些僧人归属哪家寺院，仅凭僧人的法号难以断定。

在龙卧寺后山龙亭桥的这个《桥铭记》里捐资的，有十二个智字辈的僧人。在涌泉寺爱坐桥桥板石刻上，有三个智字辈的僧人。有意思的是，涌泉寺爱坐桥上的智伦，又出现在龙亭桥桥板题刻之上。如此来看，这两位智伦极有可能是同一个人，而且是涌泉寺的僧人。涌泉寺、龙卧寺、龙亭桥三处，相距不足三千米，又先后两次出现法号智伦的僧人，且918年之后的第一个戊戌年是公元938年，因此，可以推定，涌泉寺爱坐桥板上的"戊寅"，与龙亭桥头摩崖上的"戊戌"，先后相距仅二十年。

涌泉寺僧和五龙信众捐资重修月岭塔

清人陈士藩《方城里乡志》"庙堂寺观桥坊等"一条记载:"月岭塔在五龙东山。"根据龙卧寺"永远垂禁"碑记载,嘉庆年间,与涌泉寺毗邻的龙卧寺,因僧俗通借导致"颓坠",五龙村乡贤陈家黄、陈我素、李本成等劝缘捐金,还掉了寺院应收的一大半外债,才使得龙卧寺"起死回生"。福清知县余昌祖为"嘉其举",于嘉庆十年(1805)特立"永远垂禁"碑,对"里内陈家黄、陈我素、李本成、陈祖亮"等人,"乐同输金贰百五十两凑合,寺剩余租扫清前欠",予以表彰。

五年后的嘉庆十五年(1810),陈家黄、李本成等人,又对五龙东山月岭塔进行重修。壬寅秋分,我们来到月岭塔下,看到塔身第三级是一尊高浮雕佛像,两侧文字是"住涌泉灵环舍石佛一尊",塔身题刻文字"嘉庆庚午(1810)重修"、"陈祖彭五两,陈家黄、李本成各二两"等字。也就是说,在五龙村功德主捐金对龙卧寺实施重修五年之后,他们又对东山的月岭塔进行修缮。而且,塔身仅有的一尊佛像,是涌泉寺的僧人灵环舍造。由此分析,嘉庆年间五龙村乡贤重修月岭塔,是和涌泉寺的僧人一起进行的。也有可能,是在涌泉寺僧人灵环的带领下进行的。

山兜桥和塔院

现涌泉寺遗址空地上,有一块条石,是从遗址前面的小河里挖出的,上面刻有"塔院比丘悟远为生……"等文字。这里出现了"塔院"的一位比丘"悟远",说明当时的涌泉院规模不小,还有自己的

涌泉寺出土条石题刻拓片

玉融禅事

龙卧寺后山上的月岭塔

塔院。据挖出条石的村民讲,寺前河上曾经有一座山兜桥,这块条石就是山兜桥上的石板。涌泉寺塔院在寺院东北的莲花山腰,塔院及山兜村往五龙村,必须经过这个山兜桥。虽然这块山兜桥石板只留下半段,但上面的题刻表明,这座山兜桥,涌泉寺塔院的僧人"悟远"是捐资建造人之一。

过去,佛舍利塔、高僧塔建成之后,需要有人看护管理,要修些房子,供看塔人使用。这样,就形成以塔为中心的院落,称为塔院。而且,塔院归属某一个寺院,不是独立存在的。由此分析,涌泉寺的这个塔院,必定有塔,村民所说的涌泉寺塔院遗址,现在是一片平地,已无塔可寻。

在一次次前往古涌泉遗址踏勘,一次次踏上龙卧后山古驿道、礼敬月岭塔的时候,我总是想起明神宗万历皇帝在御赐《永乐北藏》予黄檗寺和天下名山时,曾颁下《藏经护敕》:"一念思善,和风庆云。且善在一人,尚萃一家和气,若亿兆向善,岂不四海大和。"如今,历经千年风雨的涌泉寺重光城头,古刹背后的至孝故事和僧众修桥铺路的大善之举,在无声教化着后世的人们,余香沁人,余响绵绵。

237

寻古玉融

东福寺——南宋祖师法衣收藏处

日本京都东福寺庭院

玉融禅事

10月23日，在宇治黄檗开山堂和本堂参加完"隐元禅师350年大远讳"纪念活动之后，在黄檗宗宗务总长荒木将旭、黄檗宗宗议会副议长普喜正隆和京都黄檗山执事僧陪同下，福建黄檗山万福寺参访团一行，从万福寺总门出发，去往京都东福寺拜塔。

东福寺的中国根与福清缘

午后的宇治阳光明媚，车子在静谧的大街上缓缓而行，不久我们就来到了京都东山区。东山山脉山脚下，有几条溪流汇合成鸭川，河水潺潺，清澈透底，成为京都一处名胜。我们穿过枫树掩映的林荫大道，路边是青瓦白墙，墙下坡地上是厚厚茸茸的青苔。在东福寺派宗务本院大慧殿，东福寺两位僧值在殿门迎接我们。

无准师范禅师于南宋嘉熙元年（1237）付与其日本弟子圆尔辨圆的《阿状》（京都东福寺藏）

僧值说，能够在这里向中国禅师和信众介绍东福寺，充满欢喜。因为东福寺的开山祖师圆尔辨圆禅师，就是在中国留学开悟得法的。圆尔辨圆禅师于南宋期间入宋，在径山寺住持无准师范大师门下潜修六年，学习了临济宗杨歧派的禅法和中国的儒学。回国后，在从径山带回的《禅苑清规》

寻古玉融

基础上，制定了《东福寺清规》，并且明确规定："圆尔以佛鉴禅师（无准师范）丛林规式一期遵行，永不可退转。"圆尔辨圆也是日本第一位获得"国师"封号的僧人，被尊为"圣一国师"。日本禅宗二十多派，约有一半出自圆尔辨圆。现在日本保存中国古代高僧墨迹最多的是无准师范禅师，有六十多幅。

镰仓时代的日本临济僧人虎关师炼，用汉文写了一部日本佛教史，名为《元亨释书》。这

无准师范《自赞顶相》（日本京都东福寺藏）

无准师范禅师墨迹"选佛场"，挂于日本京都东福寺禅堂

部书记载圆尔辨圆在径山寺师事无准师范禅师,奉侍左右,从受禅法。我们福清黄檗山和浙江径山寺、京都东福寺有着割舍不断的渊源,隐元禅师的本师费隐通容禅师曾任径山住持。无准师范禅师是径山兴圣万寿寺第三十四世住持,是圆尔辨圆入宋求法的恩师,他对圆尔辨圆寄予很大期望。南宋淳祐三年(1243)七月,圆尔辨圆辞师回日本的时候,无准师范禅师一直送其到山下,赠给圆尔辨圆禅师两件重要法物:一是密庵咸杰祖师的法衣,二是无准师范禅师他自己的顶相画,上面有他的亲笔题赞。密庵咸杰祖师正是福清人,而且是在福清敛石寺出家,隐元禅师的三位弟子木庵性瑫、即非如一、三非性彻禅师,都曾住持敛石寺。接着定明法师的话题,东福寺僧值很自豪地说,圆尔辨圆祖师从中国带回来的传法信物,至今仍然珍藏在东福寺,这是日本的国宝。正是因为以"无准师范图"为代表的顶相画传入日本,才引发了"顶相"在日本的繁荣。两位法师这一席话,一下子拉近了彼此的距离,让大家倍觉亲切,在祖师住锡修行的道场,切身感受到千百年来交流互鉴的力量。

在禅堂挨香板通透全身

东福寺僧值介绍说,中国南宋时禅宗大兴,吸引着日本执政者和僧人

东福寺禅堂

寻古玉融

的目光。以至于镰仓幕府北条时宗亲自写下邀函聘高僧入日本："树有其根，水有其源。是以欲请宋朝高僧，助行此道。"所以，禅不仅是宗教的修持，更被升华为思想、哲学和人生态度，成为日本中世纪文化发展的重要精神来源。东福寺至今还保留着日本中世禅宗的遗风，建筑直接以杭州径山寺为原型，如今整座寺庙被定为国宝。

僧值把我们带到禅堂，这个禅堂在本堂的西侧，建于室町时代前期贞和三年（1347），为单层、人字形飞檐造法，是日本现存最大、最古老的禅堂，也是日本唯一遗存的中世禅堂建筑。禅堂门楣上挂着"选佛场"牌匾，此乃无准师范禅师手迹。禅堂北面为经藏（相当于中国禅寺的藏经阁），圆尔辨圆祖师从宋朝带回的一千余册珍贵佛教经典即保存于此。福建黄檗山原住持戒文禅师说，禅堂是禅院的重地，我们能够来到无准师范祖师加被的宝地，何不坐禅收摄，接受祖师加持。于是，荒木将旭宗务总长陪着我们一行，跏趺坐于禅榻，每人都接受了东福禅师三香板的"供养"，真的如醍醐灌顶，通透畅怀。以致在禅门外等待的两位同修羡慕不已，恭敬地进入禅室，每人认领三大香板。走出禅堂，我想起了日本著名禅学家铃木大拙说过的一句话："在某种程度上，禅造就了日本的性格，禅也表现了日本的性格。"

东福寺庭院

方丈庭园里的中国风

东福寺僧值告诉我们，东福寺的古建筑，是禅宗风格的完美体现。在京都，一般用"○○の○○面"来表达禅寺的不同特色，如"建仁寺の学问面"是指建仁寺有很多擅长诗文艺术的禅僧。而东福寺是"东福寺の伽蓝面"，是指东福寺有很多塔头，势力雄厚。

242

玉融禅事

东福寺庭园

僧值带领我们登上日本最古老的山门，观看木构和壁画。在本堂，仰首观看绘有龙图彩绘的天井，并在东福禅师引领下，击掌倾听回响。之后，僧值带我们来到著名的方丈庭园，这里名为八相之庭，取自佛教的八相成道。由昭和庭园名匠重森三玲在1939年完成，因其独特的设计风格，而闻名于世。据导览图册介绍，这四座庭园有八个主题，因为时间关系，我们只去了南庭。园中"蓬莱""方丈""瀛洲""壶梁"，以四块巨石来象征神仙传说中的四座仙岛，以沧海波纹的白沙象征"八海"。我们坐在南庭的枯山水前，看西侧的青苔假山，看那象征仙岛的四块巨石，突然感觉到，禅宗真是博大精深。这里的禅宗枯山水，似乎融入了中国儒释道多重思想。以前，在其他枯山水庭园，也看到过类似蓬莱三岛的设景，但从来没有往细处去想过。

说起方丈，东福寺僧值告诉我们，直至今日，东福寺依然会在每年圆尔辨圆祖师忌日三月十八日当天的"佛鉴忌"，举行"方丈斋筵"，还保留着径山寺茶礼的一些风格。

出了方丈庭园，僧值带我们来到通天桥，这里是观赏红枫的网红地。可惜我们来的此刻秋意还不浓，羽毛枫还在"走红"的途中。相传，东福寺有一种叶子像鸭蹼似的红叶，是圆尔辨圆禅师从中国带来的。所以，以后大家来京都，一定要在深秋，一定别忘了来东福寺，看一看七百年后仍然红艳似火的中国红叶。

黄檗三祖师的东福寺之行

隐元、木庵、即非，三位祖师来过东福寺吗？我向黄檗书院研究员李斗石教授请教。李教授不仅很肯定地告诉我，三位祖师都来过东福寺，而且帮我查找并发来多张相关古籍的书影，体现了一个黄檗学者的专业和严谨。

能仁晃道所著《隐元禅师年谱》记载："明历二年丙申（1656），师六十五岁。孟冬，秃翁、竺印二禅德，请游京师仙寿、龙华二刹，次过妙心，入南禅，礼大佛，历东福，各有偈言。"

虽然年谱里用了简单的三个字"历东福"，但隐元禅师在东福寺应该是做了一次深度参访。

首先，东福寺僧人给隐元禅师请出了无准师范禅师的画像，在拜观之后，请求隐元禅师为画像题赞。隐元禅师题写《无准范禅师》一首：

吹毛影现群狐奔，一喝洪波撼海门。
截断卧龙三寸舌，翻云覆雨满乾坤。

此事在《隐元禅师年谱》中作了这样的记载："明历二年（1656）春……为东福寺题无准范和尚真赞。"隐元禅师题写的这首赞诗，载于《扶桑语录》卷十四。

其次，隐元禅师来东福寺的时候，肯定和东福寺的僧人有过比较深入的交流，因为他又写下了第二首诗偈，题目是《示东福诸禅人》：

东福寺红叶季

顶天立地是吾庐，去去无忘水月居。
三百年前东福叟，脚跟看破始逢渠。

除以上两诗外,隐元禅师还写下了第三首诗《过东福寺》:

遨游天外觅同风,慧日舒光遍界红。
片片水云捧足下,重重楼阁现城东。

1653年,木庵禅师五十三岁那年夏天,也曾来过东福寺。《木庵禅师年谱》记载:木庵禅师是在"游东山泉涌寺,谒太庙,过戒光寺,礼旃檀瑞像"之后,"历东福、建仁、妙心、大德"四寺。

东福寺红叶

李斗石教授所译高桥竹迷著《隐元·木庵·即非》一书记载,1664年,即非禅师在黄檗山内竹林寺迎来了四十九岁寿诞,这是即非禅师东渡第七个年头。这一年春天,即非禅师在无心性觉和独航性安等陪同下,参拜京都寺院。先到的醍醐寺,然后拜访东福寺。这一天是二月十五日,正好是释迦牟尼佛涅槃日。东福寺有一幅著名的涅槃像,这是镰仓末期及室町初期的画僧吉山明兆的作品。即非禅师来到这幅画像前观赏,为丹青妙手精致入神的作品而惊叹。当即随喜题偈一首,述说如来法身常在不灭的因缘:

世尊放倒涅槃山,百万人天扶起难。
不意两千年以外,日僧舒卷一毫端。

由于画僧吉山明兆的出现,东福寺更加闻名于世。吉山明兆天生好画,画了许多佛画和肖像画,现存的代表作有纸本着色"圣一国师像"、绢本着色"五百罗汉图"四十五幅等。即非禅师看到的大涅槃图,每年三

东福寺藏《大涅槃图》

禅者的背影

月十五日的涅槃会上都要供人观瞻，这是吉山明兆五十七岁时的力作，高15米，宽8米，可以说是名满天下的日本之最。即非禅师感叹吉山明兆以丹青事佛的功绩，又题偈一首：

灵光一点日并明，今古无人画得成。
是灭度耶非灭度，半春花鸟自含情。

难得的是，黄檗书院文献室藏有这幅大涅槃图的巨幅设色版画，由木庵禅师题写赞语，实为黄檗和东福的又一胜缘。

"萧萧黄叶闭疏窗，沉思往事立残阳"，时隔三百多年，纳兰性德写下的词句，仍然具有穿透人心的力量。密庵咸杰、无准师范、圆尔辨圆，写下的是大宋径山与镰仓东福七百年的传承。隐元隆琦、木庵性瑫、即非如一，让我们在京都的东福寺，又一次走进了三百五十年前的"东西两黄檗"……

玉融禅事

成都寺院的福清高僧塔

　　成都寺院林立，古刹众多。殿宇宏大、林木葱茏的昭觉寺，素有"川西第一丛林"之称，不仅在中国佛教史上占有重要位置，而且在汉藏佛教交流史乃至中外文化交流史上也有突出贡献。宋代高僧圆悟禅师，住持昭觉并在此圆寂，其所著《碧岩录》被列入日本大正藏，今有国师塔矗立寺中。特别值得一说的是，这座寺院，还有福清黄檗山明代住持费隐通容禅

成都昭觉寺圆悟克勤塔

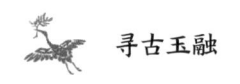

师的舍利塔。

俗籍福清的费隐禅师

费隐通容禅师是一代高僧,福建黄檗山明末第二代住持。费隐通容禅师弘法教化近三十载,培养了六十四位法子,开创了临济宗径山派。他的法子中,著名的有隐元隆琦禅师和亘信行弥禅师,分别开创临济宗黄檗派与临济宗南山派,法脉传播于日本及东南亚各国,传承至今。

费隐通容禅师,俗姓何,讳懋制,福清江阴人。十四岁在福清海口三宝殿出家,礼慧山和尚为师。后来,随同慧山和尚住福州怡山华林寺祖师殿。十九岁后云游四方,先后参学于曹洞宗无明慧经、湛然圆澄、无异元来及憨山德清门下,但都没有契悟见性。

费隐通容禅师版画书影

有一次,一位法师在诵读密云圆悟禅师语录,费隐禅师一下子醍醐灌顶。天启二年(1622),密云圆悟禅师由江西赶往天台,路过绍兴,寓居于吼山,费隐禅师听说后,便冒雨前去拜见问法。谁知道密云禅师在他问法声音未落时,就拿着手拄杖一棒,如是七问七打。就这样几个回合后,费隐禅师歧见冰释,得到密云禅师的认可。五年后,费隐禅师担任金粟山西堂首座,协助密云禅师弘法理事。不久,费隐禅师辞别密云圆悟禅师回到福建。

崇祯元年(1628),密云禅师写信给费隐禅师,请他回金粟再任西堂,可是费隐禅师坚辞不应这个首座,只愿意当一名侍者。只过了一年,第二年春天三月,密云禅师就应请到福清住持黄檗寺,费隐禅师也随着回到福清,并担任首座。可是,在黄檗山才待了刚刚五个月,密云禅师就又回宁波阿育王寺,费隐禅师送到浦城县,居士蔡行庄请费隐禅师栖止浦城马峰。

玉融禅事

成都昭觉寺大殿匾额

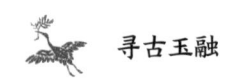

在马峰，费隐禅师开堂演法，一时衲子云从，渐成法席。四年后的崇祯六年（1633），费隐禅师应黄檗寺僧人隆宓及居士林朝龙等人邀请，离开浦城，回老家福清住持黄檗，总共三年。此后，他又先后住持过福建建安莲峰院、浙江温州法通寺、嘉兴金粟山广慧寺、宁波天童寺、江苏松江超果寺、浙江崇德福严寺和杭州径山万寿寺等，后半生几乎都是在江浙一带弘法。

崇祯十五年（1642），绣水弟子张琦曾经为费隐禅师作顶相画，画上有费隐禅师亲笔"自名状偈"："者个秃丁，极其倔强，行过童机，用格外棒，杀活纵横，孰能拦挡，指点当人，端倪之上。突出逆儿觑破来，了无一物可名状，脱体全彰非圣凡，谁云天下之榜样。"这幅画像后来被隐元禅师带往日本。

顺治七年（1650），费隐禅师来到浙江径山万寿禅寺，一住四载。经过苦心经营，肃整清规，兴复古制，使径山焕然改观，重得复兴，后人尊其为"径山费隐"，把其开创的法派称为"临济宗径山派"。到了晚年，费隐禅师应请再住嘉兴府崇德福严禅寺。顺治辛丑（1661）二月十九日，嘱咐大小事项完毕后，端然坐化。遗体火化后头顶骨和牙齿不坏，捡拾出舍利近千颗。弟子们分得舍利后在福建黄檗山、浙江嘉兴金粟寺、四川成都昭觉寺等地建塔供养。福清黄檗山天柱峰之麓，费隐禅师舍利塔至今尚存。

成都昭觉寺费隐禅师舍利塔

在汉朝，眉州司马董常的故宅号"建元"，唐贞观年间（627—649）改为佛刹，名"建元寺"，唐宣宗时赐名"昭觉"。宋崇宁年间（1102—1106）佛果克勤说法于寺，宋高宗赐其号"圆悟禅师"。南宋绍兴初年，敕改"昭觉"为禅林。崇祯十七年（1644），昭觉寺毁于兵火。

康熙二年（1663），丈雪通醉筹款重建昭觉寺，为昭觉中兴开山祖师。丈雪通醉为破山海明祖师第一大弟子，破山海明是密云圆悟禅师的十大弟子之一，和费隐通容禅师为法兄弟。康熙十三年（1674），六十四岁的丈

成都昭觉寺圆悟克勤塔园门楼

雪通醉将昭觉寺交由弟子佛冤彻纲住持。

宋代高僧圆悟克勤大师住持昭觉十年并圆寂于寺内，宋高宗赵构谥其"真觉禅师"，现墓园尚存，俗称"国师墓"。国师墓前立有两块翻刻石碑，一为清初巴县人刘道开所撰《破山海明塔铭》，一为清昭觉寺第二代住持彻纲所撰《费隐通容塔铭》。费隐通容舍利塔为顺治十七年所立，安奉其舍利子二枚。但这二塔现均毁不存。

佛冤彻纲俗籍四川内江，号佛冤，二十三岁礼桐梓牛山丈雪通醉出家。顺治十三年（1656），来苏州府吴县尧峰山兴福院礼谒费隐通容禅师，后归返丈雪通醉门下。未久，受命再礼费隐通容，在其座下受具足戒。费隐通容禅师是彻纲禅师的戒和尚。

康熙二十年（1681），佛冤彻纲受清廷委派，深入四川阿坝、松潘等藏地传法近六年之久，受到藏族群众尊敬。回川时，藏胞送他椰瓢一支、念珠一串。回昭觉寺后他便挂在大雄宝殿，以示对藏地的怀念。康熙四十一年（1702），佛冤彻纲年迈，派弟子去松潘迎请藏族格西（藏传佛教格鲁派寺院的学位）竹峰入主昭觉，成为昭觉中兴后第三任方丈。竹峰在寺内设密坛，供蒙藏喇嘛僧人修持密法。直至今日，藏僧来成都大都住在昭觉寺内。康熙四十二年（1703），康熙赐昭觉寺"法界精严"匾额，并题五言律诗一首，有"入门不见寺，十里听松风"之句。

费隐禅师是明末清初临济宗的大宗师，为宗门法脉传承贡献至伟，他的一部著名著作为《五灯严统》。在这部书里，他以维护宗门统系为自任，针砭时弊，用语严苛。后受到曹洞宗激烈批驳和反击，《五灯严统》最终被毁版，直到隐元禅师东渡日本后，才加以重刻并流传。2022 年 2 月 25 日，日本天皇第七次敕封隐元禅师，徽号便为"严统大师"。

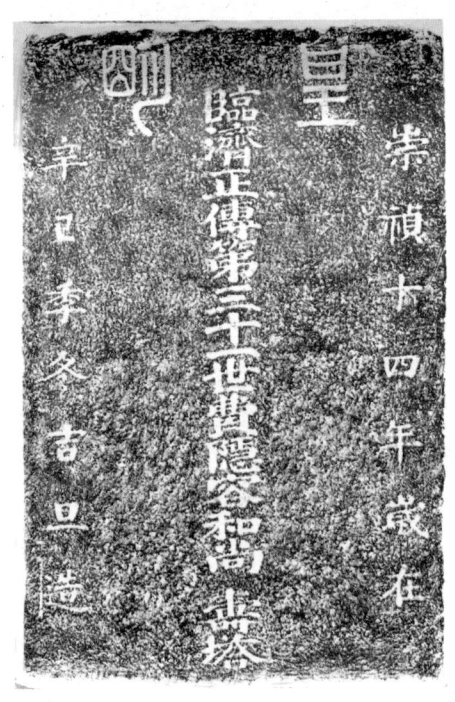

黄檗山天柱峰费隐通容禅师寿塔拓片

玉融禅事

国欢寺——源自福清的曹洞宗开创者

达摩一苇渡江,从印度来到中国,在嵩山面壁九年,创下禅宗,成为初祖。在《六祖坛经》里,慧能大师有"吾本来兹土,传法救迷情。一花开五叶,结果自然成"之偈。所谓"一花开五叶",那就是从达摩一直到六祖,都是一脉相承的禅宗法脉,到六祖之后,禅宗发展演变为五个宗派:

福建莆田国欢寺

沩仰、临济、曹洞、法眼、云门。

  这五宗，有四个与福建有关。创建于唐咸通十一年（870）的闽侯雪峰崇圣禅寺，是云门、法眼两宗的祖庭。福清黄檗山万福寺，是临济宗的祖源。曹洞宗的开创者之一曹山本寂，是莆田人，而且在福清出家。

  临济宗开山祖师乃临济义玄，得法于黄檗希运禅师，故有"天下临济出黄檗"之说。黄檗希运禅师为福清西溪人，在福清渔溪黄檗山出家。黄檗希运禅师的《传心法要》直指人心，是禅宗的要谛和思想基础。他开创了黄檗禅，开启了临济宗风，是我国历史上的宗门巨匠。黄檗希运禅师留下"不经一番寒彻骨，怎得梅花扑鼻香"的名句，传颂千载，启智众生。

国欢寺本寂禅师介绍牌

  曹洞宗的开创者之一本寂禅师，是从福清走出去的一代宗师。莆田市涵江区有一个国欢镇，得名于一座千年古刹国欢寺。据《莆田县志》记载，国欢寺基址，原为黄巷村士绅黄昌岌的旧宅。黄昌岌有两个儿子一起出家，长子妙应，次子本寂。本寂禅师在福清灵石寺出家，并修习密宗六年，直到二十五岁时，俱胝和尚才为其传具足戒。本寂和妙应二人在父母去世后，便将俗家旧居改建为佛庵，初称延福院。后梁开平元年（907），恰逢闽王王审知的长孙王昶出生，闽王便赐延福院新名为"国欢崇福院"。寓意王

福清灵石寺山门

孙出世,举国同欢,当地俗称为"欢寺"。

本寂禅师,俗名崇精,幼习儒业,博闻强记。大中十二年(858),十九岁的本寂于灵石寺(今福清东张镇境内)出家,法名耽章。在唐代,有"走江湖"之说,是指佛教徒和文人墨客经常往来于江西和湖南,为的就是求学问禅。本寂禅师受具足戒后,也开始"走江湖",到各地寻师。此时,洞山良价禅师在江西洞山弘扬其独创的"洞上宗风",受四方赞扬,本寂禅师便前往江西,参学于洞山良价门下。洞山良价见本寂禅师德行高超,非常器重他,便收其为徒,且为长嗣。本寂禅师在洞山悟禅数年,悟入之后,得洞山良价传授洞上宗旨。

曹洞宗传承于六祖慧能、青原行思、石头希迁、药山惟俨一脉。因此,本寂禅师离开洞山后,便前往广东韶州曹溪,瞻仰六祖慧能大师的灵骨塔。之后,本寂禅师又回到江西,来到吉水山,感念于当地僧众诚心求法、慕求开化,便决心留下,取六祖慧能所在的曹溪之称,将吉水山改为曹山,以此表明曹洞宗是六祖慧能的正宗嫡传。

曹洞宗之名，"洞"即指洞山良价所居的洞山，"曹"代表本寂禅师所在的曹山，合师徒居住地之名取作"曹洞宗"。

曹洞宗的主要理论是五位君臣说，以偏正关系代表事和理的关系。此后三十余年，本寂禅师在曹山弘扬曹洞宗旨，获四方赞扬，法席大兴。本寂禅师的教化方式不是举棒即打，也不是长篇大论，而是以引导、推论、启发的方式层层递进、循循善诱，启发人自省，找到自己内心的答案，以明心见性。

江西曹洞祖庭碑

玉融禅事

龙卧寺——碑刻千年话沧桑

福清龙卧寺

福清城头镇五龙村，在南宋时出了一个兵部侍郎，名叫林栗。林栗少时即"以圣贤自期"，国子监考试得第一。他为官期间，从越南为福建引进了耐旱的水稻良种——占城稻。他曾登上黄檗山览秀阁，吟诗一首：

>偶来散居上，寓目见纤微。
>岩嶂层层出，杉松匝匝围。
>猿攀高树舞，鹤拾枯枝归。
>坐落云头起，倏然欲振衣。

五龙村村后有一座拱辰山，又名辰山、神山。康熙《福清县志》记载，林栗去世后，归葬拱辰山。墓前有石刻云："天生一穴，鬼神司之。后世子孙，无得开掘。"

拱辰山下，有一座千年古刹——龙卧禅寺，这里留下了"山盘沧海龙名寺"的不朽故事。

唐代的龙卧寺

关于龙卧寺的最早记载，来自于宋淳熙九年（1182）纂修的《三山志》，书中记载"龙卧寺，方成里，旧产钱五百七十八文"。明代有两部史志，记载的龙卧寺是"唐咸通五年建"。一是明《八闽通志》，其卷七十五"寺观"记载："龙卧寺，在方成里，唐咸通五年（864）建，明永乐三年（1405）重建。"二是明正德《福州府志》，记载内容与上同。

清代康熙、乾隆两版《福清县志》的记载基本相同，主要内容和明代的记载也大体相同。康熙《福清县志》卷十一记载："龙卧寺，在方成里，唐咸通五年建，明永乐三年重修。"乾隆《福清县志》卷二十"杂事"部记载："龙卧寺，在县东方成里，唐咸通五年建，明永乐三年重修。"

记载龙卧寺建于唐代的，还有一首诗可供参考。福建长乐江田村人梁运昌，字曼叔，乾隆三十六年（1771）出生，嘉庆四年（1799）进士，改庶吉士，授编修。梁运昌精通诗律，曾作《游龙卧寺》五律一首：

>松林拉禾陇，一径入若烟。
>精舍佛初地，残碑唐季年。
>虎醒岩月黑，龙隐石潭偏。

诸子开莲社，应推惠远贤。

梁运昌此诗，还引来梁章钜以《游龙卧步江田兄原韵》唱和。梁章钜是江苏巡抚兼署两江总督，他和梁运昌同为长乐人、同是嘉庆年间进士。到了咸丰年间，内阁中书陈蕚芬，又以《游龙卧步江田原韵》和诗一首，陈蕚芬和梁运昌同是长乐人。

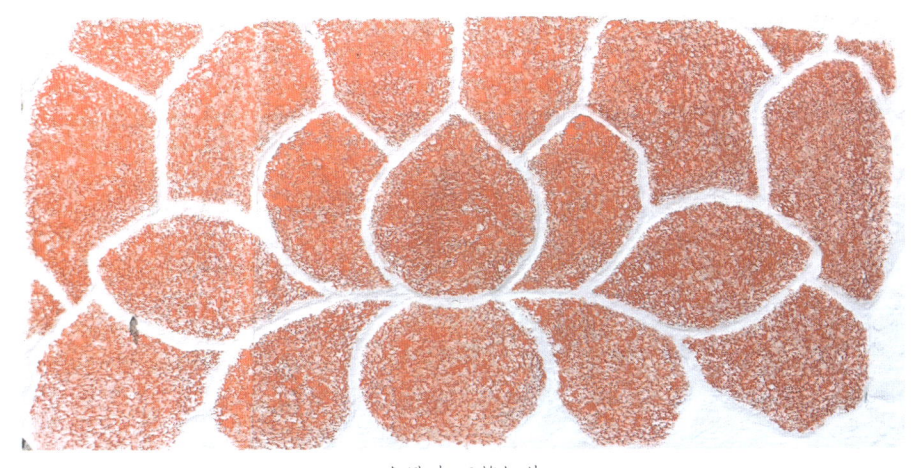

龙卧寺石莲拓片

梁运昌诗中的"残碑唐季年"句，清楚说明，当时的寺院是有一块"残碑"，可资辨识出"唐"代的年份。这一点，梁章钜在他的和诗中也写下"石斑疑有字"之句。而陈蕚芬诗中的"浩劫换何年"，说明龙卧寺历经沧桑巨变，几经"浩劫"重生。

宋代的龙卧寺

明代福清，有一位开馆授徒的饱学儒生林洵仁。据乾隆《福州府志》记载，林洵仁，字信民，明代福清人。业《春秋》，兼习百家，通天文、地理、医卜之术。弱冠授徒乡邑，严毅方正，年七十九，沐浴具衣冠而逝。著有《芸轩稿》，藏于家。《中国历代人名大辞典》记载，林洵仁，明福建

龙卧寺桥碑铭拓片

福清人。林洵仁写有一篇《重修龙卧寺记》，这是目前能够见到的关于龙卧寺最全面的记载。

龙卧寺的"旧寺"时期

《重修龙卧寺记》一文，记载了"龙卧寺"的地理位置、寺名由来以及"旧寺"存在的时间："拱辰龙卧寺，古为祝圣道场，去邑治之东一舍许。峰峦拱北，奇怪万状。林树森郁，堂宇翚飞，非一方之胜概乎。前挹狮子岩，后枕五马石，右接灵鼓山，左带龙卧岩，瀑布数千尺，昔有龙蟠卧其中，故榜其寺额为龙卧。"从这里的记述，我们可以推断，拱辰龙卧寺，"古为祝圣道场"，这里的"古"就是龙卧寺从唐代开创，直到南宋孝宗乾道年间的再一次"肇基"这段时期。

南宋孝宗时期的"肇基"奠定今天龙卧之基

《重修龙卧寺记》一文记载："宋孝宗乾道丁亥岁（1167），吾族之义士林償、林赟，暨乡中郭昉等，各施私帑，广募众缘而肇基。"

这段记载表明，南宋孝宗时期的龙卧寺经历了一次重建，这次重建是林洵仁的同族乡亲林償舍资。

这里的"吾族之义士林償"，龙卧寺现存的两处石刻，一处在大殿后的莲花池上,有"偿舍"二字。一处在寺院大门前的桥栏上,虽然字迹漫漶,但依稀可辨的有"林偿,弟塑,侄吉,为考妣造桥一所,利资存殁,癸未年四月……"等字。林洵仁文中记载的是"宋孝宗乾道丁亥岁",由此来看,桥栏上的"癸未年四月"之"癸未",应为南宋孝宗隆兴元年(1163)。

南宋龙卧寺开山十年后迎来一次龙卧山祈雨

福清历史上严重缺水,通过祈雨而普降甘霖,就成为古代官员的一件大事。官员祈雨的背后,是官员忧民、爱民的具体体现,是一种对民生疾苦的忧虑,也是官员勇于担责的体现。到哪里去祈雨?要找有龙的地方,"惟龙行而致雨"。在林洵仁的笔下,龙卧寺"左带龙卧岩,瀑布数千尺,昔有龙蟠卧其中"。明《八闽通志》记载,宋乾道九年(1173),县令刘敦在此祈雨,十分灵验,后来在祈雨处设立"立龙堂"。淳熙二年(1175),县令范处义雕刻刘敦像予以祭祀。龙卧山龙潭与黄檗山龙潭、阳下东漈寺、镜洋石子垄等地,成为福清历史上四处祈雨遗址。

龙卧寺前的农田

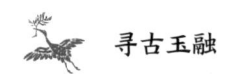

《方城里乡志》中记载的宋代翁子郊

清人陈士藩《方城里乡志》"仙释"一条记载："释子郊，住持龙卧寺。宋乾道时，尝构石室于寺右，习静修真得妙谛。曾有一叟，须眉苍古，得得而来，释礼待之。弈棋旬余，既而倦卧，窥之，乃龙也。忽而飞去，故颜其寺为龙卧。"

龙卧寺位于湖美村，与其毗邻的是五龙村，这个村里有一座爱坐桥，位于古涌泉寺旁。为石构单孔平梁桥，桥长约3.5米，桥面为两块石板并列平铺而成，宽约0.8米，石板上阴刻有铭文。桥头有一个天然石壁，刻有"爱坐"二字，为上下排列，小篆阴刻，字径约0.2米。

以上两条记载颇似传说，而且未见州府县级古志正史记载，这里列入正文，请读者以附录视之。

元代的龙卧寺

林泂仁在《重修龙卧寺记》记载，宋时的龙卧寺产有"良田贰佰肆拾亩"，但是"久历星霜，未免震凌风雨"，"迨元至正丁亥，住持僧志喆、志贤暨其徒，发仓廪之积、衣钵之资，协力葺理，底克完固"。

也就是说，以林偕捐资建寺的南宋孝宗隆兴元年（1163）为始，到了"元至正丁亥（1347）"年，已是一百八十多年，因为"久历星霜"，自然是"未免震凌风雨"。所以，龙卧寺住持志喆、志贤，带领他们的徒弟，克尽全力，最终修葺加固了寺宇。这是难得一见的关于福建元代佛寺情况的文献记载。

明代的龙卧寺

林泂仁在《重修龙卧寺记》记载，元至正丁亥年重修之后一百二十六载，到了明成化癸巳年（1473），龙卧寺住持盛中，重修了后佛庵，但是没有修完就圆寂了。后来是慧深大师带着他的徒弟，莆田人海月上人，继主龙卧。"大师舍财募缘，欲兴之而力弗堪，退居东席。上人董其事，志在经营。躬耕南亩，岁收玉粒皆积累之，无私货。"从弘治壬子年（1492）

冬天开始，用了十二年时间，先后建起了法堂、五帝堂、钟楼、仓舍、大殿、石甃佛座。再过了三五年，"土木之工，陆续整治，期以落成"，全部完成了从屋内到垣墙的所有工程。按时间推算，此时已是正德四年（1509）。

明正德之后是嘉靖、隆庆朝，福清的倭患，在明嘉靖年间最烈，贼倭足迹几乎遍及福清全境。可以想见，嘉靖、隆庆时期，龙卧寺也难逃一劫。

明万历年间，龙卧寺得到复苏

文献记载，叶向高曾为龙卧寺题写联句："山盘沧海龙名寺，境入珠林石是莲。"这副对联题于何时？据叶向高自撰年谱《蘧编》记载，自万历十五年（1587）至十七年（1589），叶向高在家为父丁忧。万历十八年（1590）丁忧期满，进京补官，未满两个月，生母林氏去世，又回家为母丁忧。也就是说，叶向高为龙卧寺题写对联的时间，有可能是他在玉融丁忧期间。另外一个时间窗口，就是万历四十二年（1614），叶向高"谢政归来"，回到福清之后。

龙卧寺明代永乐年间的"重修"和崇祯年间的"重造"

几乎所有记载龙卧寺的史志古籍，都明确提到"永乐三年（1405）重修"。从龙卧寺现有的古代石构件和石刻留存来看，大雄宝殿两侧是明代石条砌造的"踏跺"，也叫"踏步""踏道"。它不仅有台阶的功能，而且承担着从人工建筑到自然环境之间的过渡。过去皇宫的正殿则有三处台阶，中间的一处台阶叫"陛"，皇帝的尊称"陛下"即由此而来。龙卧寺大雄宝殿两侧的"踏跺"，是两旁设置垂带石的"垂带踏跺"。难得的是，在西侧踏跺的两条垂带石上，有明代的石刻。右手垂带石上，雕有"时永乐甲申（1404）住山志喆造"，左手垂带石上，雕有"崇祯庚午年（1630）住持僧性莲重造"。

踏跺右手垂带石上的石刻表明，明永乐年间，主持龙卧寺重修工程的，应该是龙卧寺的住持志喆大和尚。但是，林洵仁《重修龙卧寺记》有"迨元至正丁亥，住持僧志喆、志贤暨其徒，发仓廪之积、衣钵之资，协力葺理，底克完固"之句，这说明，元至正年间龙卧寺有一个"住持僧志喆"，明永乐年间又有一个"住山志喆"，这是怎么回事？从时间上看，垂带石上的"永乐甲申",要早于林洵仁写《重修龙卧寺记》几个朝代,由此分析,可能有以下几种情况:一是这里出现的两个"志喆"不是一个人,这样石刻和林洵仁都正确。二是永乐石刻是对的,林洵仁记载有误。三是石刻是臆造的,林洵仁记载是准确的。

左手垂带石上的石刻说明,在永乐年间的重修之后,走过了两个世纪,到了大明最后一个皇帝的崇祯三年(1630),龙卧寺住持性莲大和尚又对龙卧寺进行了一次"重造"。为什么要"重造"?从时间上看,永乐重修已经过去了两百多年,寺院本身因年久失修,需要正常的"重造"。从地理位置上来看,龙卧寺所在的方成里(城头镇)在福清湾北岸,三面临海,为水上交通要冲。所以,福清从元代就开始出现倭患,到明嘉靖年间最为惨烈,倭寇足迹几乎遍及福清全境。龙卧寺东侧的后山,是通往长乐的古驿道。据《八闽通志》和《福州府志》等古志记载,嘉靖三十七年(1558)

龙卧寺垂带踏跺上的题刻拓片

四月,嘉靖三十八年(1559)三月,嘉靖四十年(1561)四月,倭寇都是从长乐进入福清县境,占据山头村镇,杀人放火,无恶不作。由此来看,龙卧寺有很大可能毁于嘉靖倭患。

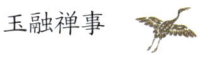

龙卧寺垂带石上雕刻的崇祯三年的"重造",恰恰说明了崇祯年间的这次工程,不是"重修",而是在废墟之上,进行了一次"重造"。

清代的龙卧寺

清初顺治年间,龙卧寺依然兴盛

龙卧寺在经历了崇祯三年(1630)这次重造之后,仅仅过了十四年,大明王朝就随着崇祯皇帝煤山自缢而终结。应该说,明末清初这段时间,龙卧寺平安无恙,因为镶嵌在寺院墙里的一块龙卧寺勘界碑,默默地记载了这个史实。这块石碑使用了"顺治辛卯(1651)二月"的年款,这说明那时的清王朝不仅入主中原大地,而且渐渐控制了曾经是反清复明一线的"南明的福建福清"。

这块龙卧寺勘界碑,是顺治八年(1651)龙卧寺住持空隐和尚所立,内容讲的是龙卧寺一块远离寺院的寺田的"四至"。这块地哪里来的?为什么远离寺院?碑文讲到"本寺承上代祖师",也就是说,清初的龙卧寺是一代代从祖师手里传承下来的,其中有"田园百余亩",地址在"上垄全洋山","上垄"就是今福清南岭镇梨洞村上岭自然村。上垄村距离龙卧寺所在的湖美村盘山路要超过十五公里,所以碑文中说"该田与寺相距颇远"。龙卧寺对此有担心,"将恐沧桑多变,无从稽考",寺院住持空隐和尚就与四里八乡地方上体面的绅衿人士一起,"同立"这块龙卧寺碑,将远在上垄的这块"飞地"的"四至","泐石以志"。

康熙朝前二十多年,龙卧寺毁于"沿海迁界"

龙卧寺经过明末崇祯三年的重造,清初顺治年间的勘界,到了康熙四十九年(1710)以前这段时间,没有任何记载。康熙朝这四十多年时间的龙卧寺,为什么没了记载?

话从一块"奉旨迁界"牌说起。2022年1月4日,龙卧寺所在的湖美村林场前的古道上,出土了一块条形界碑,碑文为"奉旨迁界"四个阴刻匠体字,石碑总长106厘米,宽28厘米。"奉旨迁界"是怎么回事?明朝灭亡后,清军入关,郑成功一路保护南明隆武帝撤回福州,并被封为"国

清顺治年间的龙卧寺碑拓片

姓爷"。直到隆武帝被俘，郑成功才避走金门，在沿海各地招兵买马，力抗清军。顺治十八年（1661），郑成功收复台湾并高举反清复明大旗，顺治、康熙年间，为了严防山东、江浙、福建、广东等东南沿海地区接济郑成功的海军，清朝强令沿海居民向内地搬迁，在沿海区域留下了约为30—100里的"无人区"。房屋全部焚毁、土地废弃，重新划界围栏，不准出海，目的是让郑成功在大陆沿海得不到粮食等补给。

这一政策的实施，使得沿海地区建筑物被焚毁，耕地荒芜，人口锐减，遭到的打击是毁灭性的，沿海经济社会文化几乎荡然无存。这块碑是福清发现的唯一一块迁界碑，见证了这段持续时间之长、影响之大，对沿海地区伤害之深的特殊历程。沿海迁界从顺治十八年持续到康熙二十二年（1683），连续实施了二十三年之久，对五省沿海居民造成了难以估量的生存危机。

康熙末年龙卧寺又一次中兴

经历了二十多年的迁界重创，龙卧寺毁于一旦。到了康熙朝后期，龙卧寺又一次中兴。这次中兴的主持者，应该是龙卧寺敏庵僑老和尚。龙卧寺现任住持义净法师，在龙卧寺后山发现了一块康熙年间的龙卧寺住持碑，这块碑是"辰山敏庵僑老和尚塔铭"。这块塔铭碑，由敏庵僑老和尚的徒弟心盛法师，立于康熙庚寅（1710）四月。塔铭中对"辰山敏庵僑老和尚"的重兴之功，用极其优美的韵文抒写，称敏庵僑老和尚"立卧龙规，作石莲主，荷担大法，气吞佛祖，机如掣电，怀倾倒注，一条白棒，迥起今古，维兹窣堵，万山呵护，日月为灯，乾坤为宇，荫尔孙枝，松图柏谱，试于五马峰头，瞻仰师之慈云法雨"。

此时距离迁界结束已经二十多年，可以算得上是"百废重兴"。敏庵僑老和尚负担起建寺弘法重任，继往开来，"迥起今古"，开创龙卧寺规矩，龙卧寺得到"万山呵护"，法子法孙兴旺，龙卧寺所在的"五马峰头"，处处都能感受到敏庵僑老和尚的"慈云法雨"。

康熙末年的龙卧寺中兴，至少一直持续了几十年。现在的龙卧寺大殿，有一堵栏杆，雕刻有"信女潘存宋领孙陈升龙，喜舍阑干一堵全"的字迹。

"阑干"就是"栏杆",这位信女潘存宋,带着她的孙子陈升龙一起,高高兴兴地捐助了"阑干一堵全"。也就是整个一套栏杆,共有"栏板"九块,用来固定栏板的"柱子"十根,石栏杆的底座"地铺石"十一条,总长23.6米。潘存宋和孙子一起舍金建造栏杆的时间是"康熙岁在丁酉(1717)孟夏榖旦"。敏庵憁老和尚是康熙四十九年(1710)圆寂,也就是说,此后七年的康熙五十六年(1717),龙卧寺又一次建设,从这套大殿使用的栏杆近二十四米的长度,可以想见这次建设的规模之大。

龙卧寺栏杆舍资人题刻

福清龙田人何连城,是康熙二十九年(1690)举人,历任建宁教授、浙江乡试同考官和国子监助教。国子监助教官职不高,与国子监博士品秩相当,为从七品官。

康熙年间,何连城来到龙卧寺,写下《游龙卧寺步叶文忠公韵》一首,诗里有"龙卧正酣"之句。至于叶向高写的是什么诗,至今已无法查询。

乾隆年间的龙卧寺兴盛发达

龙卧寺经过康熙末年的重建,经过雍正朝,一直到乾隆年间,都很兴旺发达。

乾隆年间,龙卧寺僧寄云曾被征召入京,清人陈士藩《方城里乡志》"仙释"一条记载:寄云声声,乃龙卧寺释也。性颖悟,精画法,色色俱佳。墨竹独擅其妙。乾隆间,召征入京,帝览其图,曰:何不画笋?奏曰:空中雨露少,自觉发生难。帝嘉之,赐其名曰"寄云声声"。自受恩后，始画笋。福建巡抚陈世瑢曾来龙卧为其法堂送匾，上款题"为寄公大和尚"，中间大书"法堂"二字。

乾隆年间龙卧还有一名僧惠远，时人梁运昌《游龙卧寺》诗有"诸子开莲社，应推惠远贤"。五龙名士李若青《题龙卧书舍》诗有"精舍传开自远公，莲花坐应拱辰宫"句。

此外，通过一块建桥碑，足以见证龙卧寺僧在乡里公共事业中的号召力。湖美村有一座圣帝桥，桥头有一方乾隆四十一年（1776），由"龙卧寺僧得木劝缘立石"的"重造圣帝桥记"石碑。这块石碑原来是拱形的，但已被人从中间割断，拱形变成了平面，碑额中的"圣帝"二字连同竖向的碑文，已经缺失。现立在桥头的是"重造××桥记"，碑文记载，"龙卧寺僧劝缘林为成、王顺时各一两，张建升、林允善各花银一元"，"劝缘首卿进士文林郎任平和县儒学正堂李璋拍俸四两正"，"都缘首雍进士王元祯奉缘十五两，副缘首岁进士陈文宸奉缘五两正，预缘首雍进士陈天章奉缘五两正"。这块碑落款"乾隆四十一年丙申嘉平之吉龙卧寺僧得木劝缘立石"。这清楚表明，乾隆时期的龙卧寺，在乡里影响很大，受人信赖，在龙卧寺的和尚主持发动下，官民同发善心，捐资建造了这座圣帝桥。桥梁落成之日，龙卧寺住持得木和尚为所有善信的善举，立起了这块碑。

"劝缘"，按丁福保《佛学大辞典》解释，就是"劝有缘之人而使寄附净财也"。这里面出现的"雍进士""卿进士""岁进士"，其实并不是进士。清人作碑传、墓志，为美化传主起见，常将其功名称为某进士以为嘉号，如《称谓录》里提到，举人称为"乡进士"，岁贡生称为"岁进士"，"雍进士"就是国子监生的美称。

2000年，海风出版社出版了一部《福州怡山西禅寺》，此书谈到了三位"西禅高僧归龙卧"的事情。"西禅"即福州怡山西禅寺，其第一代开山大安禅师，福清陈氏子，少时出家于黄檗山，后往江西参拜百丈怀海禅师。灵祐禅师圆寂后，继席大沩山。经福州知府礼请，七十三岁高龄移锡怡山西禅寺，朝廷赐"延圣大师"和"圆智大师"。

《福州怡山西禅寺》记载，乾隆八年（1743），怡山西禅寺第三十七代

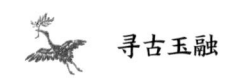

大音闻禅师圆寂后,他的法嗣非尘声禅师携其灵骨,归葬于福清龙卧山东塔。这位非尘声禅师,自乾隆九年(1744)起,住持西禅五年,为怡山西禅寺第三十八代。他在西禅退居后,就回到福清住龙卧寺,圆寂后归葬龙卧东塔之阳。此后的怡山西禅寺第四十代怀溥仁禅师,住持怡山三年,募金赎回寺田九十八亩。圆寂后,也葬于福清龙卧山东塔。

龙卧寺住持继云禅师,福清陈氏子,曾住持福州三峰神光寺,后住持福清龙卧寺。乾隆四十九年(1784),被福州乡绅请去住持怡山西禅寺,被称为"第四十三代中兴当山继云禅师"。继云禅师先后为怡山募赎寺田八百多亩,并于嘉庆八年(1803)渡台募化,重修大殿,有《敕赐怡山长庆禅寺继云善禅师语录》行世。

嘉庆初期龙卧寺被债务拖累而"废坠"

龙卧寺保存有嘉庆十年(1805)福清知县和"方城、永宾两里"以及龙卧寺住持得枝法师同立的两块石碑——"永远垂禁"碑和"捐埋同功"碑。碑虽然是两块,但内容是"一体关联"的。

"永远垂禁"碑的碑文,是福清知县余昌祖所撰,也就是说这是一份石刻的"官方文件"。知县余昌祖说:龙卧禅寺,自古以来就是"精蓝胜概",我在公务之余曾经来到这里,知道这个寺院建自唐代,重建于清代。是四里八乡的善信,捐金从善而成,这些善信的姓名都刻在了梁匾之上。龙卧寺旧有寺田二百多亩,住的僧人也"颇盛"。但是,后来因为寺规颓弛,寺院把寺田押给周边村民,换取租金,但是久而久之,老百姓欠着寺院的土地租金不给,积累下来高达六百多两银子,寺院被拖累得无力支撑,因此渐渐"废坠"。村子里的耆老乡贤,一直要倾力振兴龙卧,就"投刺"于我以求相见。希望我下令明示,禁止这些"从前恶习",我就让这些乡里的头面人物"董其事","俭积余租以洗旧氛"。这些乡贤"矢心办公",用了不到三年,就让百姓偿还了欠寺院的三百多两银子。但因欠债颇多,"猝难清款",村里的秀才陈家黄、陈我素、李本成、陈祖亮四人,乐善好施,他们合起来捐出了二百五十两。这样,寺院剩余的"前欠"基本"扫清"。我为了嘉奖陈家黄等人的善举,也为了今后再不出现这种难堪的事,

玉融禅事

龙卧寺"永远垂禁"碑拓片

特此出示谕禁。

福清知县余昌祖的"谕禁"可谓清楚明白，通俗易懂。余昌祖下令：永远不许"僧俗通借"，如果有违背的，准许村里的乡贤指控，"焚其券，没焉"。就是说要乡贤烧掉他的契据，予以没收。所有人等，"毋得侵吞界内松杉"，打柴者"毋得占砍"，其余"地棍闲人"，就是地痞恶棍和游手好闲之人，"均不得借端糟跶寺僧"，重蹈恶习，这些都是"法所不宥"的。只有通过上上下下严格约束，落实到行动上，才能"卫丛林，培灵秀"。成败在此一举，所以"特书以为记"。

嘉庆中期重修龙卧寺后东山月岭塔

清人陈士藩《方城里乡志》"庙堂寺观桥坊等"一条记载，"月岭塔在五龙东山"。福清知县余昌祖表彰陈家黄、陈我素、李本成、陈祖亮等人善举后五年，嘉庆十五年（1810），陈家黄、李本成等人，又对龙卧寺后东山月岭塔进行重修。2016年10月曾对此塔实施修缮，重修后的月岭塔塔身第三级有一尊佛像，两侧文字是"住涌泉灵环舍石佛一尊"，塔身题刻"嘉庆庚午（1810）重修"，"陈祖彭五两，陈家黄、李本成各二两"等文字。这次重修，在塔基还出土一枚北宋钱币"崇宁重宝"。也就是说，在五龙村功德主捐金对龙卧寺实施重修五年之后，他们又对东山的月岭塔进行修缮。

龙卧寺后山群峰耸出，溪流交错，古代的交通之艰难可想而知，这里又是通往长乐的古驿道。涌泉寺、龙卧寺僧和周边百姓一起，逢山开路，遇水架桥，他们在涌泉寺、龙卧寺周边，至少架起了三座桥。

其中，龙亭桥位于龙卧寺东侧的大山之中，是古代福清至长乐的驿道，南北走向，为梁墩桥。该桥始建年代不详，驿道旁有一间简易小亭，原为古代路人远足歇脚之处，现为土地庙，亭壁上有一通碑刻，是"嘉庆二十三年（1818）立"的"重造龙亭桥"碑。

光绪二十五年（1899）前的龙卧寺香火依然

台湾银行经济研究室主编的《台湾私法人事编》是台湾历史文献丛刊第117种，此书记载了光绪二十五年，福州怡山长庆禅寺戒坛发给僧人谈

玉融禅事

龙卧寺后山"重造龙亭桥"碑拓片

献的"戒牒":"兹据,僧谈献,字天珠,系福建省兴化府仙游县阮氏子,年三十七岁,投福州福清县龙卧寺出家,礼潮惺为师。年三十八岁来山,四月初四日授沙弥戒;初六日受比丘戒;初八日受菩萨戒。以此流通戒法功德,上祝今上皇帝圣躬万安,天下太平,民丰物阜,俾佛道同皇恩浩荡,金轮与法藏昌隆,填给戒牒,听许游方参学,勿令放逸,须至牒者。得戒大和尚传曹洞正宗第四十八代明光泉禅师,大清光绪二十五年岁次己亥四月初八日付菩萨戒弟子谈献受持。"

这份戒牒,记载了光绪年间,在福清龙卧寺出家的三十七岁的仙游县阮氏子,出家后法名谈献,他的师父是龙卧寺潮惺和尚。仙游人跑到福清龙卧出家,说明这个寺院有一定影响。龙卧的僧人到福州怡山西禅寺戒坛受戒,说明龙卧和怡山西禅联系的紧密。特别难得的是,龙卧寺僧人谈献这份戒牒,接受的是曹洞宗的传戒,也说明那时的龙卧寺也应该是曹洞宗。

福清龙田人施朝铨,是光绪六年(1880)进士,他曾来龙卧寺,并作诗一首,其中有"山经龙卧云常护"之句:

瀛洲高会萃群仙,旧谊新知意气联。
酒兴未阑犹午日,豪情端合属丁年。
山经龙卧云常护,池簇莲香水亦妍。
读遍笼纱惭学步,拱辰石上耸咏肩。

龙田福庐山的福庐禅寺,前殿刻有施朝铨撰书的一副楹联:"鹫岭雪山供养梵王崇净域,虎溪虹涧低徊相国旧平泉。"寺中前殿原还有一副对联,后在重修时丢失。联曰:"佛不外人情可对人乃堪证佛,人皆具佛性知敬佛能勿爱人。"

通过对寺院现有文物碑刻研究来看,龙卧寺始建于唐,南宋乾道时期,五龙乡贤林偕肇基重建,即为今址。宋时僧曾建爱坐桥与龙亭桥。明永乐三年(1405),龙卧寺重建,成化、弘治、正德三朝多有增修。嘉靖年间毁于倭寇,崇祯年间重修。清初顺治年进行勘界,康熙三十年(1691)前因"奉旨迁界"寺毁。康熙末年又一次中兴重建,乾隆时期鼎盛,后因寺大田多,租地者欠金导致颓坠,嘉庆十年(1805)重兴,一直到清末光绪二十年(1894)之前,龙卧香火不断。

龙卧寺大殿后山

附录

附录一：从袁崇焕写给叶向高的两首诗说起

明天启元年（1621），叶向高二度入阁为首辅。天启二年（1622），袁崇焕前往京城觐见明熹宗朱由校，御史侯恂破格提拔袁崇焕在兵部任职。《三管英灵集》收录袁崇焕诗《寄叶台山相国》：

> 征车慷慨出城闉，赠策临歧语独真。
> 杯酒论心皆血性，干戈满目总风尘。
> 惟求孟氏能生我，难保曾参不杀人。
> 无限忧虞期报国，谁怜边塞一孤臣。

城闉，古指瓮城的门。此诗为袁崇焕出京赴辽前写给叶向高的，走之前得到叶向高的殷切嘱托，自己也希望能够成就一番事业。袁崇焕任山海关监军是在天启二年二月二十八日，此诗应作于此后不久。叶向高的《后纶扉尺牍》收录一封《答袁自如监军》，写在袁崇焕赴任以后、辽东经略王在晋到任前夕。叶向高在信中鼓励袁崇焕："愿言努力，以答舆望。"正因为袁崇焕与叶向高有交情，所以后来当他与王在晋有守关方略之争时才会去信叶向高。

剧烈而持久的党争是晚明政局的突出特点。在当时的环境下，党争造

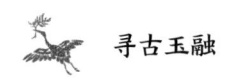

成官员集团的分裂和内讧，辽东边臣也被卷入，其军事行动和个人命运深受党争影响。政治立场取代军事才能成为明朝选拔辽东边臣、评判将帅功罪的主要标准。天启前期袁崇焕守辽活动的开展离不开东林党的支持。袁崇焕自视为清流官员，长期坚持同阉党作斗争，但到了天启末年，为顾全辽东抗清大局和躲避政治灾祸，又一度转而与阉党合作。事实上，明清战争是影响朝廷党争的重要政治因素，而袁崇焕的个人命运则是朝廷党争和明清战争相互作用关系的最好注脚。

袁崇焕正是在"东林势盛，众正盈朝"的政治环境下成为一员守辽军将的。天启元年（1621）冬，袁崇焕本是"以边才自许"的一介入觐县令。当时辽东战事处于白热化阶段，袁崇焕于朝觐事毕，"匹马走山海，周视形势七日夜而返"，一时声名大噪。经御史侯恂推荐，天启二年二月被留用为兵部职方司主事。广宁溃败，辽东势危，袁崇焕"自陈愿备兵"，遂被提拔为山海关监军。袁崇焕被破格拔擢守辽，固然因为他的才能和爱国情怀，东林党人的支持也是重要原因。推荐袁崇焕的侯恂便是东林党人侯执蒲之子，人称"东林健将"，此外袁崇焕与主政的东林领袖也有密切关系。

叶向高于万历后期、天启前期两次入阁辅政，被视为正直派朝士领袖，"东林诸子奉福清（即叶向高）为伦魁"。叶向高对袁崇焕守辽活动的支持首先表现在守关方略上。据《督师纪略》卷一记载，天启二年五月，辽东经略王在晋提出于山海关外八里铺筑城的计划，得到旨允，"监军道阎鸣泰、袁崇焕力争不能得，奏记于首揆叶向高"，分理军需兵部主事沈棨、赞画军需举人孙元化"亦阴以不可闻于首揆"。随后有孙承宗视察山海关、回京请旨撤换王在晋一事。研究者都肯定袁崇焕在这场方略之争中的作用，可是对袁崇焕奏告叶向高的具体情况并不清楚。袁崇焕致叶向高书牍今未见，《后纶扉尺牍》收录前人未见的叶向高回信，云："守关者不当靠定关门，而当布置于关之外，此定法也。况关外有可据之地，而弃之不守，一旦贼来，岂一墙所能限乎？大教量力度势，事理甚明，阁中诸公皆以为然。但经台之意不同，须当委曲。生拟躬至关上，与之筹划，而凯阳丈（即孙承宗）欲行，不敢阻之。此行不为阅边，盖专为经台与三君计较此事也。经台议论之不同，都下人皆知，形迹一开，将又蹈经抚之前辙。必须曲畅其意，使其欢然乐从，乃克有济耳。"就该信来看，叶向高认同袁崇焕防守关外的主张，并派遣孙承宗以阅边为名，前往山海关与袁崇焕、沈棨、孙元化计议，最终否定八里铺筑城。

《后纶扉尺牍》还收录三封叶向高给袁崇焕的回信。第一封作于孙承宗到关主持防务不久。针对袁崇焕催促防守关外、欲兼武职的提议，叶向高信中说朝廷舆论认为出关之议未可轻谈，袁崇焕欲兼武职一事应与孙承宗商量可否。第二封信主要为朝士对山海关军政的纷嚣言论而发。当时有部分朝士为阻挠出关之计，攻击孙承宗误信山海关总兵马世龙。从叶向高回信看，袁崇焕在来信中解释了马世龙遭谗缘故，叶向高感到"差强人意"。叶向高回信又提到廷推蓟辽总督一事，袁崇焕主张停推蓟辽总督，叶向高认为蓟辽总督职在镇守沿边近京一带，不可罢去。天启四年（1624）三月，廷推吴用先为蓟辽总督。这是这封信写作时间的下限。第三封回信针对袁崇焕来函提出的出关复辽之策而发。叶向高认为辽东明军士卒未精、军饷不足，缺乏反攻后金的物质基础，希望袁崇焕谋定而动。叶向高在信末提及自己几番苦求离职，可知该信当作于天启四年七月叶向高罢官前不久。

上述可见，天启二年至天启四年间袁崇焕就辽东军务向叶向高提出诸多建议，希望以叶向高为首的内阁予以支持。叶向高将辽东边务委任孙承宗，也对袁崇焕颇为器重。可以说，天启前期袁崇焕能够成为守辽军将，其守辽活动顺利进行，与叶向高、韩爌内阁的支持以及督师孙承宗的扶植是分不开的。而这一切都得益于天启前期东林柄政的清明政局。

天启四年六月，东林党向阉党发起猛烈反攻，因未获皇权青睐而败下阵来。阉党为扳倒东林党，先把矛头对准庇护东林党的叶向高，他们利用林汝翥事件逼迫叶向高于该年七月离职。袁崇焕密切关注这场党争风波，作有《闻叶台山相国乞归得请赋此寄之》一诗：

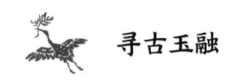

>先生今竟去，世事更堪忧。
>举国疑高马，何人问丙牛？
>乞身原贵早，屈指似难休。
>肯为苍生计，艰难再稍留？

叶向高是正人领袖，他的离职使袁崇焕对政局深感忧虑，因而寄此诗挽留叶向高。事实证明袁崇焕具有相当的政治敏感度，叶向高去职果然使阉党气势更盛。朝中东林党要员先后被免职，继任首辅的袁崇焕座师韩爌也被放逐。魏忠贤起用党羽任中央、地方衙门要职，"天下大权悉归忠贤矣"。天启五年（1625）三月，阉党利用汪文言案制造党狱。阉党认为罗织东林党罪名，"若坐纳杨镐、熊廷弼贿，则封疆事重，杀之有名"，因此利用辽东封疆问题迫害东林党。杨涟等"六君子"被下狱拷掠至死，原辽东经略熊廷弼于同年八月被害，传首九边。似乎有所预见，这与诗中末句"肯为苍生计，艰难再稍留"所表达的难舍心情和后来的现实相互印证。

（本文经暨南大学文学院王荣湟博士授权，收入此书为附录）

附　录

附录二：朱熹的福清足迹

朱熹（1130—1200），字仲晦，号晦庵，又号紫阳，世称晦庵先生、朱文公，徽州婺源人，侨寓建阳，曾任秘阁修撰等职。朱熹平生广注儒学典籍，对经学、史学、文学、乐律以至自然科学均有贡献。朱熹的学说在明清两代被确立为儒学正宗，并影响到了朝鲜、日本等国。朱熹的博览、慎思、不远复精神对后世学者影响至深。他的盖世经典还是《四书章句集注》《周易本义》《诗集传》《楚辞集注》，后人所编纂的《晦庵先生朱文公文集》和《朱子语类》也是流传千古。朱熹是十二哲者之一，也是唯一一位非孔门亲传而享祀孔庙之人。

在福清传说中，朱熹曾先后三次来过福清，足迹踏遍福清名山秀水，所到之处有灵石、黄檗、石竹、瑞岩、闻读、棉亭，乃至路远地僻的七社梨洞（今南岭）。目前可查到有文字记载的有两处。

其一，清乾隆版《福清县志》卷二"地舆志·山川"载："闻读山，在福唐里，去县三十里，旧后小隐岩。唐陈灿读书于此，后为水部。宋朱熹过此，题曰'闻读'。上有潜公室、讲经台、遏云碑、狮子迹诸胜。"成书于民国初年的《福建通志》第十四册《金石志》中也有"闻读山朱子书——闻读（冯志云：在福清）"的简略记载。就是说朱熹曾到过福唐里小隐岩，并题写"闻读"二字。闻读村的几位老者也侧面证实该村外有一

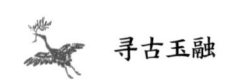

块巨石，人称"闻读碑"，上有径逾尺余的"闻读"二字，祖辈世代传为"朱子所书"，惜于上世纪末大真线扩建时巨石被炸毁，"闻读"二字因而不存。从这个角度也佐证朱熹确实到过闻读并留下墨宝。

其二，又据上述《福清县志》卷五"学校志·书院"载："明德书院，在县北隅万寿寺东边，祀宋徽国文公朱夫子。按公于淳熙十五年（1188）被诋伪学，侨寓福清南日里黄伯玉家月余，题有'读书'二字，至今黄姓子孙揭之中堂。后庆元四年（1198），韩侂胄严伪学之禁，复寓灵石寺，题有'苍霞亭'三字。凡所过化地方，各有墨迹，若光贤里'绵亭碑'，清源里之'溪山第一'匾，皆现可考。福清僻处海隅，先哲所趾，流风余韵犹有存焉。向无祠祀，康熙四十三年（1704），知县潘树楠详请抚宪长山李公，因下堂寺旧宇修建以祀，匾曰'正学重光'，春、秋载入祀典。后之学者，庶知所向方云。"

同节还有"先贤祠"条，载"先贤祠，在江阴里，祀朱夫子。一在狮峦地方，一在玉屿。俱乾隆年间本里绅上捐赀重修"。由此可见，宋淳熙十五年，朱熹第一次被诬为伪学，无奈还省曾避居于时属福清县管辖的南日岛，在好友黄伯玉家寄寓月余，为黄伯玉书写"读书"二字以劝勉后昆。据传，朱熹也正是在此次流寓期间曾到过同处海隅的江阴岛，拜访住在葛坑的葛惟明后人，并应请在葛坑附近的西祠讲学。后来，江阴乡贤为纪念朱熹江阴之行，遂将西祠改为"朱子祠"，又称"先贤祠"。朱熹在江阴讲学事虽未载入史志，但朱子祠几经修葺至今尚在，可为明证。

由上述关于明德书院的记述文字中，我们还可循迹知晓十年之后的宋庆元四年，年近古稀的朱熹因在三年前被监察御史沈继祖以捕风捉影、移花接木、颠倒捏造手法奏劾"十大罪状"，朝廷权贵对理学掀起了一场史所罕见的残酷清算，效法北宋元祐党籍的故伎，开列了一份五十九人的伪逆党籍，名列党籍者都受到了不同程度的处罚。朱熹被斥为"伪学魁首"，位列黑名单之中的第五位，朱熹再次以伪学罪首落职罢祠，又一次流寓福清，复寓灵石寺，题写了"苍霞亭"三字，使这一古亭流芳百世，成为灵石的地标。

附 录

《三山志》记载灵石山："磅礴仅百里，峻拔逾千仞，层林积翠，飞泉漱玉，山形九叠。东有石焉，凡遇久晴不雨，如石震吼，不过七日必应，故以灵名。"在灵石山中，朱熹还抒写了一首《游灵石》律诗，诗曰：

> 百尺楼台九叠山，个中风景脱尘寰。
> 危亭势枕苍霞古，灵石香沾碧藓斑。
> 佳境每因劳企仰，胜游未及费跻攀。
> 何当酬却诗书债，遂我浮生半日闲。

诗中写了高耸的接云台和九叠峰，险要的苍霞亭和沾香的灵石（即香石）。朱熹这一次来融，逗留约半年之久，故以有游清源（今东张镇）题写"溪山第一"匾，游光贤（今新厝镇）在棉亭留下"绵亭碑"等雅事。上述朱熹所遗墨宝"苍霞亭""绵亭碑""溪山第一"等文物，均为后人所宝，直至数百年后的清乾隆年间，仍然"皆现在可考"，难怪知县潘树楠在康熙年间报请福建巡抚李斯义借废下堂寺改建祠宇，纪念朱熹此行。

朱熹于宋绍兴三十二年（1162）考察了海口龙江书院，并由林亦之陪同，游七社梨洞，在村前巨岩上留题"龙津"二字，古迹犹存。每字高1.8米，宽1.3米，笔力苍劲，古朴端庄。朱熹游南岭并题"龙津"还有另外一层含义，此行是探访先师杨时遗迹而来。今天的南岭镇文祚村杨氏为杨时十八世孙德林公后裔，文祚村宗祠冠以"道南杨祠"。"道南"这一堂号是由北宋大儒杨时赴河南洛阳拜师的故事演化而来的。当年杨时学成南归时，程颐目送并且非常高兴地说："吾道南矣。"杨时将所学传罗从彦，罗从彦传李侗，李侗传朱熹，最终成为理学的集大成者。朱熹履足福清，在海口镇龙江书院说学期间，特意拜访南岭镇文祚村"道南杨祠"，并在游览南岭时留下"龙津"二字，意为南岭是先师杨时后裔居住地。道南杨祠，闻名遐迩，一代代传颂着理学家、教育家、诗人杨时对我国文化重心南移及闽文化开发的业绩。

其三，关于朱熹游黄檗事，临济正传三十八世达光道暹和尚在《黄檗

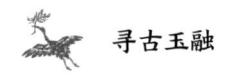

重修寺志序》开篇就写道："夫赤县神州，精蓝棋布，屡废屡兴，在处有之。玉融黄檗者，唐宣宗观瀑联吟之地，梁江淹至闽游咏之区，裴丞相皈依于远祖断际，朱夫子供养其故人悟公……"这句"朱夫子供养其故人悟公"，说的就是朱熹与黄檗寺悟公和尚的故事。朱熹曾留下《香茶供养黄檗长老悟公故人之塔并以小诗见意二首》这两首诗：

    摆手临行一寄声，故应离合未忘情。
    炷香瀹茗知何处，十二峰前海月明。

    一别人间万事空，他年何处却相逢。
    不须更话三生石，紫翠参天十二峰。

  道光版《黄檗山寺志》还收有福清知县张缙云的《复黄檗寺田记》一文，文中提到"黄檗为融邑名寺，山志乃千古流传。自梁江淹、唐宣宗、朱晦翁、明曹学佺、叶向高迄大清，名人间出，咸于黄檗寺题志、序、诗、记，其墨迹至今存焉"。此间提及的墨迹中，就有朱晦翁朱熹题写的"环翠亭"。这也可证朱熹与黄檗山之间是有着很深渊源与交集的。老年的刘克庄来到福清，登上黄檗，写下了《游黄檗寺》这首诗，其中有"平生酷嗜朱翁字，细看荒碑倚石栏"的语句。刘克庄比朱熹小十三岁，他倚着石栏杆，抚摸着淹没在荒草之中的朱熹题字碑，他是那么酷爱朱子的书法墨迹，在黄檗拜山礼佛之余，这份文化的情怀得以释然开解……

  由上述文字足可证明朱熹确实来过黄檗并留有墨宝。按道暹说法，朱熹之游黄檗，可与其他前贤一样"先噪霄壤"且可载入国史。可惜的是朱熹所书的"环翠亭"和上述"闻读""读书""苍霞亭""溪山第一"等珍贵手迹而今都消融在历史长河中杳无踪迹，留下的只是后人的感叹和千古遗憾。

（此文作者严家梅，经作者同意，收入本书为附录）

附录三："永远垂禁"碑

　　花岗岩材质。通高约258厘米，宽约102厘米。上端有"永远垂禁"四个字。下方楷书。12列。额头曰："知福清县事楚南余昌祖撰。"碑文曰：

　　"龙卧禅寺，古精蓝胜概也。予以公务之余履其地，因知寺肇自唐，重建于国朝。里之善信捐金成之者，其姓名犹列梁㮇。寺旧有田贰百余亩，住僧颇盛，洎寺规颇弛，田典而纳租，债赁而赔息，积欠陆百余金弗克偿，寺亦渐就废坠矣。里内耆衿议振兴，投刺于予，予为给示，禁其从前恶习，命诸耆衿董其事，俭积余租以洗旧氛。不三年，债清叁佰余金，此各耆衿之能矢心办公也。第以谷利颇多，猝难清款，兹里内陈家黄、陈我素、李本成、陈祖亮，乐同输金贰百五十两凑合，寺剩余租扫清前欠。予嘉其举，亟为图浚之计，再出示谕禁：永不许僧俗通借，违者许里内耆衿指控，焚其券，没焉。他如田有租粒佃者，毋得侵吞界内松杉，樵者毋得占砍，其余地棍闲人，均不得借端糟跶寺僧，一蹈恶习，法所不宥。斯举也，卫丛林，培灵秀，成在于是，爰特书以为记。"

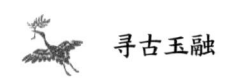

附录四："捐埋同功"碑

花岗岩材质。通高约259厘米,宽约97厘米。额头曰:"捐埋同功。"下方楷书。10列。文曰:

"雍进士陈家黄捐金五十贯,雍进士陈我素捐金五十贯,雍进士李本成捐金五十贯,候补分州陈祖亮捐金五十贯。

"董事乡耆高允源、陈祖述、陈家葱、李而合、林庄仲、陈奕煦、李有五、陈家奏。

"州同陈祖亮、贡生陈祖彭、陈传日。监生陈家黄、陈我素、陈祖丞、李本成、陈祖魁、陈祖尚、陈举训、陈传张。

"生员李而序、陈祖玖、陈敬高、李有莲、陈传琮、陈祖珍、陈传佐、卢正开、陈冬训、陈传彪。

"地保陈奕冶、李本寿、陈祖吉。

"本寺僧得枝。

嘉庆十年岁次乙丑阳月榖旦,方城、永宾两里同泐石。"

附录五：龙卧寺后山"重造龙亭桥"碑

文曰：

"都缘首中山林祠奉缘贰拾两正加缘贰仟正，副缘首陈祖珍、祖尚，预缘首松潭、臣川、周公奉缘捌两正，北林墩奉缘五两五钱正。输缘首李本成、陈家棲各五两，俞铺烟店四两，杨从美支内二两五钱。李本杨、本瑶、本言，陈家淹、传琮、传东各三两，传张三两，林叔诚、李本锦、××、各二两，高允璧、王荣相各一两五钱，高兆枢、陈育秀、育太各一千文，陈家张、家讷、家达、家辉、陈家灿、高加祥、加灿、王定寿、林叔明、杨崇锦、道惠、正昂、正里、家源、陈传有、传己、育满、李本仪、游其嵩、其日、其秋，各一两。嘉庆二十三年仲冬榖旦立，劝首李本成、陈家敦、陈祖惠、陈传涧、卢正开、陈祖尚、陈传重、李本言。"

左侧另一方是："田中墩奉缘二两五钱正，薛田墩奉缘一两五钱正，高加著、兆快、李有聚、天任、游其达、王来发，各一两正。"

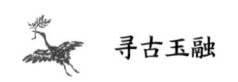

附录六：龙卧寺顺治八年四至碑

　　这块碑是花岗岩材质，顶端为弧形。高约 122 厘米，宽约 59 厘米。碑额"龙卧寺"，碑文十四列，楷书。碑文内容如下：

　　"本寺承上代祖师，尝有上垄全洋山田园百余亩，但该田与寺相距颇远，将恐沧桑多变，无从稽考，爰泐石以志：一自上垄乡之左，土名修野起，至圭垄山胶，土名下斜界自溪止。一自上垄乡之右，土名穮尾起，环乡之前，直至上坡后山止。一自上垄乡之前，虾山胶以北，至穮尾相接。以上周围界限，东至上垄后山，西至下斜溪，南至大潭兜，北至穮尾山胶，从梨沟园直接下斜。一夜牛兰起，旁溪直透梨沟园。顺治辛卯年（1651）二月，诸董事绅衿，住持僧空隐同立。"

附　录

附录七：国子监助教何连城《游龙卧寺步叶文忠公韵》一首

为寻久约暮春天，
十载方酬信宿缘。
万籁随风侵客梦，
千峰引月入诗禅。
潭前听法丝丝雨，
石上闻香朵朵莲。
龙卧正酣人欲睡，
囊中安得买山钱。

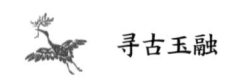

附录八

关于福清龙卧禅寺与福州怡山西禅寺的关系，清人陈士蕃的《方城里乡志》之后，附录了现代人陈仰辰所作"龙卧寺概略"，其中有"龙卧禅寺在八闽整个佛教系统中所占的地位"一篇。这篇文章讲道："龙卧禅寺是曹洞正宗，与福州怡山长庆寺（西禅寺）是直系，与鼓山涌泉寺则不同系，与福清之灵石寺、黄檗寺亦皆不同。曹洞之正宗，宗起于龙卧禅寺。西禅乃其分派也。宋时龙卧有子郊禅师，俗本故家富室。郊出家为僧，其妻于后花园架下掘出窖镪，寻夫到博山禅院。相传其窖镪皆有博山字号，郊以博山之银应归博山，着其将银来献。郊得银，先修西禅寺，后修龙卧寺，是以厥后龙卧衰，必以西禅继之，龙卧之方丈，应以西禅高僧充职。如本寺有道行高者，亦得为西禅方丈。光绪年间，龙卧寺僧有三四十众，即由西禅寺性来禅师卓锡主持。在八闽整个佛教系统中，龙卧禅寺之地位，仅逊于鼓山涌泉寺而居于第二。"

陈仰辰所说，来自于什么古籍或宗门文献，不得而知，附录于此，供读者参阅。

附　录

附录九

　　《台湾私法人事编》所收"怡山长庆禅寺戒坛"之"戒牒"。文曰：
　　原夫释尊设教，不外戒定慧三学，然定繇戒入，慧繇戒发；若不学戒，则定慧皆邪，总成魔外而已。故凡出家为僧，必须首崇戒法，不可斯须有失；如破魔军之利剑，如护慧命之铠甲，诚能如是，方可仰参三宝之教。钦奉历朝圣旨传戒，按唐麟德二年，诏终南山道宣律师于净业寺建坛受具足戒。宝历元年，敕两街建方等戒坛。大中二年，敕上都、东都、荆扬、汴益等州为僧尼传受戒法。又祥符二年，诏天下诸路皆立戒坛，凡七十二所。明洪武十年，敕天下寺院僧人愿要游方参学禅教，或在寺院山林讲诵经律，所遇官司毋得禁他。永乐五年，诏行脚僧人依善知识住处受戒，着遇关津把隘官员人等不许阻挡，任他教化流通善法。国朝光绪二年，蒙圣主敕赐怡山长庆禅寺御藏经全藏永镇山门，诏建传受具足三坛，按梵网经云：释迦牟尼佛初坐菩提树下，成无上觉，已初结波罗提本，孝顺父母师僧三宝，孝名为戒，亦名制止，若受佛戒者。
　　国王、王子、百官、比丘、比丘尼、优婆塞、优婆夷及一切人非人等，但解法师语，尽受得戒，故知千佛流传，唯此一法，为入道之基，六度之首，诸佛成道之根本，菩提修行之径路也。兹据僧谈献字天珠，系福建省兴化府仙游县阮氏子，年三十七岁，投福州福清县龙卧寺出家，礼潮惺为

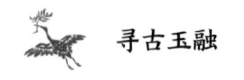

师。年三十八岁来山，四月初四日受沙弥戒；初六日受比丘戒；初八日受菩萨戒。以此流通戒法功德，上祝今上皇帝圣躬万安，天下太平，民丰物阜，俾佛道同皇恩浩荡，金轮与法藏昌隆，填给戒牒，听许游方参学，勿令放逸，须至牒者。

得戒大和尚、传曹洞正宗第四十八代：明光泉禅师。

羯磨阿阇黎：性坚。

尊征阿阇黎：碧岳、加荣、道铭、忍光、通慧、丹富、如光。

教授阿阇黎：肃理。

引请大德：净光、瑞光、春锦、福田、蕴义、潮松、明通。

大清光绪二十五年，岁次己亥，四月初八日，付菩萨戒弟子淡献受持。

本山监院：德勤、妙堪、善慧、圆顺、梵慧、重光、永明、常定、智照、黄慧、肃理。

图书在版编目（CIP）数据

寻古玉融/白撞雨，高山著. —福州：福建教育出版社，2024.9. —（黄檗文库）. —ISBN 978-7-5758-0074-7

Ⅰ. B946.9

中国国家版本馆CIP数据核字第2024NW2887号

Xungu Yurong

寻古玉融

白撞雨　高　山　著

出版发行	福建教育出版社
	（福州市梦山路27号　邮编：350025　网址：www.fep.com.cn
	编辑部电话：0591-83781433
	发行部电话：0591-83721876　87115073　010-62024258）
出 版 人	江金辉
印　　刷	福建新华联合印务集团有限公司
	（福州市晋安区福兴大道42号　邮编：350014）
开　　本	710毫米×1000毫米　1/16
印　　张	19.5
字　　数	275千字
插　　页	1
版　　次	2024年9月第1版　2024年9月第1次印刷
书　　号	ISBN 978-7-5758-0074-7
定　　价	78.00元

如发现本书印装质量问题，请向本社出版科（电话：0591-83726019）调换。